형사법
사례연구

개정판

형사법
사례연구
개정판

노명선 지음

SKKUP

변호사시험이 벌써 6회를 맞이하고 있다. 지난 1회부터 5회 기록형과 사례형 시험을 뒤돌아보면 형사법의 경우 절도, 강도, 폭력과 공갈, 뇌물과 사기, 횡령, 배임 등으로 크게 예상을 벗어나지 않았고, 형사특별법도 신용카드나 감청, 특경법(횡령, 배임), 특가법(뇌물) 등의 관련 문제로 그치고 있다. 형사소송법은 체포나 구속 등 인적 강제처분보다는 압수수색 등 물적 강제처분과 증거법의 비중을 높여가는 정도의 변화가 있었다.

수험 준비생의 입장에서는 이러한 출제 유형과 경향에 맞추어 전략적으로 공부할 필요가 있다. 특히 최근 헌법재판소의 변호사시험 성적 비공개 결정에 대한 위헌 결정 이후 변호사시험의 비중이 한층 더해 갈 것이고 이를 위해 각 학교에서도 학생들에게 강의 방법과 커리큘럼 체계에도 많은 연구가 뒤따를 것으로 보인다.

이 책은 형사법 연습 과목의 부교재로 만들어진 것이다. 형법총론과 각론 중 출제 빈도가 높은 범죄와 그에 관한 쟁점을 정리하고, 꼭 알아두어야 할 형사특별법과 형사소송법적인 최근 판례도 망라해 보았다.

시험을 대비하는 학생들에게 형법총론부터 형사특별법에 이르기까지 실체법은 물론 절차법적인 쟁점도 함께 다룸으로써 주어진 문제에 대해 쟁점을 정확히 도출하고, 그에 관한 학설과 판례의 입장을 이해하고 이를 토대로 사건을 해결해 가는 능력을 배양하는 데 도움을 주도록 하였다.

판례를 알고 있으면 출제자의 의도와 쟁점이 보인다.

이하에서는 판례의 중요성과 활용 방법, 그리고 사례형과 기록형 답안지 작성요령에 대해서 몇 가지 지적을 해둔다.

① 판례를 잘 알고 있으면 출제자의 의도와 쟁점이 보인다. 출제유형은 사례형의 경우 쟁점 발굴형과 쟁점 제시형이 있다. 판례를 정확하게 숙지하고 있다면 쟁점을 쉽게 발굴할 수 있을 것이다. 예를 들면 강도가 실행에 착수하지 못한 상태로 중지하였다고 하는 경우 예비죄의 중지미수 성립여부에 관한 판례를 기억하고 있다면 쉽게 쟁점을 찾아낼 수 있을 것이다.

② 판례를 접할 때에는 그 판례가 형사소송법상 차지하는 체계적 지위와 관련 쟁점이 무엇인지를 정확히 파악하고, 전원합의체 판결의 경우 다수의견과 소수의견의 키워드를 중심으로 기억해둘 필요가 있다.

> 예를 들면, 공소장일본주의 / 공소제기 / 특정의 정도와 주장시기 / 판사의 심증(다수의견) / 중대한 위법(소수의견)

③ 특히 조심할 것은 판례를 적용함에 있어서는 사안에 따라 결론을 달리할 수 있으므로 전제되는 조건, 상황을 충분히 갖추고 있는지 유념할 필요가 있다. 예를 들면 인과관계 성립여부에 대해 원 판례는 5가지 전제조건을 갖추고 있는 사안임에도 2개의 전제조건만을 충족한 경우라면 동일한 결론을 낼 수는 없을 것이다. 나아가 지엽적인 판례에 연연하지 말고 판례의 주된 동향에 관심을 가지고 있으면 충분하다.

이어서 답안작성 요령에 대해 간단히 언급하기로 한다. 변호사시험의 경우 피고인은 甲(갑), 乙(을), 丙(병), 丁(정)으로 표기하기로 하였다. 각 피고인에 대한 형사책임의 문제는 가사 공범이라도 개별적으로 논하는 것이 출제자가 고득점을 받을 수 있는 방법이다. 공동으로 기술하면 두 배의 점수를 줄 수 없지만 개별적으로 기재하면 두 배 이상의 점수를 받을 수 있다. 그렇게 작성하는 것이 책임의 개별화에도 맞지 않을까?

> 예를 들면, 甲과 乙이 공범인 경우라면 甲과 乙의 공범 형태를 먼저 쓰고 甲과 乙에 대해 특별한 사정, 즉 누가 중지미수가 되는지, 친족관계인지 등을 소목차를 활용하여 작성하여야 한다.

특히 쟁점은 빠뜨리지 말아야 하지만 주된 판례를 알고 있다면 작성할 수 있도록 출제하므로 크게 걱정하지 않아도 된다.

쟁점별로 소목차를 활용하는 것이 논리적 전개에 도움이 될 것이다. 구체적인 서술 방법은 키워드 중심으로 작성하여야 한다. 시간적, 공간적으로 충분하지 못하므로 간단간단히 메모하듯이 서술할 수밖에 없는데 당연히 출제자가 찾고자 하는 단어는 중심 키워드이기 때문이다.

아무쪼록 짧은 시간과 지면이지만 형사법 사례형이나 기록형을 공부하는 데 조금이라도 도움이 되기를 기대해 본다.

2016. 8.
저자 노명선.

변호사시험이 벌써 5회를 맞이하고 있다. 지난 1회부터 4회 기록형과 사례형 시험을 뒤 돌아보면 형사법의 경우 절도, 강도, 폭력과 공갈, 뇌물과 사기, 횡령, 배임 등으로 크게 예상을 벗어나지 않았고, 형사특별법도 신용카드나 감청, 특경법(횡령, 배임), 특가법(뇌물) 등의 관련 문제로 그치고 있다. 형사소송법은 체포나 구속 등 인적 강제처분보다는 압수수색 등 물적 강제처분과 증거법의 비중을 높여가는 정도라고 생각된다.

수험 준비생의 입장에서는 이러한 출제 유형과 경향에 맞추어 전략적으로 공부할 필요가 있다. 특히 최근 헌법재판소의 변호사시험 성적 비공개 결정에 대한 위헌 결정 이후 변호사시험의 비중이 한층 더해 갈 것이고 이를 위해 각 학교에서도 학생들에게 강의 방법과 커리큘럼 체계에도 많은 연구가 뒤따를 것으로 보인다.

이 책자는 형사법 연습 과목의 부교재로 만들어진 것이다. 형법총론과 각론 중 출제빈도가 높은 범죄와 그에 관한 쟁점을 정리하고, 꼭 알아두어야 할 형사특별법과 형사소송법적인 최근 판례도 망라해 보았다.

시험을 대비하는 학생들에게 형법총론부터 형사특별법에 이르기까지 실체법은 물론 절차법적인 쟁점도 함께 다룸으로써 주어진 문제에 대해 쟁점을 정확히 도출하고, 그에 관한 학설과 판례의 입장을 이해하고 이를 토대로 사건을 해결해 가는 능력을 배양하는 데 도움을 주도록 하였다.

아무쪼록 짧은 시간과 지면이지만 형사법 사례형이나 기록형을 공부하는 데 조금이라도 도움이 되기를 기대해 본다.

2015. 8.
저자 노명선

제1강
살인죄, 방화죄, 전문증거

제3강
공갈, 횡령, 사기,
변호인의 피의자신문참여

제4강
공무집행방해와 업무방해,
항소심에서 국선변호인 선정청구

제5강
뇌물수수, 허위공문서작성,
영장기각에 대한 불복

제6강
공무상 비밀누설, 증거위조교사, 압수수색의 관련성

제8강
공전자기록위작, 범인도피, 위장자수, 특가법위반(도주차량)

제11강
여신전문금융업법위반 사건, 컴퓨터사용사기 등, 변론의 병합

제12강
성폭력범죄, 컴퓨터압수/수색, 관련성, 기록열람등사, 불복방법

살인죄, 방화죄, 전문증거

형 법 총 론	인과관계의 착오, 구성요건적 착오, 실행의 착수, 간접정범, 승계적공동정범
형 법 각 론	살인죄, 자기소유자동차방화죄, 사체손괴죄, 연소죄
형사소송법	전문증거 여부, 거증책임, 입증의 방법, 정도, 엄격한 증명과 자유로운 증명

설문

1. 폭력조직 대장인 피의자 甲은 대원인 A가 반대파에게 정보를 제공하고 있다는 사실을 알고 A를 살해하기로 결의하였다. 甲은 A를 혼수상태로 손과 발을 묶어 자신의 B 자동차의 트렁크에 감금한 다음 행동대원인 乙에게 지시하여 불에 태워 죽일 것을 계획하였다. 다만 甲은 乙이 실행을 주저하지 않도록 乙에게는 트렁크 내에 A가 있다는 사실을 알리지 않았다.

2. 甲은 수면제를 탄 음료수를 A에게 마시게 하여 혼수상태에 빠진 틈을 타 자신의 B자동차 트렁크 내에 집어넣어 문을 닫았다. 그 후 甲은 주유소에서 휘발유 10리터를 구입하여 B자동차의 뒷좌석에 싣고, B자동차를 운전하여 乙의 집에 갔다. 甲은 乙에 대하여 "이 자동차를 폐차하려 하는데 절차가 까다로워 휘발유로 태워 폐차해 버려라"고 말하고 핸드폰으로 채석장 주차장의 위치와 함께 "너와 내가 몇 차례 간 적이 있는 야산 채석장 주차장에 끌고 가 휘발유를 뿌리고 불을 질러라. 휘발유는 이미 뒷좌석에 놓아 놨다."는 자세한 내용의 문자메시지를 송부하였다. 甲은 전에 乙과 함께 채석장에 간 경험이 있는데, 당시에는 사람은 물론 인근에 건물도 없고, 주차된 차량도 없었기 때문에 불에 태워도 주변에 연소될 위험은 없을 것으로 인식하고 있었다.

3. 乙은 혼자서 B자동차를 운전하여 甲이 지시한 본 건 채석장으로 가기 전 휴게소에서 쉬면서 트렁크를 열어본 순간 A를 발견하고 甲이 자기에게 이러한 사정을 알리지 않고 B자동차를 불로 태우도록 함으로써 A를 살해할 의도이었음을 알게 되었다.

4. 乙은 A를 살해하는 것에 대해 약간 주저하였지만 대장인 甲의 지시라는 점, 乙 자신도 최근 A로부터 괴로움을 당해 A에게 감정이 나쁜 상태이었던 점에서 B자 동차를 태워 A를 죽이기로 결심을 굳혔다. 乙은 A의 소리가 나오지 않도록 A의 입을 자동차 내에 있던 검은 테이프로 감은 다음 트렁크를 닫아 B자동차를 운전 하여 채석장으로 갔다. 乙은 A의 입 주변을 검은 테이프로 감았지만 코는 감지 않았기 때문에 A가 사망할 것이라고는 생각하지 못했다.

5. 乙은 휴게소에서 약 20km 떨어진 본 건 주차장에 약 1시간이 걸려 도착하였는 데, 불에 태워 죽일 의사이었으나 워낙 산중 자갈길을 달리다 보니 차멀미로 인 해 A는 구토하였고, 테이프로 입이 막혀 있는 탓에 토사물이 그대로 기도를 폐 쇄하여, A는 주차장에 도착하기 직전 질식사하고 말았다.

6. 본 건 주차장은 자갈 부지로 주변에는 건물은 없고 당시 야간이어서 사람도 없 었다. 전에는 주차차량이 전혀 없었는데 마침 乙이 도착한 때에는 B자동차의 우 측으로 약 5m 떨어진 지점에 몇 대의 베니어판이 실려 있는 화물자동차 한 대 (C 소유)가 주차되어 있었다. 또한 그 주변에는 1m 간격으로 승용차 한 대(D 소 유) 및 화물이 실려 있지 않은 화물자동차 한 대(E 소유)가 나란히 주차되어 있 었다. 그 외 차량이나 사람은 없었다. 당시 기후는 맑았고 약 2m 풍속의 바람이 있었다. 또한 B자동차의 의자는 가죽제품으로 뒷좌석에는 잡지 몇 권과 신문지 가 놓여 있었다. 乙은 자동차 주변의 상황, 기후, 자동차 내의 상황 등을 인식하 고 있으면서 '다른 자동차에는 불이 번지지 않을 것이다.'라고 생각하고 B자동 차를 불에 태웠다.

7. 乙은 트렁크 내의 A가 아직 생존하고 있다고 생각하여 트렁크를 열어 확인함이 없이 B자동차를 불에 태워 A를 살해하려고 하였다. 乙은 B자동차 뒷좌석에 있 던 휘발유 10리터를 B자동차의 외측에 뿌리고 B자동차로부터 약 5m 떨어진 지점에 서서 신문지에 불을 붙여 B자동차로 던졌다. 그러자 불은 乙이 뿌린 휘 발유에 인화하여 B자동차 전체가 화염에 싸이고 A의 시체도 불에 탔다. 지상으 로부터 약 5m 주변에 있던 C 소유의 보통화물 자동차 좌측면에도 불길이 닿았 지만 바람 때문에 C 소유의 자동차는 일부 그을린 정도로 불에 타지 않은 채 꺼 졌다. 다른 두 대의 자동차에는 아무런 피해도 없었다.

1. 甲과 乙의 1. 甲과 乙의 형사책임은?

2. 甲이 乙에게 보낸 문자메시지의 사본을 검사가 증거로 제출하였으나 甲이 부동의하는 경우 甲과 乙의 살인죄에 대한 공범관계를 입증하기 위한 증거로서의 증거능력을 인정하는 요건과 입증방법은 무엇인가?

3. 본 건과 같이 A가 사망에 이른 경위에 대해서 입증책임은 누구에게 있는지와 입증의 방법과 정도를 설명하라.

4. 다음 사항에 대해 입증방법과 증명 정도는?
    1) 몰수추징금액
    2) 진술의 임의성에 대한 입증
    3) 명예훼손에서의 진실성, 공익성
    4) 위법성조각사유

문제 1. 甲과 乙의 형사책임

I. 문제제기

甲은 피해자 A를 수면제로 혼수상태에 빠트려 자신의 소유인 B자동차 트렁크 내에 감금하고 차체로 A를 불태워 죽이기로 결의하고, 동네 후배인 乙에게 일련의 사정을 알리지 않은 채 'B자동차를 불에 태워 폐차하라'고 지시하였다.

이러한 甲의 乙에 대한 지시는 A와의 관계에서 乙을 이용한 살인죄의 간접정범이 문제가 되고, B자동차와의 관계에서 자기소유자동차방화죄의 성부, 즉 공공의 위험에 대한 인식이 있었는지 여부가 문제된다.

乙은 A에 대한 살인죄는, 살인의 시기가 앞당겨진 것으로 사망에 이른 경위에 대한 착오가 중요한 것인지 또한 甲의 지시에 의한 것이므로 甲과 승계적 또는 공모공동정범인지 여부, 방화죄의 공공위험의 인식 여부, 연소죄 성립 여부 등이 문제된다.

이하에서는 살인행위의 정범인 乙의 행위를 먼저 확정하고, 그에 대한 甲의 형사책임을 살펴보기로 한다.

II. 乙의 형사책임

1. A를 불에 태워 죽이려다 질식사하게 한 행위

1) 문제제기

乙은 A를 불에 태워 죽이려고 트렁크에 감금하고, 산길을 약 20km 질주하여 토사물에 의해 질식사하게 하였다. 결국 乙은 A가 사망한 줄을 모르고 살인의 의사로 불에 태워 사체를 손괴한 사안이다. 따라서 여기서는, 첫째, 乙의 입을 테이프로 막고 트렁크에 감금한 다음 산길을 약 20km 질주한 행위를 살인행위의 실행의 착수가 있었다고 평가할 수 있는지 여부가 문제된다.

둘째, 살인행위의 실행의 착수가 있다고 본다면 乙의 고의는 사후 불에 태워 죽이려고 했는데 예상보다 빠르게 질식에 의해 사망케 한 경우에 해당한다. 이와 같이 행위자가 인식한 시점과 달리 결과 발생이 이루어진 경우 인과관계의 착오와 같이 볼 것인지, 인과관계의 착오라고 한다면 본질적 부분에 대한 착오인지, 그 판단기준은 무엇인지 문제된다.

셋째, 甲과의 관계에서 살인에 대한 공모공동정범이나 승계적 공동정범은 인정될 수 있는지 문제된다.

2) 살인행위의 착수 여부

학설은 실행의 착수 여부를 판단하는 기준으로, 실질적 객관설, 주관설, 주관적객관설 등이 대립하고 있고, 행위자의 전체적 범행계획에 비추어 범죄의사가 보호법익을 직접 위태롭게 할 만한 행위 속에 명백히 나타날 때 실행의 착수를 인정하는 주관적 객관설(절충설)이 타당하다.

> 출입문이 열려 있으면 안으로 들어가겠다는 의사 아래 출입문을 당겨보는 행위는 바로 주거의 사실상의 평온을 침해할 객관적인 위험성을 포함하는 행위를 한 것으로 주거침입의 실행에 착수가 있었다.[1]

판례의 취지상 실질적 객관설에 따르는 것으로 보이는데, 특수절도죄 사안에서 주간의 주거침입죄와는 실체적 경합관계이므로 특수절도미수죄를 부정한 사례와 혼동해서는 안 된다.

> 주간에 아파트 출입문 시정장치를 손괴하다가 발각되어 도주한 피고인들에게, 주간에 절도의 목적으로 타인의 주거에 침입하였다 하여도 아직 절취할 물건의 물색행위를 시작하기 전이라면 (주거침입과는 별도로)특수절도죄의 실행에는 착수한 것으로 볼 수 없는 것이어서 그 미수죄가 성립하지 않는다.[2]

본 사안에서 주관적 객관설이든, 실질적 객관설에 의하면 乙이 A를 감금한 행위 자체를 두고 살인행위를 착수한 것이라고 보기는 어렵지만 A를 살해하기로 결의한 이후의 감금행위와 입을 테이프로 막은 행위는 A에 대한 살해의 범죄계획 전체에서 보아 매우 중요하고 A의 생명에 대한 보호법익을 직접적으로 위태롭게 할 만한 위험한 행위에 해당한다.

---

1) 대판 2006. 09. 14. 선고 2006도2824
2) 대판 2009. 12. 24. 선고 2009도9667

따라서 이러한 행위는 살인죄의 실행행위의 일부로 평가할 수 있고, 따라서 본 건에서 乙의 감금행위는 살인의 실행에 착수에 해당한다고 할 수 있다.

3) 결과발생이 앞당겨진 경우-인과관계 착오문제

(1) 인과관계 착오와의 구별

결과 발생의 시점이 행위자의 예상과 달라진 경우 어떻게 할 것인가. 본 사안에서는 행위자의 계획보다도 결과 발생이 앞당겨진 경우에 해당한다.[3] 이는 순차적으로 행하여진 여러 행위 중에 '어느' 행위가 결과를 야기시켰는가 하는 문제이므로 하나의 행위가 '어떻게' 결과를 야기하였는지에 대한 인과관계의 착오문제와는 구별된다.

(2) 학설과 판례

인과관계 착오의 특수한 예로 인정하는 견해에서는, 인과관계의 착오와 마찬가지로 행위자가 생각한 진행과정과 실제로 진행한 과정의 불일치가 비본질적 부분에 해당한다면 살인죄의 기수범을 인정한다.

미수범과 과실범의 경합설에서는, 제1행위에 의한 상해 또는 감금치사죄와 제2행위에 의한 살인죄의 불능미수의 경합범이 되게 된다.

인과관계의 착오에 관하여 판례[4]는 '전과정을 개괄적으로 보면 피해자의 살해는 처음에 예견된 사실이 결국 실현된 것'이라고 하여 개괄적 고의이론으로 평가하고 있다.

(3) 소결

행위자의 범죄계획을 고려하여 일련의 행위를 한 개의 행위로 평가할 수 있다면 고의와 미수범의 경합범으로 평가하기보다는 한 개의 행위에 의한 인과관계의 착오의 특수한 예로 볼 수 있을 것이다.

인과관계착오론에서는 본질적인 부분에 대한 판단기준으로서, 상당인과관계설과 예견가능성설의 대립이 있다. 후자는, 일반생활 경험칙에 비추어 예견가능한 범위 내에 있고, 다른 행위의 개입이 없는 때에는 그 착오는 본질적 부분에 대한 착오라

---

3) 행위자가 구성요건적 고의를 가지고 제1행위를 하였으나 아직 사망에 이르지 않은 상태에서 이를 오신한 채 다른 의도를 가지고 제2행위로 나아간 때 그에 의해 구성요건적 결과가 발생한 경우로서 결과 발생이 뒤에 이루어진 경우 학설은 인과과정의 착오의 특수한 예로 보는 견해, 객관적 귀속설, 미수범과 과실범의 경합설, 계획실현실 등의 대립이 있다.

4) 대판 1988. 06. 28. 선고 88도650

고 할 수 없다는 입장이다. 반면 전자는, 상당인과관계에 있다면 비본질적인 착오에 해당한다는 것으로 객관적으로 판단하여야 할 상당인과관계의 범위 문제와 주관적 고의가 반드시 일치한다고 할 수 없다는 점에서 부당하다.

후자인 예견가능성설에 의하면 피해자 A가 입이 막힌 채 밀폐된 공간에 실려 20km를 질주하고, 차량이 출렁되면서 토사물이 기도를 막아 사망에 이르게 한 이러한 일련의 흐름은 살인죄의 실행행위인 감금행위로부터 통상적으로 생길 수 있는 것이어서 일반 생활 경험칙에 비추어 충분히 예견할 수 있었던 것이어서 본질적 부분에 대한 착오라고 할 수 없을 것이다.

결국 乙에게는 살인하려는 고의로 제1행위에 의해 예상보다 빠르게 결과가 발생한 경우에 해당되어 살인죄가 성립한다고 할 수 있다.[5]

4) 살인죄의 공동정범인가, 단독 정범인가

乙은 甲으로부터 받은 B자동차를 운전하여 채석장으로 가는 도중 용케 A를 발견하고 甲의 계획을 알아차린 다음 잠시 주저하였지만 결국은 甲의 계획대로 A를 트렁크 내에 감금한 채 B자동차와 함께 A를 살해하기로 마음먹고 말았다.

공동정범이 성립하기 위해서는 주관적 구성요건으로서 실행행위를 공동으로 하려는 공동실행의사가 있어야 하는데, 의사가 형성되는 시기에 대해서는 공동의 실행 이전이건 실행행위 시 또는 실행행위 도중이건 묻지 않는다.

그렇다고 하더라도 乙은 甲과 함께 살인의 점에 대해 사전 공모나 현장 또는 묵시의 공모도 없었기 때문에 공모공동정범(예모공동정범)에 의한 공범은 성립하지 않는다.

나아가, 선행자가 범죄실행을 개시하여 아직 종료하기 이전에 후행자가 의사연락 하에 그 범죄완성에 개입하는 승계적 공동정범은 인정할 수 있을까?

승계적 공동정범 개념에 대해서는 이를 인정하는 입장과 부정하는 입장이 대립한다. 다만 이는 공동정범의 인정 여부 문제라기보다는 후에 가담한 자가 가담 이전

---

[5] 한편 제1의 고의행위가 미수에 그치고, 그 사실을 모르고 제2의 고의행위에 의해 비로소 제1의 고의행위가 실현된 경우 이를 베버의 개괄적 고의로 해결하는 견해, 객관적 귀속의 문제로 해결하는 견해, 미수와 과실의 경합범이라는 견해 등이 대립하고 있으나 이 또한 인과관계 착오의 문제로 보아 예견가능성의 입장에서 판단하면 족하다.
  판례는 전 과정을 개괄적으로 보아 처음에 예견된 사실이 결국 실현된 것으로 – 살인죄의 죄책을 면할 수 없다고 하여 개괄고의설의 입장을 취하고 있다고 한다(대판 1988. 06. 28. 선고 88도650)

의 선행자의 행위까지 공동정범의 책임을 부담하는지에 대한 문제이다.

판례[6]는 ① 기본적으로 "포괄일죄의 범행 도중에 공동정범으로 범행에 가담한 자는 비록 그가 그 범행에 가담할 때에 이미 이루어진 종전의 범행을 알았다 하더라도 그 가담 이후의 범행에 대하여만 공동정범으로 책임을 진다"고 하여 부정하는 입장을 취하고 있다. ② 다만, 결합범의 종범[7]에 대해서는, "타인이 미성년자를 약취, 유인한 사실을 알면서 재물이나 재산상의 이익을 취득하거나 요구하는 타인의 행위에 가담하여 이를 방조한 때에는 결합범인 특정범죄가중처벌 등에 관한 법률 제5조의2 제2항 제1호 위반죄의 종범에 해당한다"고 하고 있다.

범행행위가 종료되기 전이라면 사후에 가담한 자라도 결합범 전부에 대해 종범이 된다고 하고 있다는 점을 주시할 필요가 있다.

살피건대 본 건에서는 乙이 甲의 선행 행위에 사후 가담한 것은 사실이지만 甲과의 의사연락이 없었으므로 승계적 공동정범 문제도 성립하지 않는다.

결국 乙은 B자동차 소훼에 관하여 甲의 지시가 있었고, 이를 이용하여 A를 살해하려는 甲의 계획을 알고 있었음에도 결국은 자신의 A에 대한 감정 때문에 A를 살해하기로 스스로 결의하고 한 행위는 살인죄의 단독정범이 문제된다.

5) 감금치사죄 성부와 살인죄와의 관계

乙은 A를 불에 태워 살해할 고의로 입을 막아 트렁크에 감금함으로써 기도폐쇄로 질식사하게 하였다. 이러한 乙의 일련의 행위는 A에 대하여 감금죄가 성립하고, 나아가 산중의 자갈길을 약 한 시간(약 20km)에 걸쳐 주행한 결과 A가 차멀미로 인해 토하고, 토사물이 기도를 막아 A가 질식사한 것으로 테이프로 입을 막은 행위와 사망의 결과 사이는 상당인과관계가 인정된다. 그 경우 乙에게 사망의 결과에 대한 예견가능성이 없었다고 할 수도 없다. 따라서 감금치사죄가 문제된다.[8]

그러나 감금행위가 살인죄의 실행행위로서 평가된 이상 살인죄에 흡수되고, 살인죄가 성립한 이상 감금치사죄가 성립할 여지는 없다.

---

6) 대판 1997. 06. 27. 선고 97도163
7) 대판 1982. 11. 23. 선고 82도2024
8) 대판 2002. 10. 11. 선고 2002도4315

2. 불을 놓아 B자동차를 소훼하고 사체를 손괴한 행위

1) 문제제기

乙은 A가 살아 있는 줄 알면서 공범인 甲 소유의 자동차에 불을 놓아 자동차를 소훼하면서 A를 죽이려고 하였으나 이미 A는 사망한 채 사체손괴만 하게 된 사안이다. 여기서는 자동차방화죄에 대한 공공위험의 인식 여부, 살인죄에 대한 고의로 사체손괴에 이른 착오문제가 있다.

2) 자기소유자동차방화죄(형법 제166조 제2항)의 성부

(1) 공범위험성의 인식 여부

한편 甲과 乙의 공공위험에 대한 인식의 차이가 문제된다. 자기 소유의 물건인 경우 방화죄의 성립요건으로 공공위험의 발생을 요하는 구체적인 위험범의 형태이다. 여기서 공공의 위험이란 불특정 또는 다수인의 생명, 신체, 재산에 대한 위험을 의미한다. 이러한 공공위험에 대해서는 구성요건적 요소인 이상 행위자의 인식을 요한다는 것이 학설의 견해이다.

본 건에서, B자동차를 소훼한 주차장의 위치 관계(도로로부터 20m 떨어진 산중으로 주변은 암벽의 채석현장), 주차장 내의 상황(사람은 존재하지 않았고 B자동차 주변에 베니어판이 실린 C 소유의 화물자동차 한 대가 주차되었고 그 옆으로 약 1m 간격으로 D 소유의 자동차 한 대와 E 소유의 화물 자동차 한 대가 주차되어 있다), 당시의 기후 상황(맑고 약 2m/s 풍속 의 바람이 있었다), B자동차 내의 상황(의자는 가죽 제품이고 뒷좌석에 잡지 몇 권과 신문지가 있었다) 등에서 적어도 타인의 재물(C, D, E 소유의 자동차)에 대해 불이 번져 연소될 위험을 부정할 수는 없을 것이다.

공공위험에 대한 인식 필요설에서 위와 같은 상황에서 B자동차를 소훼한 乙에게는 공공의 위험에 대한 인식이 있었다고 봄이 상당하다.

(2) 기대가능성 여부

甲의 소유인 B자동차에 휘발유를 뿌려 불을 놓아 소훼한 乙의 행위는, 비록 甲의 지시에 의한 것이어서 책임을 조각하는가? 학설은 대체로 행위 당시의 구체적인 상황에 비추어 적법한 행위를 기대하는 것이 불가능한 경우에는 초법규적으로 책임조각을 인정하고 있다.

판례 또한 사회통념상 범법행위를 하지 않을 기대가능성이 없다고 봄이 상당한 경우에는 행위자의 형사책임을 면할 가능성을 인정하고 있다.[9]

본 사안에서는 행위자가 처한 상황에 사회적 평균인을 기준으로 객관적으로 판단할 때 적법행위의 기대 불가능한 사정이 있었다고 볼 만한 사정이 없으므로 자기소유자동차방화죄가 성립하는 데 지장이 없다.

(3) 甲과 乙의 공동정범

공동정범은, 단순한 공모자에 그치는 것이 아니라 범죄에 대한 본질적 기여를 통한 기능적 행위지배가 존재하는 것으로 인정되어야 한다.[10]

여기서 甲은 지시하고 휘발유를 준비하여 차량에 비치해 두었고, 乙은 이를 이용하여 자동차를 끌고 가 소훼하였으므로 비록 甲은 현장에 없었다고 하더라도 공동정범의 표지인 기능적 행위지배가 있다고 평가할 수 있어서 甲과 乙은 자기소유자동차방화죄의 공동정범이 될 수 있다.

(4) 소결

乙에게는 甲과 함께 자기소유자동차방화죄가 성립한다.

3) 살인미수죄와 사체손괴죄의 성부

(1) 문제제기

A가 트렁크 내에 살아 있다고 생각한 乙은 A를 불에 태워 죽일 생각으로 B자동차를 소훼하였기 때문에 살인의 고의로 사체손괴의 결과를 초래한 결과가 된다. 이와 같이 인식한 사실과 실제로 발생한 사실이 일치하지 않는 경우를 구성요건적 착오라고 한다. 발생사실에 대해 행위자의 고의를 인정하려면 어느 정도 부합하여야 하는지에 대해 학설의 다툼이 있다.

(2) 학설과 판례

이에 대해서는 인식사실과 발생사실 간에 구체적으로 부합하는 경우에만 발생사실에 대해 고의를 인정하려는 〈구체적 부합설〉과, 인식사실과 발생사실이 구성요건

---

9) 직장의 상사가 범법행위를 하는 데 가담한 부하에게 직무상 지휘·복종관계에 있다 하여 범법행위에 가담하지 않을 기대가능성이 없다고 할 수 없다.

10) 대판 2013. 09. 12. 선고 2013도6570

적으로 혹은 죄질상 부합하는 범위 내에서는 고의기수 책임을 인정하려는 〈법정적
부합설〉이 대립하고 있다. 법정적부합설 중에는 〈구성요건적 부합설〉과 〈죄질부합
설〉의 대립이 있다.

> 판례[11]는 "사람을 살해하려고 총을 발사하였으나 이를 제지하려고 뛰어들던 다른 사
> 람에게 명중되어 사망의 결과가 발생하였다 하더라도 살인죄를 구성한다"고 하여 법
> 정적 부합설의 입장이지만 그 중 구성요건적 부합설인지 죄질부합설인지는 분명하
> 지 않다.

〈구성요건적 부합설〉에 의하면, 자동차에 불을 놓아 A를 살인하려던 행위와 사체
를 불에 태워 손괴한 행위는 서로 형식적 구성요건은 다르므로 발생사실에 대해 고
의를 인정할 수 없어서 살인에 대한 불능미수와 과실에 의한 사체손괴죄를 구성하
게 될 것이다. 반면 〈죄질부합설〉에 의하면, 인식사실과 발생사실이 죄의 성질상 죄
질 면에서 양자는 동일하다고 할 수 있어서 발생사실인 사체손괴죄의 고의, 기수 책
임을 물을 수 있다. 피해법익이 같고, 행위태양이 유사하거나 동일한 경우에는 발생
사실에 대한 고의, 기수 책임을 지울 수 있기 때문이다.

(3) 소결
법정적부합설 중 〈죄질부합설〉에 의하면 乙에게는 사체손괴죄의 고의 기수책임
을 인정할 수 있다.

3) C소유의 자동차에 대한 연소죄의 성부
乙의 행위는 자기소유자동차방화를 범하여 타인소유일반물건을 연소한 경우에
해당하여 연소죄의 성립이 문제된다(제168조 제2항).
여기서 연소라 함은, 행위자가 의도하지 않은 물건에 불이 옮겨 붙어 이를 소훼한
경우를 말한다. 소훼의 의미에 대해서는 독립연소설, 효용상실설, 일부손괴설, 중요
부분연소개시설, 이분설 등의 대립이 있다.

----

11) 대판 1975. 04. 22. 선고 75도727

판례[12]는 방화죄는 화력이 매개물을 떠나 스스로 연소할 수 있는 상태에 이르렀을 때에 기수가 되고 반드시 목적물의 중요 부분이 소실하여 그 본래의 효용을 상실한 때라야만 기수가 되는 것이 아니다"고 하여 기본적으로 독립연소설의 입장을 취하고 있다.

본 건 사안에서 B자동차의 화염에 의해 지상으로부터 약 5m 높이로 치솟은 화염은 B자동차의 인근에 주차하고 있던 C소유의 보통화물자동차에까지 미쳐 그 좌측면 일부를 그을렸다. 그러나 방화죄의 소훼를 판단하는 독립연소설에 의하면 C소유 자동차의 좌측면 일부가 그을린 정도에 그치고 불이 자기소유자동차를 떠나 개체로 옮겨 독립적으로 연소할 정도에 이르렀다고 할 수 없어 연소죄는 성립하지 않는다. 또한 연소죄에 대한 미수범 처벌규정도 존재하지 않는다.

3. 소결 – 죄수론

乙에게는 살인죄, 자기소유자동차방화죄, 사체손괴죄가 성립되고, 자기소유자동차방화죄와 사체손괴죄는 상상적 경합이고, 이들과 살인죄는 실체적 경합이 된다.

Ⅲ. 甲의 책임

1. 간접정범의 착오와 형사책임

1) 문제제기

乙을 이용해 A를 살해하려던 甲은 수면제를 넣은 커피로 A를 혼수에 빠지게 하고 손과 발을 줄로 묶어 B자동차 트렁크에 집어넣고, B자동차를 불에 태우기 위해 휘발유 10리터를 구입하여 乙의 집으로 가 이러한 사정을 알리지 않은 채 乙에게 B자동차를 불에 태워 폐차하도록 지시하였다.

일반적으로 어느 행위로 처벌되지 아니하는 자 또는 과실범으로 처벌되는 자를 교사 또는 방조하여 범죄의 결과를 발생하게 한 자는 간접정범에 해당한다(제34조 제1항). 본 사안에서는, 트렁크 내에 A가 있는 사실을 몰라 고의가 조각되는 乙로 하여금 불을 지르도록 하여 살해하려 하였으므로 살인죄의 간접정범이 문제된다.

---

12) 대판 1970. 03. 24. 선고 70도330

2) 살인죄의 간접정범 또는 살인교사죄의 성부

甲의 지시에 따라 乙은 B자동차를 운전하여 채석장으로 향하는 도중 마침 A가 트렁크에 감금된 사실을 알고 甲의 의도를 뒤늦게나마 알면서도 甲의 계획에 따라 A를 태워죽일 고의로 이를 실행하고 말았다.

결국 甲의 의도와는 달리 乙이 고의로 살인한 것으로 피이용자에 대한 착오의 문제가 발생한다.

이에 대해서 학설은, ① 이용자의 인식을 기준으로 〈간접정범을 인정하자는 입장〉과 ② 정범의 고의는 공범의 고의도 포함된다는 입장에서 〈살인죄의 교사범〉이 성립한다는 입장이 대립한다.

고의가 있는 乙에 대한 이용은 간접정범의 표지인 우월적 의사지배를 인정하기 곤란하다는 점에서 甲에게 간접정범을 인정하기는 어려울 것 같다. 차라리 논리적인 면에서 살인의 공범을 인정함이 상당하다는 점에서 甲에게는 살인교사죄를 인정하는 것이 타당하다.

2. 간접정범의 실패와 살인미수죄의 성부

1) 실행행위의 착수인정 여부

나아가 甲에게 살인죄의 간접정범의 미수죄도 성립하는지 문제된다. 甲의 행위를 순차적으로 살펴보면 수면제로 A를 혼수에 빠지게 한 행위는 사람의 신체의 생리기능을 해치는 것이어서 상해죄가 성립한다. 혼수에 빠진 A의 손과 발을 묶어 B자동차의 트렁크 내에 감금한 행위는 A의 신체이동의 자유를 박탈한 것이어서 감금죄가 성립한다. 또한 A를 살해하기 위해 휘발유를 준비한 행위는 살인예비죄가 성립한다. 甲은 이러한 일련의 행위 후에 乙의 집으로 가 乙에게 B자동차의 소훼를 지시하고 승낙을 받았다.

A를 혼수에 빠트린 행위는 당해 수면약의 1회분의 사용량의 다섯 배이지만 사망을 야기할 가망성은 없고 甲도 이에 의한 사망의 위험성을 인식하고 있지는 않았다. 그 자체는 살인의 준비단계라고 말할 수 있다.

그러나 그 후 혼수에 빠진 A의 손과 발을 묶어 B자동차 트렁크 내에 감금한 행위는 휘발유를 입수하고 A를 태워 죽인다고 하는 계획 전체 중에서 살해와 밀접하게 연결되어 있고 보호법익인 사망의 구체적인 위험성도 인정할 수 있다.

이러한 일련의 행위 후에 B자동차의 소훼를 지시한 甲의 행위는 수면제를 타서 혼수상태를 야기하고, 손과 발을 묶어 감금한 것과 乙에게 한 지시행위를 포괄하여 그 전체가 살인죄의 실행행위로 평가할 수 있을 것이다.

2) 살인미수죄의 성부

본 사안에서 甲의 이러한 일련의 행위와 乙에 대한 지시에 의해 A에 대한 살인의 결과가 발생한 것은 인정할 수 있다. 그러나 이러한 〈甲의 행위〉와 〈A의 사망의 결과〉를 직접적으로 연결하기에는 곤란한 점이 있다. 왜냐하면, 도중에 개입한 乙의 고의 행위가 A의 사망의 위험성을 결정적으로 높인 것이어서 甲의 행위와 A의 사망과의 사이에 우월적 지배관계를 인정하기 어렵기 때문이다.

살인에 대한 간접정범의 표지로서 우월적인 의사지배를 하려는 의사, 즉 이용의사 내지 사주의사가 존재하여야 하는데, 乙의 고의에 의해 새로운 인과관계가 시작되었고 그로부터 A의 사망이 발생하였다고 할 수 있기 때문이다. 그렇다면 甲에게는 살인죄의 간접정범의 미수죄가 성립할 뿐이다.

3) 상해치사죄 또는 감금치사죄 성부

물론 A의 사망이 甲에 의한 상해나 감금에 의해 직접적으로 생긴 것도 아니므로 甲에게는 상해치사죄 또는 감금치사죄는 성립하지 않는다.

3. 자기소유자동차방화죄와 사체손괴죄

1) 문제제기

甲의 종전 경험에 비추어 보면 산중 채석장에서는 방화를 하더라도 공공위험에 대한 인식은 없을 것이라고 예상할 수 있었다. 그렇다면 공범인 乙에 의해 이루어진 자기소유자동차방화죄에 관하여 현장에 없었던 甲에게도 자기소유자동차방화죄를 인정할 수 있는지, 나아가 乙이 살해의사로 불을 놓아 결과적으로 사체를 손괴한 행위에 대해서도 甲에게 공범으로 처벌할 수 있는지 문제된다.

2) 자기소유자동차방화죄

자기소유자동차방화죄는 구체적 위험범이고, 행위자가 이를 인식하여야 한다. 甲은 이전에 乙과 함께 현장에 간 경험에서 그곳이 인가로부터 떨어진 산중이고 야간에 인적도 없고 주변에 건물도 없었기 때문에 거기서 B자동차를 태우더라도 건물 기타 물건이나 사람에게 화염이 미칠 우려는 전혀 없다고 인식하고 있었고 그러한 점에서 공공위험의 인식은 없다고 볼 수도 있다. 그렇다면 甲에 대해서는 자기소유자동차방화죄가 부정되는가.

〈공공의 위험〉에 대한 인식은 구성요건적 사실에 해당하고, ① 공범의 독자적 구성요건인 주관적 요건은 각자 요건을 갖추어야 하므로 공공의 위험에 대한 인식 또한 각자 갖추어야 한다는 입장에서는 甲에 대해 방화죄의 성립을 부정할 수 있다. 그러나 B자동차를 직접 소훼한 ② 乙에게 공공위험의 인식을 긍정할 수 있는 이상, 기능적 행위지배가 있는 甲에게도 자기소유자동차방화죄를 인정하는 것이 공동정범의 일부행위/전부책임이론에도 합당할 것이다.

3) 사체손괴죄 성부

사체손괴죄에 있어서 공범의 착오의 경우에는 실행행위자인 공범을 기준으로 판단하여 위에서 살펴본 바와 같이 죄질부합설에서 사체손괴죄의 고의기수 책임을 물을 수 있는 이상 甲에게도 사체손괴죄를 인정할 수 있고, 〈사체손괴죄는 위 자기소유자동차방화죄와 상상적 경합관계〉에 있다.

Ⅳ. 총결(죄수론)

乙에 관해서는, 甲과 공동정범으로서 자기소유자동차방화죄와 사체손괴죄가 성립하고, 양죄는 상상적 경합이 된다. 또한 단독정범으로서 살인죄가 성립하고, 위 양 죄와는 실체적 경합관계가 된다.

甲에 관해서는, 乙과의 공동정범으로서 자기소유자동차방화죄와 사체손괴죄가 성립한다. 또한 단독정범의 살인예비죄, 살인교사죄가 성립하고 그 이외 상해죄와 감금죄를 포괄한 살인미수죄가 성립한다. 살인예비죄는 살인미수죄에 흡수되고, 살인교사죄와 살인미수죄, 자기소유자동차방화죄와 사체손괴죄는 각각 상상적 경합범이 되고, 양자는 실체적 경합관계에 있다.

한편 甲의 살인미수죄와 乙의 살인죄는 상호의사 연락이 없었으므로 동시범 관계에 있다는 입장도 있다.

문제 2. 문자메시지의 증거능력과 입증방법

I. 문제제기

먼저 甲이 乙에게 보낸 문자메시지는 전문증거에 해당하는가. 증거능력을 인정하는 요건은 무엇인지 문제된다.

II. 문자메시지의 법적 성격

〈전문증거〉는 사람의 진술 중에서, ① 공판정 이외의 장소에서의 행해진 진술로서, ② 경험사실의 진술을 내용으로 하고 ③ 그 경험사실의 진위 여부를 입증하기 위해 제출되는 증거를 말한다. 여기서 본 건과 같이 "너와 내가 몇 차례 간 적이 있는 야산 채석장 주차장에 끌고 가 휘발유를 뿌리고 불을 질러라. 휘발유는 이미 뒷좌석에 놓아 놨다."는 내용의 문자메시지는 경험사실의 진술을 내용으로 하는 것이 아니고, 지시내용을 담고 있는 단순한 의사표시에 불과하다.

> 판례[13]도 "공포심이나 불안감을 유발하는 글을 반복적으로 상대방에게 도달하게 한 경우 그 문자정보는 범행의 직접적인 수단이고 경험자의 진술에 갈음하는 대체물에 해당하지 않아 전문법칙이 적용되지 않는다"고 하였다.

따라서 휴대폰 문자메시지를 甲과 乙의 공범관계를 입증하기 위해 제출하는 때에는 그 휴대폰 문자메시지는 사람의 진술을 내용으로 하는 것이므로 진술증거이지만 경험사실의 진술을 내용으로 하는 것이 아니고 그 자체 하나의 의사표시에 불과하므로 전문증거에는 해당되지 않는다.

III. 증거능력의 요건

1. 진정성의 의미

진술증거라도 이러한 전문증거의 정의에 포함되지 않는 진술증거는 전문법칙이 적용되지 않고 비진술증거와 마찬가지로 일반적인 증거능력 규정에 의한다. 따라서 비진술증거로서 문자메시지의 〈진정성〉이 입증되면 증거로 사용할 수 있다.

본 건에서 甲이 동의하건 부동의하건 문자메시지의 진정성은 증거능력을 인정하는 전제조건이므로 진정성은 입증되어야 한다(형소법 제318조 제1항). 진정성의 의미는, 증거제출자가 주장하는 바로 그 문자이며 위조되거나 편집된 것이 아니라는 점을 말한다.

본 건과 같이 사본의 경우에는 피사체인 원본이 존재하였고, 그 사진이 원본 그대로를 사본한 것이라는 점이 입증되어야 할 것이다.

---

13) 대판 2008. 11. 13. 선고 2006도2556

2. 진정성의 입증방법

진정성을 입증하는 방법은 사본한 사람이나 이를 아는 사람의 진술로 입증할 수도 있으며 그 외 감정 등과 같이 다양한 방법으로 입증할 수 있다. 진정성의 입증은 소송법적 사실에 대한 입증으로 법관이 자유로운 증명방법으로 인정하면 족하다.

> 판례[14]도, 정보저장매체 원본이 최초 압수 시부터 밀봉되어 증거 제출 시까지 전혀 변경되지 않았다는 등의 '동일성'을 입증하는 것도 출력 문건을 대조하는 방법 등 자유로운 방법으로 가능하고 반드시 압수·수색 과정을 촬영한 영상녹화물 재생 등의 방법으로만 증명하여야 한다고 볼 것은 아니라고 한다.

전자적 증거의 동일성도 소송법적인 사실이므로 자유로운 증명으로 족하다. 다만, 엄격한 증명이든 자유로운 증명이든 모두 합리적 의심 없는 증명 또는 확신을 요하는 정도의 증명이 되어야 한다는 점에서 같다.

문제 3. 사망에 이른 경위에 대한 거증책임과 입증방법

I. 사망경위에 대한 거증책임

1. 거증책임의 의의

거증책임이란 요증사실의 존부에 대하여 증명이 불충분한 경우에 불이익을 받을 당사자의 법적 지위를 말한다. 법원은 사실의 존부를 확인하기 위하여 당사자가 제출한 증거와 직권으로 조사한 증거에 의하여 재판에 필요한 심증을 형성한다. 그러나 이러한 증거에 의하여도 법원이 확신을 갖지 못할 때에는 일방의 당사자에게 불이익을 받을 위험부담을 주지 않을 수 없다. 이러한 위험부담을 바로 거증책임이라고 한다.

2. 거증책임의 분배

형사소송법은 in dubio pro reo의 원리 내지 무죄추정의 원칙이 적용되며, 형사소송에서 원칙적으로 검사가 거증책임을 부담하는 이유도 여기에 있다.

---

14) 대판 2013. 07. 26. 선고 2013도2511

공소범죄사실에 대한 거증책임은 검사에게 있다. 검사는 구성요건해당사실뿐만 아니라 위법성과 책임의 존재에 대하여도 거증책임을 가진다.

> 공소가 제기된 범죄사실에 대한 입증책임은 검사에 있고, 유죄의 인정은 법관으로 하여금 합리적인 의심을 할 여지가 없을 정도로 공소사실이 진실한 것이라는 확신을 가지게 하는 증명력을 가진 증거에 의한다.[15]

3. 사망 경위에 대한 거증책임

사망에 이른 경위는 행위자의 행위와 사망의 결과 간의 인과관계를 판단하는 객관적인 사실로서 살인죄의 구성요건이 된다. 따라서 사망에 이른 경위와 그 원인에 대해서는 검사가 입증하여야 한다. 동시 또는 이시의 독립행위가 경합한 경우에 그 결과 발생의 원인된 행위가 판명되지 아니한 때에는 각 행위를 미수범으로 처벌한다(제19조).

본 건과 같이 결과 발생이 예정보다 앞당겨 이루어진 경우 이를 인과관계의 착오에 대한 특수한 사례로 보아 인과관계의 착오와 같이 비본질적인 부분에 대한 착오라고 한다면 문제는 없다. 그러나 이것이 〈본질적인 착오〉에 해당한다면 고의를 조각 하게 되므로 고의조각사유의 부존재에 대해서도 검사가 입증하여야 한다.

II. 입증의 방법과 증명의 정도

1. 엄격한 증명

형사소송법 제307조 제1항은 '사실의 인정은 증거에 의한다'고 규정하고 있다. 여기서 '사실'은 엄격한 증명의 대상이 되는 사실, 즉 주요사실을 의미한다고 볼 때 어떤 사실이 주요사실에 해당하는지 문제된다.

형사소송법의 기본이념에 비추어 "형벌권의 존부와 그 범위에 관한 사실"이 엄격한 증명의 대상이 된다고 할 수 있다. 따라서 범죄구성요건에 해당하는 사실은 객관적 구성요건요소인가 또는 주관적 구성요건요소인가를 불문하고 엄격한 증명의 대상이 된다.

---

15) 대판 2003. 12. 26. 선고 2003도5255

판례[16] 또한 "사망에 이른 경위에 대해, 선행차량에 이어 피고인 운전차량이 피해자를 연속하여 역과하는 과정에서 피해자가 사망한 경우에도 증거능력이 있는 증거에 의한 엄격한 증명에 의하고, 피고인이 역과 전에 피해자가 생존해 있었다는 사실도 증거가 없다면 피고인에게 유죄의 의심이 있다고 하더라도 피고인의 이익으로 판단할 수밖에 없다"고 한다.

2. 법관의 '확신'에 이른 입증

증명의 정도는 법관이 합리적 의심이 없는 정도의 '확신'을 요한다. 엄격한 증명과 자유로운 증명은 합리적 의심이 없는 증명 즉 확신을 요한다는 점에서는 같다.

Ⅲ. 소결

본 건과 같이 사망에 이른 경위는 범죄구성요건에 대한 사실에 해당하므로 엄격한 증명의 대상이 되고, 증명의 정도는 법관이 합리적인 의심이 없는 정도의 증명에 이르러야 한다(제307조 제2항).

문제 4. 입증의 방법과 정도

I. 문제제기

요증사실을 입증하기 위해 사용하는 자료를 '증거'라고 하며, 이러한 증거를 가지고 증명하는 방법으로 〈엄격한 증명〉과 〈자유로운 증명〉의 방법이 있다. 이 경우 엄격한 증명과 자유로운 증명의 구별기준은 무엇인가. 나아가 증명의 정도는 법관에게 확신을 요할 정도인가, 우월적인 증명으로 족한가라는 문제가 있다.

II. 엄격한 증명과 자유로운 증명의 구별기준

엄격한 증명은 증거능력이 있는 증거에 의해 엄격한 증거조사 절차를 거친 증거에 의한 입증방법이고, 이에 대해 자유로운 증명은 증거능력이 없는 증거라도 간단

---

16) 대판 2014. 06. 12. 선고 2014도3163

한 증거조사 절차에 의해 증명하는 것을 말한다. 그렇다면 양자의 구별기준은 무엇인가. 일반적으로 '형벌권의 존부와 정도'에 관한 사항에 대해서는 엄격한 증명을 요하고, 그 이외 소송법적인 사실에 대해서는 자유로운 증명으로 족하다고 한다.

엄격한 증명이든 자유로운 증명이든 입증의 정도는 법관이 합리적 의심이 없는 확신을 가질 정도로서 동일하다.

Ⅲ. 개별적 고찰

1. 몰수·추징금액

(1) 입증방법

몰수·추징은 부가적인 형의 일종으로 형벌권의 존부에 관한 사항에 해당하므로 엄격한 증명을 요한다는 것이 학설의 입장이다.

> 이에 대해 판례[17]는 "몰수·추징의 대상이 되는지 여부나 추징액의 인정 등은 범죄구성요건 사실에 관한 것이 아니어서 엄격한 증명은 필요 없지만 역시 증거에 의하여 인정되어야 함은 당연하고, 그 대상이 되는 범죄수익을 특정할 수 없는 경우에는 추징할 수 없다"고 한다.

판례에 따르면 자유로운 증명으로 족하다고 한다.

(2) 입증 정도

자유로운 증명이건 엄격한 증명이건 입증의 정도는 법관의 확신을 요한다는 점에서 차이가 없다.

2. 진술의 임의성에 대한 입증

(1) 입증방법

소송법적인 사실이므로 법관의 자유로운 증명으로 족하다. 따라서 수사관의 법정진술에 의하든 법관의 검증에 의하든 자유로운 방법으로 인정할 수 있다.

---

17) 대판 2014. 07. 10. 선고 2014도4708

피의자의 진술에 관하여 공판정에서 그 임의성 유무가 다투어지는 경우에는 법원은 구체적인 사건에 따라 증거조사의 방법이나 증거능력의 제한을 받지 아니하고 제반 사정을 종합 참작하여 적당하다고 인정되는 방법에 의하여 자유로운 증명으로 그 임의성 유무를 판단하면 된다.[18]

(2) 주장 시기와 입증의 정도

진술의 임의성에 대해서는 자유로운 증명으로 족하지만 법관의 확신을 요하는 증명을 요한다는 점에서는 위에서와 같다. 다만 주장 시기에 대해서는 증거의견에 대한 진술의 번복 등 소송행위의 철회에 대해서 판례는 증거조사완료시설을 취하고 있다. 그럼에도 진술의 임의성에 대해서는 항소심에서도 주장이 가능하다고 한다.

임의성에 대한 주장은 소송법상 중대한 의미를 가지므로 증거조사가 완료된 이후에도 가능하다.[19]

3. 명예훼손에서의 진실성, 공익성

(1) 법적 성격

이에 대해서는 학설의 다툼이 있다. 특수한 〈위법성조각사유〉라는 입장과 〈거증책임전환〉으로 보는 입장이 있다.

판례[20]는 "공연히 사실을 적시하여 사람의 명예를 훼손한 행위가 형법 제310조의 규정에 따라서 위법성이 조각되어 처벌대상이 되지 않기 위하여는 그것이 진실한 사실로서 오로지 공공의 이익에 관한 때에 해당된다는 점을 행위자가 증명하여야 하는 것"이라고 하여 거증책임 전환규정으로 보고 있다.

(2) 입증방법

그러나 독일이나 일본과 같이 '증명이 있는 때'라고 규정하지 않고 '오로지 공공의 이익에 관한 때에는 처벌하지 아니한다'고 규정하고 있는 현행법하에서는 특수한 위법성조각사유라고 하여 검사에게 거증책임이 있다고 봄이 상당하다.

---

18) 대판 1986. 11. 25. 선고 83도1718
19) 대판 1986. 11. 25. 선고 83도1718
20) 대판 1996. 10. 25. 선고 95도1473

위법성조각사유라는 입장에서는 범죄의 구성요건에 관한 사항이므로 엄격한 증명을 요한다고 한다.

> 판례[21]는 "그 증명은 유죄의 인정에 있어 요구되는 것과 같이 법관으로 하여금 의심할 여지가 없을 정도의 확신을 가지게 하는 증명력을 가진 엄격한 증거에 의하여야 하는 것은 아니므로, 이때에는 전문증거에 대한 증거능력의 제한을 규정한 형사소송법 제310조의2는 적용될 여지가 없다."고 하여 자유로운 증명으로 족하며, 입증의 정도도 확신을 요하지 않는다고 한다.

(3) 입증의 정도

원칙은 엄격한 증명이든 자유로운 증명이든 법관의 확신을 요한다고 봄이 상당하다. 그러나 위 판례는 법관의 확신을 요하는 정도를 요하지 않는다고 한다.

4. 위법성조각사유

(1) 입증방법

위법성조각사유 또한 검사가 입증하여야 하며, 범죄의 성립, 즉 형벌권의 굴부에 관한 사항이므로 엄격한 증명을 요한다.

(2) 입증 정도

법관의 확신에 정도에 이르는 입증이 되어야 한다.

---

21) 앞 판례

절도죄, 강도죄, 장물죄, 허위공문서작성, 공동피고인의 증인적격

형법총론	공범과 방조범, 공범의 이탈, 양적초과행위, 결과적 가중범의 공동정범
형법각론	절도, 주거침입, 강도치상, 공정증서원본불실기재, 장물취득, 사기
형사소송법	검찰의 불기소처분에 대한 대처방법, 공동피고인의 증인적격(공범, 비공범), 공소장 변경 요구

설문

1. 甲은 직장을 그만두고 마땅한 생활비 조달이 어렵게 되자 고등학교 동창인 乙을 찾아가 술을 마시다가 "생활비가 어려우니 도둑질이라도 해야겠다."고 하였다. 그러자 乙은 "내가 운전기사로 있던 회사 사장 A의 집은 아침 9시부터 11시 사이에는 사람이 아무도 없다. 차고문은 손으로도 열 수 있다."고 가르쳐 주었다.

2. 계속해서 "차고문으로 들어가면 왼쪽이 서재인데 서랍 속에는 항상 500만원 정도는 있다."고 말해 주었다. 그러자 甲은 자신을 차에 태우고 데려다주면 200만원 주겠다고 제시하였고, 이에 동조한 乙은 A의 집의 약도를 그려주면서 서랍의 위치를 자세히 기재해 주었다.

3. 다음날 아침 乙은 자신의 친구 丙에게 "내가 아는 집에 가면 쉽게 돈을 훔쳐 나올 수 있는데 그 집은 고액으로 구입했는데 현금출처가 문제될까봐 매매가격도 허위로 신고했다. 돈이 털려도 신고도 못할 것이다."고 하면서 "간단히 한탕하지 않겠느냐"고 권유하였고, 이 말을 듣고 丙은 乙의 차에 함께 타고 가 甲을 만났다. 甲은 직접 A의 집에 들어가 돈을 가지고 나오고, 乙은 약간 떨어진 골목길에서 차를 대기시키고, 丙은 밖에서 망을 보는 것으로 역할을 분담하였다.

4. 그러나 丙은 함께 있다가 甲이 차고로 가기 전 겁이 나 말 없이 자신의 집으로 돌아가 버렸다.

5. 甲은 A의 집 차고문을 통해 서재로 들어가 乙이 가르쳐 준 대로 서재서랍 속에

있던 돈 500만원과 그곳에 있던 황금거북이(금 100돈 중) 1개를 주머니에 넣고 방문을 나오다가 부엌에서 일을 하던 파출부 B를 발견하였다. 그러자 마침 소지하고 있던 칼을 들이대고 협박하여 파출부로부터 5만원을 빼앗았다. 그 칼은 甲이 발각되면 협박이라도 해서 도망갈 의사로 소지하였던 것이고, 이를 乙이나 丙은 모르고 있었다.

6. 한편 甲은 계속해서 A의 금고의 소재를 찾던 중 B는 기회를 엿보다가 甲이 한 눈을 파는 사이 출입문으로 달아나다가 당황한 나머지 넘어져 우측 다리가 골절되는 상해를 입었다. 그러자 甲은 발각될 것을 두려워한 나머지 뒷문 차고로 도주하였다.

7. 집 밖 길가 자동차에서 甲이 나오기를 기다리던 乙은 갑자기 B가 "도둑이야." 하고 소리 지르면서 대문으로 뛰어나오므로 발각이 된 것으로 알고 B에게로 급히 가 더 이상 소리 지르지 못하게 발로 B의 가슴을 걷어차 아스팔트길로 넘어뜨려 머릴 찧게 하고, 입을 손으로 막고 목을 졸랐다.

8. 뒷문 차고로 나온 甲은 이 광경을 보고 빨리 도망가자 재촉하고, 乙과 甲은 B를 버려둔 채 차를 타고 도주하였고, B는 1시간 이후 병원으로 후송되었으나 아스팔트에 부딪친 상처로 지주막하 출혈로 사망하였다.

9. 甲은 乙에게 약속한 대로 200만원을 건네주었고, 황금거북이는 자신이 알고 있던 전당포업자 丁에게 500만원에 팔았다. 신고를 받고 출동한 경찰관 P는 도난 물품 중에 황금거북이가 있다는 사실을 알고 이를 丁으로부터 매수하여 소지하고 있던 C로부터 '1,300만원에 구입하였다'는 진술을 확보하고 丁을 체포하였다.

10. 丁은 자신이 "싸게 산 것은 맞지만 甲이 자신의 상사로부터 처분해 오라고 하여 이를 믿고 샀고 몇 차례 거래한 바도 있다."고 변명하였고, 甲을 검거한 후 甲으로부터는 "내 물건이라고 거짓말하였지만, 문제가 있는 물건이라고 하면서 반 값 이하에 넘기라."고 해서 울며 겨자 먹기로 팔았다는 진술을 확보하였다. 그러면서도 몇 차례 물건을 거래한 것은 사실이라고 하였다.

11. 계속해서 검거된 乙과 丙은 피의사실을 부인하였다. 검사는 甲, 乙, 丁을 기소하였고, 丙에 대해서는 기소유예하였다.

문제

1. 甲, 乙, 丁의 형사책임은?

2. 경찰관 P는 피의자 乙로부터 "A가 부동산거래가액을 허위로 신고하였다"는 첩보를 받고 부실의 등기를 하게 한 혐의로 A를 입건할 수 있는가?

3. 甲, 乙, 丁이 공동피고인으로 같이 재판을 받는 과정에서, 검사가 甲의 법정진술을 乙에 대한 절도범죄사실에 대해, 丁의 장물범죄에 대한 각 증거로 사용하는 방법은?

4. 丙의 변호인으로서 대처방법은?

5. 장물취득죄를 인정하기 어려워 법원은 업무상과실장물취득죄로 공소장 변경을 요구하였다. 이에 대해 검사가 거절하면 법원의 조치는?

문제 1. 甲, 乙, 丁의 형사책임

I. 甲이 A의 집에 들어가 돈과 황금거북이를 절취한 행위

1. 문제제기

甲이 A의 집에 들어가 돈과 황금거북이를 절취한 행위에 대해서는 甲에게 주거침입죄, 절도죄로 문의할 수 있다. 이에 대해 乙의 죄책은 과연 공동정범이 되는가, 방조범이 되는가. 공동정범이 된다면 특수절도죄로 의율할 수 있는가?

2. 甲의 주거침입죄 성립

甲의 주간 주거침입죄의 성립에는 문제가 없다.

> 판례[22]는 공동주택의 내부에 있는 엘리베이터, 공용계단과 복도는 특별한 사정이 없는 한 주거침입죄의 객체인 '사람의 주거'에 해당하며 그 장소에 거주자의 명시적, 묵시적 의사에 반하여 침입한 행위는 주거침입죄를 구성한다.

> 〈관련판례〉 출입문을 당겨보는 행위는 객관적인 위험성을 포함하는 행위를 한 것으로 주거침입의 실행에 착수가 있었다.[23]

3. 절도죄의 기수시기

절도죄에 대해서는 언제 기수죄에 해당하는가? 학설은, 재물을 처분할 수 있는 안전한 장소에 옮기거나 이용할 상태에 두어야 한다는 은닉설, 경계망을 완전히 벗어난 상태라는 이전설이 대립하지만, 사회통념에 비추어 피해자의 점유를 배제하고 자신이나 제3자의 '사실상 지배'하에 두었다면 취득으로 보아야 한다는 취득설이 타당하다.

---

22) 대판 2009. 09. 10. 선고 2009도4335
23) 대판 2006. 09. 14. 선고 2006도2824

판례는, ① 대형할인매장에서 물건을 휴대한 가방에 넣고 계산대로 나오다가 도난방지벨이 울려 매장 직원에게 검거된 경우,[24] ② 피고인이 피해자 경영의 카페에서 야간에 아무도 없는 그곳 내실에 침입하여 장식장 안에 들어 있던 정기적금통장 등을 꺼내 들고 카페로 나오던 중 발각된 경우,[25] ③ 창고 밖으로 물건을 운반해 가다가 방범대원에게 발각된 경우,[26] ④ 입목을 절취하기 위하여 캐낸 때에 소유자의 입목에 대한 점유가 침해되어 범인의 사실적 지배하에 놓이게 되었다[27]고 하여 취득설의 입장을 취하고 있다.

결국 구체적으로 재물의 크기와 장소의 특수성, 지배의 정도, 침해의 태양 등에 의하여 사실상의 지배 상태가 생겼다고 할 수 있는지 여부를 판단기준으로 삼는다면, 피의자 甲은 현금과 황금 거북이를 주머니에 넣고 방문을 나오는 시점에서 이미 취득하였다고 보아 절도죄의 기수범에 해당한다.

4. 乙은 절도행위의 공동정범인가? 종범인가?

1) 학설과 판례

공동정범의 본질에 관해서 종래 행위공동설, 범죄공동설, 또는 수정설 등이 주장되어 왔다.

판례는 행위지배설의 입장에서 "공동정범의 본질은 분업적 역할분담에 의한 기능적 행위지배에 있으므로 공동정범은 공동의사에 의한 기능적 행위지배가 있음에 반하여 종범은 그 행위지배가 없는 점에서 양자가 구별된다"고 판시[28]하였다.

2) 검토

형법 제30조의 공동정범이 성립하기 위해서는 주관적 요건인 공동가공의 의사와 객관적 요건으로서 그 공동의사에 기한 기능적 행위지배를 통하여 범죄를 실행하였을 것이 필요하다.

---

24) 수원지판 2000. 08. 31. 선고 2000노863
25) 대판 1991. 04. 23. 선고 91도476
26) 대판 1984. 02. 14. 선고 83도3242
27) 대판 2008. 10. 23. 선고 2008도6080
28) 대판 1989. 04. 11. 선고 88도1247

여기서 공동가공의 의사란 타인의 범행을 인식하면서도 이를 제지함이 없이 용인하는 것만으로는 부족하고 공동의 의사로 특정한 범죄행위를 하기 위하여 일체가 되어 서로 다른 사람의 행위를 이용하여 자기의 의사를 실행에 옮기는 것을 내용으로 하는 것이어야 한다.

그렇다면, 공동정범의 본질은 분업적 역할분담에 의한 '기능적 행위지배'에 있다고 할 것이므로 공동정범은 공동의사에 의한 기능적 행위지배가 있음에 반하여 종범은 그 행위지배가 없는 점에서 양자가 구별된다.

이러한 행위지배는, 양자의 인간관계, 범행동기, 이해관계, 구체적 가담행위, 역할의 중요성, 모의관여 상황 등을 종합적으로 고려하여 서로가 다른 사람의 실행행위를 이용하여 자기의 범죄의사를 실현하려는 의사 및 그 사실의 유무를 기준으로 판단하여야 한다.[29]

3) 사안의 해결

본 사안에서 乙은, 형식적으로는 甲의 주거침입이나 절도행위의 실행행위를 분담하지 않았지만 1) 절도 모의단계에서 가담, 2)설계도를 제공하고, 집에 아무도 없는 시간 정보, 현금의 소재지 정보를 제공, 3)당일 A의 집까지 차에 태워다 주고, 4)약속대로 현금의 일부를 나누어 가졌다.

따라서 기능적 행위지배가 있었다고 판단되며 형식적 정범 개념과 연결된 공모공동정범 부정론을 전면적으로 전개하지 않는 한 방조범이라고 하기에는 곤란하고 공동정범이 인정된다.

5. 특수절도의 성부

1) 문제제기

나아가 甲과 乙은 형법 제331조 제2항 후단의 특수절도인가?

2) 학설과 판례

형법 제331조 제2항 후단의 2인 이상의 합동의 의미에 대해 학설은 공모공동정범설, 가중적 공동정범설, 현장설, 현장적 공동정범설이 대립하고 있다.

---

29) 대판 2013. 01. 10. 선고 2012도12732

이에 대해 판례[30]는 "2인 이상이 합동하여"라 함은 주관적 요건으로서의 공모와 객관적 요건으로서의 실행행위의 분담이 있어야 하고 그 실행행위에 있어서는 〈시간적으로나 장소적으로 협동관계〉가 있음을 요한다고 하여 〈현장적 공동정범설〉을 취하고 있다.[31][32]

3) 소결

판례의 입장인 현장적 공동정범설에 따라 합동범에 해당하기 위해서는 공동실행의 의사(공모)와 시간적, 장소적인 협동관계는 필요하다고 할 것이다. 사안에서 乙은 甲에게 A의 집에 아무도 없는 시간을 알려주고 약도와 서랍의 위치를 그려주는 등 공동실행의 의사가 있었다고 볼 수 있는 행위를 하였고, 이후 A의 집에서 돈을 가지고 나오는 동안 차를 대기하였으므로 시간적·장소적 근접성으로 협동관계도 인정된다. 따라서 乙은 형법 제331조 제2항 후단의 특수절도에 해당한다. 甲은 乙과 함께 형법 제331조 제2항 후단의 특수절도죄에 해당한다.

6. 주거침입의 공범

사안에서 甲의 행위가 주거침입죄에 해당함은 분명하다. 문제는 乙이 주거침입죄에 책임을 지는지 여부인데 절도에서 살펴본 바와 같이 乙에게는 甲의 행위에 대한 기능적 행위지배를 인정할 수 있으므로 공동정범으로서 책임을 진다.

7. 죄수론

甲과 乙의 특수절도와 주거침입죄는 실체적 경합관계에 있다.[33]

---

30) 대판 1988. 09. 13. 선고 88도1197

31) 대판 1996. 03. 22. 선고 96도313(피고인은 집안의 가까운 곳에 대기하고 있다가 절취품을 가지고 같이 나온 경우 시간적, 장소적으로 협동관계가 있었다)
대판 2011. 05. 13. 선고 2011도2021(甲, 乙은 피해자의 사무실 금고에서 현금을 절취하고, 범행에 사용할 면장갑 등을 구입해 준 丙은 위 사무실이 보이지 않는 위 사무실로부터 약 200m 떨어진 곳에서 甲이 맡긴 가방을 가지고 甲, 乙을 기다리다 범행을 마치고 나온 甲, 乙과 함께 도주한 경우, 丙도 특수절도죄의 공동정범으로 처벌된다.)

32) 대판 1998. 05. 21. 선고 98도321 전원합의체(범행현장에 존재하지 아니한 범인도 공동정범이 될 수 있으며, 반대로 상황에 따라서는 장소적으로 협동한 범인도 방조만 한 경우에는 종범으로 처벌될 수도 있다)

33) 대판 2008. 11. 27. 선고 2008도7820

II. 甲이 칼을 들고 피해자 B로부터 돈을 빼앗은 행위

1. 문제제기

甲이 칼을 들이대고 B로부터 돈을 빼앗은 행위가 甲에 대해서는 강도죄를 구성하고, 그 과정에서 도망가다가 다친 상해에 대해서는 강도치상의 죄책을 물을 수 있는가? 또한 甲의 칼을 준비한 행위가 강도예비죄를 구성하는가? 이 경우 대기 중인 乙에 대해서도 공범으로 책임을 물을 수 있는가?

2. 甲에 대한 강도치상죄의 성부

1) 강도죄의 성부

폭행·협박은 상대방의 반항을 억압할 수 있는 정도이어야 하고(최협의의 폭행·협박), 반항을 억압할 수 있는 정도의 것인가의 여부는 행위 당시의 구체적 사정을 고려하여 일반인의 입장에서 객관적으로 판단해야 한다. 이 경우 피해자의 수·연령·성별, 범행의 시간과 장소, 폭행·협박의 태양 및 행위자의 인상 등을 종합적으로 고려해야 한다.

> 판례[34]는, 택시운전사에게 안면에 주머니칼을 들이 대고 금품을 강요한 사실이 피해자의 반항을 억압할 정도의 폭행, 협박에 해당한다고 하였다.

본 건에서 혼자 응접실에서 일을 하던 파출부인 B에게 부엌칼을 들이대고 협박한 것은 B의 반항을 억압할 정도의 폭행, 협박이라 볼 수 있으므로 강도죄(형법 제333조)가 성립한다.

2) 강도치상죄의 성부

(1) 문제제기

B가 출입문으로 달아나다가 스스로 다리골절상을 입었으므로 甲의 B에 대한 강도행위와 B가 입은 상해 간의 인과관계가 인정되는가? 피의자 甲은 이를 예상할 수 있었는가?

------

34) 대판 1967. 11. 28. 선고 67도1283

(2) 결과적 가중범의 요건

결과적 가중범을 인정하기 위해서는 고의의 기본범죄와 중한 결과의 발생 사이에 상당 인과관계 또는 객관적 귀속관계가 인정되어야 한다는 점에서 책임주의와 조화를 이루고 있다. 판례 또한 기본범죄와 중한 결과 간의 상당인과관계를 요구하고 중한 결과에 대한 예견가능성을 요구한다.

[긍정사례]
① 피고인이 호텔 객실에 감금한 후 강간하려 하자, 피해자가 완강히 반항하던 중 피고인이 대실시간 연장을 위해 전화하는 사이에 객실 창문을 통해 탈출하려다가 지상에 추락하여 사망한 경우(강간치상죄)[35]
② 폭행 또는 협박으로 타인의 재물을 강취하려는 행위와 이에 극도의 흥분을 느끼고 공포심에 사로잡혀 이를 피하려다 상해에 이르게 된 경우(강도치상죄)[36]

[부정사례]
① 강도를 체포하기 위해 손으로 잡는 순간 강도가 들고 있던 벽돌에 끼어 있는 철사에 찔려 부상을 입었거나 또는 같이 넘어져 부상을 입은 경우(강도상해죄, 부정)[37]

(3) 소결

파출부로 일하던 중 강도에게 부엌칼로 협박당하였다면 피해자가 강도를 피하려고 달아날 수 있고 달아나다 넘어져 상해에 이른 사실과는 상당인과관계가 인정되며 상해에 대한 예견가능성도 인정할 수 있으므로 甲에게는 강도치상죄가 성립한다.

[참고판례]
형법 제334조 제1항 특수강도죄는 '주거침입'이라는 요건을 포함하고 있으므로 주거침입죄는 별도로 처벌할 수 없다.[38]

---

35) 대판 1995. 05. 12. 선고 95도425
36) 대판 1996. 07. 12. 선고 96도1142
37) 대판 1985. 07. 09. 선고 85도1109
38) 대판 2012. 12. 27. 선고 2012도12777

3) 강도예비죄의 성부

(1) 문제제기

甲이 A의 집에 침입하면서, 절도가 발각되면 집에 있는 사람을 협박하여 도망갈 의사로 부엌칼을 소지한 행위가 준강도 예비에 해당하여 강도예비죄로 처벌할 수 있는지 문제가 된다.

(2) 판례의 입장

판례[39]는, "강도예비죄가 성립하기 위해서는 예비 행위자에게 미필적으로라도 '강도'를 할 목적이 있음을 인정되어야 하고 단순히 '준강도' 할 목적이 있음에 그치는 경우에는 강도예비죄로 처벌할 수 없다"고 판시하였다.

(3) 소결

甲은 절취하다 발각되면 협박할 의사인 '준강도' 할 목적이 있었음에 불과하고 '강도'를 할 목적이 없어 강도예비죄로 처벌할 수 없다.

4) 죄수론

甲에게는 별도의 강도예비죄는 성립하지 않고, A에 대한 특수절도죄, B에 대한 강도치상죄가 성립하고 양죄는 실체적 경합관계에 있다.[40]

3. 乙의 공범 여부

1) 문제제기

甲이 乙과 공모한 범의를 초과하여 A의 집에 있는 B를 협박하여 5만원을 빼앗았고 결과적으로 B가 상해를 입었는데 이와 같이 공범이 양적으로 초과한 행위에 대해 乙이 책임을 지는지 문제가 된다.

2) 판례의 태도

판례[41]는, 상해 공모 후 살인을 한 사건에서 "수인이 가벼운 상해 또는 폭행 등의 범의로 범행 중 1인의 소위로 살인의 결과를 발생케 한 경우, 나머지 자들은 상해 또는

---

39) 대판 2006. 09. 14. 선고 2004도6432
40) 만약 B가 가지고 있던 5만원이 A의 소유라면 피해자가 동일하므로 강도치상죄 일죄만이 성립한다.

폭행죄 등과 결과적 가중범의 관계에 있는 상해치사 또는 폭행치사 등의 죄책은 면할 수 없다고 하더라도 위 살인 등 소위는 전연 예상치 못하였다 할 것이므로 그들에게 살인죄의 책임을 물을 수는 없다"라고 하여 공모내용을 초과한 경우 공모한 의사의 범위 내에서만 공동정범이 성립한다고 판시했다.

3) 소결

乙은 A의 집이 비었다고 생각하였고, 甲이 발각되면 협박이라도 해서 도망갈 의사로 부엌칼을 소지한 사실도 몰랐기 때문에, 甲이 B를 강도하고 결과적으로 B가 상해를 입은 것은 乙과의 모의내용을 초과하므로 乙은 책임이 없다.

Ⅲ. 乙이 B를 폭행하고 B가 사망한 행위

1. 乙의 준강도죄 성립 여부

1) 문제제기

乙이 차를 대기시키고 기다리던 중, 파출부 B가 소리지르며 집에서 나오는 것을 발견하고 B를 폭행하여 상해를 입혔으며, 이후 B가 사망하였다. 이에 대해서 乙은 준강도죄의 주체가 되는가? 사망에 대해 책임은 있는가?

2) 준강도죄의 구성요건

준강도죄는 절도가 재물의 탈환을 항거하거나 체포를 면탈하거나 죄적을 인멸할 목적으로 폭행 또는 협박을 가함으로써 성립하는 범죄이다. 준강도죄의 주체는 절도죄의 정범만이 준강도죄의 주체가 될 수 있으며 방조범이나 교사범은 그 주체가 될 수 없다. 폭행과 협박은 절도의 기회에 행해져야 하며 판례는 시간적 장소적 근접성을 요구한다.

판례[42]는 실행에 착수하여 실행 중이거나 실행 직후로서 사회통념상 범죄행위가 완료되지 아니하였다고 인정할 만한 단계라고 설시하였다.

---

41) 대판 1984. 10. 05. 선고 84도1544
42) 대판 1984. 09. 11. 선고 84도1398

나아가 준강도죄는 목적범으로 재물탈환 항거, 체포면탈, 죄적인멸의 목적이 필요하다.

3) 소결

위에서 살펴본 바와 같이 乙은 특수절도의 정범으로서 준강도죄의 주체가 되며, 甲의 절도범행 직후로서 범죄행위가 완료 전의 범죄 장소 앞이므로 시간적, 장소적 근접성이 인정되어 절도의 기회 또한 인정된다.

그리고 乙이 소리 지르며 나오는 B를 보고 이를 제지할 목적으로 폭행하였으므로 죄증인멸의 목적 또한 인정된다 할 것이다.

2. 乙의 준강도치사죄(형법 제338조, 제335조)의 성부

1) 문제점

乙이 B에 대해 가슴을 걷어차고 머리를 찧게 하는 폭행을 하여 상해를 입히고, 이로 인해 B는 지주막하 출혈로 사망하였다. 따라서 乙에게 준강도치상죄가 성립함에는 이견이 없으나 이를 준강도치사죄 혹은 준강도살인죄로 의율할 수 있는지가 문제된다.

2) 준강도치사죄 성부

준강도살인죄를 인정하기 위해서는 살인에 대한 고의가 인정되어야 한다. 사안에서 乙은 B의 입을 손으로 막고 목을 졸랐다. 그러나 이러한 사실만으로 乙의 살인에 대한 고의를 인정하기는 부족하므로 결과적 가중범에 대해 판단하기로 한다.

위에서 살펴본 바와 같이 결과적 가중범을 인정하기 위해서는 고의의 기본범죄와 중한 결과의 발생 사이에 상당인과관계 또는 객관적 귀속관계의 인정이 필요하다.

결국 본 건에서 乙은 B의 사망에 대해 상당인과관계가 인정되므로 강도치사죄의 책임을 진다.

〔긍정사례〕
① 피해자의 지병이 사망결과에 영향을 주었더라도 결과적 가중범이 인정된다.[43]

---

43) 대판 1983. 01. 18. 선고 82도697(합동범 중 1인이 공모한대로 과도를 들고 강도하기위해 들어가 피해자를 찔러 상해를 가하였다면 강도상해죄의 공범)

② 피고인이 피해자의 복부를 가격하여 장파열로 복막염으로 사망한 사안에서 의사의 수술 지연 등 과실이 피해자의 사망의 공동원인이 된 경우에도 결과적 가중범의 인과관계와 예견가능성이 인정된다.[44]

3. 甲의 B에 대한 강도치사죄 성부

1) 문제제기

乙의 B에 대한 준강도치사죄가 절도의 공범인 甲에 대해서도 성립하는지 여부가 문제되며, 이에 대해서는 〈결과적가중범의 공동정범〉이 문제가 된다. 즉, 기본범죄의 고의와 중한 결과에 대한 예견가능성이 인정되는 경우 중한 결과발생에 관여하지 않은 가담자를 결과적 가중범의 공동정범으로 볼 수 있는가?

2) 학설과 판례

학설은 과실범의 공동정범을 부정하는 입장에서 〈동시범〉으로 인정하자는 견해와 〈공동정범〉으로 볼 수 있다는 견해로 나누어진다. 결과적 가중범의 경우에는 기본범죄에 대한 고의를 함께 가지고 있다는 점에서 과실범의 공동정범과는 논리적인 연관성이 부족하다. 기본범죄에 대한 고의 속에 중한 결과에 대한 위험성도 내포되어 있으므로 예견 가능하였다면 공동정범을 인정하는 입장이 타당하다.

판례[45] 또한 중한 결과에 대한 인식이 없거나 공모하지 않았더라도 예견가능성이 있으면 결과적 가중범의 공동정범을 인정하고 있다.

3) 소결

강도행위를 하다가 B가 소리치면서 밖으로 나가자 급히 뒷문으로 빠져 도망가던 甲으로서는 차를 대기하던 乙이 죄증인멸의 목적으로 B를 폭행한 뒤 사망에 이르게 할 것이라는 것을 예상할 수 없었다고 보여지므로 준강도치사죄의 공동책임을 물을 수 없다.

---

44) 대판 1984. 06. 26. 선고 84도831
45) 대판 1998. 04. 14. 선고 98도356

판례[46]는 甲이 도주한 뒤 乙이 체포를 면하기 위해 폭행을 가하여 상해를 입힌 사안에서 甲이 乙의 폭행행위를 전연 예기할 수 없었다고 보아 준강도상해죄의 공동책임을 부정하고 있다.

IV. 甲과 丁이 황금거북이를 팔고 산 행위

1. 문제점

절도범인 甲이 전당포 업자인 乙에게 황금거북이를 자신의 소유인 양 매각한 경우, 이를 사기죄로 의율할 수 있는지, 乙이 황금거북이를 매수한 행위가 장물취득죄 혹은 업무상과실장물죄에 해당하는지 여부가 문제된다.

2. 甲에게 사기죄(형법 제347조 제1항)가 성립하는지 여부

1) 문제제기

사기죄의 기망행위란 허위의 의사표시에 의해 타인을 착오에 빠뜨리는 일체의 행위를 말한다. 이때 기망행위는 묵시적으로 이루어진 경우에도 인정될 수 있다는 점에서는 이론이 없다.[47] 다만 절도 범인이 자신이 절취한 장물을 자신의 소유인 양 제3자에게 양도한 경우 별도의 죄를 구성하는지 문제된다.

2) 학설과 판례

절도는 상태범으로서 절도행위와 보호법익이 같고 절도행위가 침해한 양을 초과하지 않는 한 불가벌적 사후행위로서 별도의 죄를 구성하지 않는다. 그러나 별도의 법익침해가 있다면 사기죄가 성립한다.

〔부정사례〕
① 절취한 열차승차권을 가지고, 현금으로 환전한 경우(사기죄, 부정)[48]
② 자기앞수표를 현금으로 바꾸는 경우[49] (사기죄, 부정)

---

46) 대판 1984. 02. 28. 선고 83도3321
47) 대판 2013. 08. 23. 선고 2013도5080
48) 대판 1975. 08. 29. 선고 75도1996

〔긍정사례〕
① 절도 범인이 그 절취한 장물을 자기 것인 양 제3자를 기망하여 금원을 편취한 경우(사기죄)[50]
② 절취한 신용카드를 사용하는 행위[51](사기죄)
③ 횡령한 자동차를 취득한 후 장물인 사실을 알리지 않고 기망하여 새로운 법익침 해한 경우

3) 소결

甲이 자신이 절취한 황금두꺼비를 전당포업자에게 처분한 것은 기망의 방법으로 새로운 법익의 침해에 해당하므로 사기죄를 구성한다. 도품에 대해서는 피해자는 민법 제250조, 251조에 의해 2년간 반환 청구할 수 있다.

3. 丁의 장물취득행위의 형사책임

1) 장물취득죄의 성부

장물죄의 고의로는 장물 즉 재산범죄에 의해 영득된 재물이라는 점에 대한 인식 있어야 한다.

> 장물죄에 있어서 장물의 인식은 확정적 인식임을 요하지 않으며 장물일지도 모른다 는 의심을 가지는 정도의 미필적 인식으로서도 충분하다.[52]
> 장물인 정을 알고 있었느냐의 여부는 장물 소지자의 신분, 재물의 성질, 거래의 대가 기타 상황을 참작하여 인정하고 있다.[53]

본 건 사안에서 매입자인 丁이 황금두꺼비를 자신이 C에게 판매한 가격에 비해 현저히 낮은 가액으로 이를 매수한 것은 사실이지만 이것만으로는 甲이 훔쳐온 물 건을 판매하고 있다는 점에 대한 고의를 인정하기 어려워 장물취득죄로 처벌할 수 는 없다.

---

49) 대판 1982. 07. 27. 선고 82도822
50) 대판 1980. 11. 25. 선고 80도2310
51) 대판 1996. 07. 12. 선고 96도1181
52) 대판 2011. 05. 13. 선고 2009도3552
53) 대판 1995. 01. 20. 선고 94도1968

〈참조판례〉 장물성을 유지하는지에 대해서, 판례[54]는 장물인 현금을 금융기관에 예금의 형태로 보관하였다가 이를 반환받기 위하여 동일한 액수의 현금을 인출한 경우에 장물로서의 성질은 그대로 유지된다고 본다.

2) 업무상과실장물취득죄의 성부

업무상과실장물취득죄는 장물을 취급하기 쉬운 업무에 종사하는 자에게 업무처리상의 주의의무를 요구하는 것으로서

판례는 주로 금은방 경영자,[55] 전자대리점 경영자,[56] 전당포 업자[57] 등에 대해 이를 인정하고 있다. 금은방 운영자가 매수함에 있어 장물인지 여부를 의심할 만한 특별한 사정이 있거나 매수물품의 성질과 종류 및 매도자의 신원 등에 좀 더 세심한 주의를 기울였다면 그 물건이 장물임을 알 수 있었음에도 불구하고 이를 게을리하여 장물인 정을 모르고 매수하여 취득한 경우에는 업무상과실장물취득죄가 성립한다.[58]

丁은 전당포업자로서 장물을 취급하기 쉬운 업무에 종사하는 자이므로 업무처리상의 주의의무가 요구되는 바, 매각가인 1,300만원의 절반 이하의 가격인 500만원에 매수한 점과 그 전부터 甲에 대해 알고 있었던 점 등을 보면 장물인지 여부를 의심할 만한 특별한 사정이 있으므로 좀 더 세심한 주의를 기울였다면 그 물건이 장물임을 알 수 있었음에도 불구하고 이를 게을리하여 장물인 점을 모르고 매수하였으므로 업무상과실장물취득죄가 성립한다.

丁에게는 황금두꺼비가 장물이라는 것에 대한 인식이 없으므로 장물죄를 인정할 수는 없으나 전당포 업자라는 업무자로서 그 주의의무를 다하지 않았으므로 업무상과실장물취득죄의 죄책을 진다.

---

54) 대판 2004. 03. 12. 선고 2004도134
55) 대판 2003. 04. 25. 선고 2003도348
56) 대판 1987. 06. 09. 선고 87도915
57) 대판 1987. 02. 24. 선고 86도2077
58) 대판 1995. 01. 20. 선고 94도1968

V. 丁의 C에 대한 장물매도 행위

1. 문제제기

丁이 업무상 과실로 취득한 장물인 황금두꺼비를 C에게 매도한 행위에 대하여 별도로 사기죄가 성립하는지 문제되며, 이는 장물죄의 불가벌적 사후행위의 문제이다.

2. 판례의 입장

장물취득에 대한 가벌적 평가에 당연히 포함되는 행위는 불가벌적 사후행위에 해당한다.

① 골동품을 매각하여 달라는 의뢰를 받으면서 장물인지 여부를 확인하여야 할 업무상 주의의무가 있음에도 이를 게을리 하고 골동품을 넘겨받아 보관하던 중 이를 제3자에게 담보로 제공하고 금원을 차용한 경우 甲의 행위는 업무상과실장물보관죄를 구성하고, 그 후의 횡령행위는 불가벌적 사후행위에 불과하여 별도로 횡령죄가 성립하지 않는다.[59]

② 장물인 자기앞수표를 취득한 후 이를 현금 대신 교부한 행위는 장물취득에 대한 가벌적 평가에 당연히 포함되는 불가벌적 사후행위로서 별도의 범죄를 구성하지 아니한다고 판시[60]하였다.

이에 반해 새로운 법익을 침해하는 경우에는 별도의 죄를 구성한다. 장물인정을 숨기고 매도하면 사기죄를 구성한다.

3. 소결

丁에게는 업무상 과실로 장물을 취득 후 매도한 바, 그 매도행위는 장물취득에 대한 가벌적 평가에 당연히 포함되는 불가벌적 사후행위라고 할 수 없으므로 사기죄가 별도로 성립한다.[61]

---

59) 대판 2004. 04. 09. 선고 2003도8219
60) 대판 1993. 11. 23. 선고 93도213
61) 대판 1980. 11. 25. 선고 80도2310

VI. 사안의 해결

甲은 주거침입죄, 특수절도죄, 강도치상죄의 형사책임을, 乙은 주거침입죄, 특수절도죄의 공범의 죄책과 강도치상죄의 형사책임을 부담하며 甲과 乙의 각죄는 실체적 경합관계에 있다. 丁은 업무상과실 장물취득죄를 부담한다.

문제 2. 부동산 거래가액의 허위신고 행위의 형사책임

I. 문제제기

정부는 2005. 12. 29. 부동산등기법(법률 제7764호)을 개정하면서 매매를 원인으로 하는 소유권이전등기를 신청하는 경우에는 등기신청서에 거래신고필증에 기재된 거래가액을 기재하고, 신청서에 기재된 거래가액을 부동산등기부 갑구의 권리자 및 기타 사항란에 기재하도록 하였다. 이 경우 A가 거래가액를 허위로 신고하여 공전자기록에 해당하는 부동산등기부에 등재하게 한 행위가 공전자기록등불실기재죄 및 동 행사죄(형법 제228조 제1항, 제229조)로 의율할 수 있는가?

II. 공전자기록불실기재죄의 법적 성격

형법의 태도는, 소위 무형위조에 대해서는 공문서에 대해서만 처벌하고, 사문서의 경우에는 무형위조를 인정하지 않고 있다. 공문서의 무형위조의 경우에도 ① 허위공문서작성죄와 ② 공정증서원본불실기재죄에 한해 처벌규정을 두고 있을 뿐이다.

이와 관련하여, 공정증서원본불실기재죄의 법적 성격에 대해서는 공무원을 이용한 간접적인 허위공문서작성죄 형태로 이해하는 견해라는 입장과 허위공문서작성죄의 간접정범 중 특수한 경우를 독립범죄를 규정한 것이라는 입장이 나뉘어 있다.

> 공무원이 아닌 자가 허위의 공문서 위조의 간접정범이 되는 때에는 동법 제228조의 경우 이외에는 이를 처벌하지 아니하는 취지로 해석함을 상당하다고 할 것이며 이 점에 관하여 위 취지에 저촉되는 본원 4286년 형상 제39호(4288년 2월 25일 선고) 판결 이유는 이를 유지할 필요가 없다 하여 폐기하기로 한다.[62]

---

62) 대판 1961. 12. 14. 선고 4292형상645 전원합의체

그러나 어느 입장에서건 비신분자인 일반 사인의 경우 간접정범의 형태로 허위 공문서작성죄를 범할 수 없음을 전제로 본 죄의 성립에 대해서도 가능한 한 그 인정범위를 축소하고 있다.

Ⅲ. 본 죄의 객체와 불실기재의 내용

학설은, 본죄의 객체에 대해 중요한 증명력을 가지는 공문서에 한정하면서, 제1항의 공정증서원본불실기재죄를, 제2항의 면허증, 여권 등 불실기재죄에 비해 중하게 처벌하고 있다는 점에서 제1항의 '사실의 기재'는 '권리, 의무에 관한 중요한 사항'의 불실기재로 축소 해석해 오고 있다.

형법 제228조 제1항이 규정하는 공정증서원본불실기재죄나 공전자기록등불실기재죄는 특별한 신빙성이 인정되는 권리의무에 관한 공문서에 대한 공공의 신용을 보장함을 보호법익으로 하는 범죄로서 공무원에 대하여 진실에 반하는 허위신고를 하여 공정증서원본 또는 이와 동일한 전자기록 등 특수매체기록에 그 증명하는 사항에 관하여 실체관계에 부합하지 아니하는 '부실의 사실'을 기재 또는 기록하게 함으로써 성립한다.

> 판례[63]는, '부실의 사실'이라 함은 권리의무관계에 중요한 의미를 갖는 사항이 객관적인 진실에 반하는 것을 말한다. ① 공증인에게 허위신고를 하여 가장된 금전채권에 대하여 집행력이 있는 공정증서원본을 작성하게 한 경우,[64] 종중 대표자의 기재를 허위로 등재한 경우,[65] 유상증자 등기의 신청시 발행주식 총수 및 자본의 총액이 증가한 사실이 허위임을 알면서 증자등기를 신청한 경우,[66] 매도인과 매수인 사이 물권적 합의 없이 법무사를 기망하여 허위로 매수인 명의의 소유권이전등기를 신청하게 한 경우[67] 각각 공정증서원본불실기재죄가 성립한다.

---

63) 부동산등기법의 개정으로 등기사항 중 불실기재의 범위, 판단기준에 대해서는 박동률, "공정증서원본불실기재죄에서의 불실", 비교형사법연구(2006. 7. 제8권 제1호 통권제14호), 231면 이하 참조

64) 대판 2008. 12. 24. 2008도7836

65) 대판 2006. 01. 13. 2005도4790

66) 대판 2006. 10. 26. 2006도5147

67) 대판 2006. 03. 10. 2005도9402

본 사안의 부동산 거래가액은 권리의무관계에 중요한 의미를 가지는 사항에 해당하지 않는다고 하겠다.

Ⅳ. 허위공문서작성죄의 간접정범의 성부

공전자기록불실기재죄가 성립하지 않는다면, 공무원의 허위공문서작성죄에 대한 간접정범 형태는 가능할까? 허위공문서작성죄는 공무원만이 주체가 될 수 있는 진정신분범인데, 공무원이 아닌 일반 사인의 경우 이를 부정하고 있다.

> 판례[68]는, 형법 제228조의 경우를 제외하고는 허위공문서작성죄의 간접정범으로 처벌할 수 없다고 한다.

Ⅴ. 사안의 해결

결국 A에게는 공전자기록등불실기재죄 및 허위공문서작성죄의 간접정범이 성립할 수 없다. 따라서 이에 대해서는 별도로 입건할 필요가 없다.

문제 3. 甲의 법정진술을 乙과 丁에 대한 증거로 사용하는 방법

I. 문제제기

甲의 법정진술을 증거로 사용하는 방법은 甲 자신이 공동피고인인 乙과 丁의 범죄행위에 대해 공범관계에 있는가에 따라 달라진다. 본 사안에서 乙의 절도행위에 대해서는 특수절도로서 필요적 공범관계에 있고, 丁의 업무상과실장물취득의 점에 대해서는 공범관계가 아니고 단순히 공동피고인에 불과하다.

---

68) 대판 2006. 05. 11. 선고 2006도1663

II. 피고인 乙에 대한 특수절도죄에 대한 증거 사용방법

1. 문제제기

공범관계에 있는 공동피고인에 대해서 증인적격을 인정할 수 있는지 문제된다.

2. 증인적격의 문제

이에 대해 학설은 긍정설과 부정설이 있으나 실질적으로 범죄사실이 동일하여 공범에 대한 진술은, 결국 자신의 범죄사실에 대한 증언이 되므로 공범자 간에는 증인적격을 인정하지 않고, 필요한 경우에는 변론을 분리할 수밖에 없을 것이다.

따라서 이에 의하면 甲의 증인적격이 부정되므로 변론을 분리하여 증인으로 신문하여야 한다.

3. 피고인신문의 경우

형사소송법 제296조의2에 의한 피고인신문과정에서 甲의 진술을 증거로 사용할 수 있는지 문제된다. 실무는 변론을 분리하지 않고, 공범인 공동피고인의 피고인신문과정에서 다른 피고인의 반대신문이 보장되어 있고, 사실상 반대신문이 이루어졌다면 피고인 신문내용을 다른 피고인에 대한 범죄사실의 증거로 삼고 있다(절충설).[69]

공동피고인의 자백은 이에 대한 피고인의 반대신문권이 보장되어 있어 증인으로 신문한 경우와 다를 바 없으므로 독립한 증거능력이 있다.[70]

4. 소결

공범인 甲에 대해서는 피고인신문과정에서 乙에게 반대신문의 기회가 보장되었다면 甲의 진술을 乙에 대해 증거로 삼을 수 있고, 분리하여 甲을 증인으로 신문할 수도 있다.

---

69) 법원실무제요 형사(II), 99면

70) 대판 1992. 07. 28. 선고 92도917 ; 동 1990. 10. 30. 선고 90도1930 ; 동 2006. 05. 11. 선고 2006도1944 ; 동 2008. 06. 26. 선고 2008도3300

Ⅲ. 피고인 丁의 장물죄에 대한 증거사용 방법

절도범과 장물범은 공범에 해당하지 않는다는 것이 통설이다.

판례[71] 또한 이를 전제로 공동피고인인 절도범과 그 장물범은 서로 다른 공동피고인 의 범죄사실에 관하여는 증인의 지위에 있다"라고 판시하고 있다.

따라서 甲에게 증인신문방식으로 甲의 증언을 증거로 삼을 수 있다.

Ⅳ. 사안의 해결

공범인 乙에 대해서는 증인적격이 없으므로 변론을 분리하지 않고서는 증인으로 신문할 수 없지만 乙의 반대신문권이 충분히 보장된다면 피고인 신문방식에 의하 더라도 무방하다. 공범이 아닌 공동피고인인 丁에 대해서는 증인적격을 인정할 수 있으므로 변론을 분리하지 않은 채 증인으로 신문할 수 있다.

문제 4. 丙의 공범이탈에 관한 변호인으로서 주장

I. 문제제기

丙은 甲과 乙이 실행에 착수하기 이전에 이탈하였다. 이 경우 공범에서의 이탈을 인정할 수 있는가? 만약 피의자 丙에 대해서 이탈을 인정하여 무죄라면, 변호인은 검찰의 기소유예 처분에 대해서 어떻게 대처하여야 하는가?

II. 丙의 공범관계에서의 이탈과 형사책임

1. 공범관계의 이탈

공범관계의 이탈이라 함은, 공모 후 다른 공모자가 ① 실행에 착수하기 이전에 공 동 가담의 의사를 철회하는 것을 말한다. 이러한 공범관계의 이탈은, 공모관계의 이

---

71) 대판 2006. 01. 12. 선고 2005도7601

탈이라는 주관적 요건과 객관적 요건을 요한다.

이탈의 주관적 의사표시는 필요하지 않다는 입장이 있지만 다른 가담자와 일체성을 단절하기 위해서는 ② 이탈의 의사표시는 필요하며, 다만 명시적이든 묵시적이든 불문한다고 보는 것이 상당하다.

> 판례[72]는 반드시 명시적임을 요하지 않는다고 하여 명확하지는 않지만 필요설을 전제로 하고 있다고 해석된다.

나아가 ③ 결과발생에 대해 인과성을 제거하여야 하는지에 대해 필요하다는 입장과 불요하다는 입장, 주모자와 단순가담자를 구별하는 입장 등이 있다.

> 판례[73]는 '공모공동정범에 있어서 공모자 중의 1인이 다른 공모자가 실행행위에 이르기 전에 그 공모관계에서 이탈한 때에는 그 이후의 다른 공모자의 행위에 관하여는 공동정범으로서의 책임은 지지 않는다 할 것이나, 공모관계에서의 이탈은 공모자가 공모에 의하여 담당한 기능적 행위지배를 해소하는 것이 필요하므로 공모자가 공모에 주도적으로 참여하여 다른 공모자의 실행에 영향을 미친 때에는 범행을 저지하기 위하여 적극적으로 노력하는 등 실행에 미친 영향력을 제거하지 아니하는 한 공모자가 구속되었다는 등의 사유만으로 공모관계에서 이탈하였다고 할 수 없다.'고 하여 기본적으로는 주모자와 단순가담자를 구분하고 있다.

2. 소결

丙은 甲과 乙이 주거침입죄의 실행에 착수하기 이전에 함께 있다가 말없이 귀가함으로써 묵시적인 의사표시는 있었다고 보이고, 주도적인 지위가 아닌 단순가담자에 불과하므로 甲의 실행행위에 대해 공범이 성립하지 않는다.

④ 다만 丙은 모의에 가담하였고, 일부가 실행에 착수하였으므로 예비음모죄의 공범은 인정할 여지가 있지만 특수절도죄의 예비, 음조죄를 처벌하는 규정이 없어서 나아가 판단하지 않는다.

---

72) 대판 1986. 01. 21. 선고 85도2371
73) 대판 2010. 09. 09. 선고 2010도6924

〔관련 판례〕

① 피고인은 공소외인으로 하여금 이 사건 공갈 범죄의 실행을 결의하게 하였고, 피고인의 교사에 의하여 범죄 실행을 결의하게 된 공소외인이 그 실행행위에 나아가기 전에 피고인으로부터 범행을 만류하는 전화를 받기는 하였으나 이를 명시적으로 거절함으로써 여전히 피고인의 교사 내용과 같은 범죄 실행의 결의를 그대로 유지하였으며, 그 결의에 따라 실제로 피해자를 공갈하였음을 알 수 있다. 피고인의 교사행위와 공소외인의 공갈행위 사이에는 상당인과관계가 인정된다.[74]

② 피고인이 결혼을 전제로 교제하던 여성 甲의 임신 사실을 알고 수회에 걸쳐 낙태를 권유하였다가 거부당하였는데, 그 후 甲이 피고인에게 알리지 아니한 채 낙태시술을 받은 사안에서, 甲은 피고인의 낙태교사행위로 낙태를 결의·실행하였다는 이유로, 피고인에게 낙태교사죄를 인정한 원심판단은 정당하다.[75]

Ⅲ. 불기소처분에 대한 변호인의 대처방법

1. 검사에 대한 이의신청 또는 진정

우선, 변호인은 앞서 본 바와 같이 丙은 무죄임을 이유로 기소유예 처분을 한 검사에 대해 이의신청을 하거나 검찰청에 진정을 하는 등의 방법으로 재기수사를 이끌어내어 혐의 없음 처분을 받도록 노력해볼 수 있다.

2. 항고 또는 재정신청

사건의 고소, 고발인이 아닌 피의자가 현행법상 검사의 불기소처분의 일종인 기소유예 처분에 대하여 항고나 재정신청을 인정하는 규정이 없으므로 이는 불가능하다.

3. 헌법소원심판 청구

1) 기소유예 처분이 헌법소원심판의 대상이 될 수 있는지

기소유예처분은 헌법재판소법 제68조 제1항에 정한 공권력의 행사에 포함되고, 이로 인하여 기본권의 침해가 있는 경우는 헌법소원심판의 대상으로 할 수 있다.

---

74) 대판 2012. 11. 15. 선고 2012도7407
75) 대판 2013. 09. 12. 선고 2012도2744

기소유예 처분을 받은 피의자는 항고나 재항고를 제기할 수 있는 법률의 규정이 없고, 그 밖에도 달리 다른 법률에 정한 구제절차가 없으므로 기소유예 처분에 대하여 직접 헌법소원심판을 청구한 것은 적법하다.[76]

이에 따르면 丙은 다른 구제절차를 거치지 않고도 직접 헌법소원심판을 청구할 수 있다.

2) 소결

丙의 변호인은 丙의 공범 이탈을 이유로 무죄를 주장하면서, 검사에게 이의신청이나 검찰청에 진정을 하여 재기수사를 촉구할 수 있다. 또한 이를 거치거나 혹은 거치지 아니하더라도 헌법소원심판을 청구하여 기소유예 처분의 취소를 구할 수 있을 것이다.

Ⅳ. 사안의 해결

피의자 丙의 변호인으로서는 丙이 무죄이므로 이의신청이나 진정을 통해 검사로 하여금 재기수사토록 직권발동을 촉구하거나 기소유예 처분을 취소해 주도록 헌법소원을 제기할 수 있다.

문제 5. 공소장 변경요구와 법원의 사후조치

법원이 丁에 대한 검사의 장물취득죄 부분에 대해 입증부족을 이유로 업무상과실장물취득죄로 공소장변경을 요구하였다. 이에 대해 검사가 거절하였다면 법원의 판단은 어떤가?

1. 공소장변경요구제도

법원은 심리의 경과에 비추어 상당하다고 인정할 때에는 공소사실 또는 적용법조의 추가 또는 변경을 요구하여야 한다(제269조②). 당사자주의를 기본원칙으로 하

---

76) 헌재 1992. 10. 01. 선고 91헌마169

지만 실체적 진실의 발견이라는 점에서 이를 인정하고 있다.

판례는 조문과 달리 법원의 의무성을 부인[77]하고 있다.

변경요구의 효력에 대해서도 명령적 효력설과 권고적 효력의 대립은 있으나 당사자주의를 기본으로 하고 있다는 점에서 권고적 효력설이 타당하다.

사안에서 법원의 변경요구는 권고적 효력에 그치므로 공소장 변경 없이는 업무상장물취득죄로 인정할 수 없다.

2. 공소장변경 요부

고의의 장물보관죄와 업무상과실장물보관죄는 공소사실의 축소사실로서 공소장 변경 없이도 인정할 수 있는가?

공소장변경 요부에 관해서는 〈동일벌조설〉, 〈법률구성설〉, 〈사실기재설〉 등의 학설 대립은 있으나 실질적으로 방어권 행사에 지장을 초래하는지 여부가 판단기준이 되고 있다는 점에서 〈사실기재설〉이 다수설의 입장이다.

판례도 심리경과에 비추어 피고인의 방어권 행사에 실질적 불이익을 초래할 염려가 없는 경우에는 공소장변경이 되지 않았더라도 직권으로 공소장과 다른 사실을 인정할 수 있다[78]고 하면서 장물보관죄로 공소 제기된 사건을 공소장 변경 없이 (업무상 과실) 장물보관죄로 의율 처단할 수는 없다[79]고 한다.

3. 법원의 조치

공소장 변경 없이 업무상과실장물취득죄로 유죄 판단할 수 없으므로, 공소장 변경 요구에도 공소장의 변경신청이 없으면 법원은 공소사실인 장물취득죄에 대해 무죄판결하여야 한다.

---

77) 대판 1985. 07. 23. 선고 85도1092
78) 대판 2001. 12. 11. 선고 2001도4013
79) 대판 1984. 02. 28. 선고 83도3334

1. 절도죄와 주거침입 등

① 야간에 주거에 침입하여 절취, 강도를 한 경우

야간주거침입절도죄, 제334조 제1항의 특수강도죄[80]의 경우에 주거침입이 야간에 이루어진 때에는 별도로 주거침입죄를 인정할 필요가 없다.

② 상습절도죄와 주거침입죄의 관계[81]

상습절도 등 죄를 범한 범인이 그 범행의 수단으로 주거침입을 한 경우에 주거침입행위는 상습절도 등 죄에 흡수되어 위 법조에 규정된 상습절도 등 죄의 일죄만이 성립하고 별개로 주거침입죄를 구성하지 않는다.

③ 강도죄와 그 이후의 절도죄

강도죄는 공갈죄와는 달리 피해자의 반항을 억압할 정도로 강력한 정도의 폭행·협박을 수단으로 재물을 탈취하여야 성립하므로, 피해자로부터 현금카드를 강취하였다고 인정되는 경우에는 피해자로부터 현금카드의 사용에 관한 승낙의 의사표시가 있었다고 볼 여지가 없다. 따라서 강취한 현금카드를 사용하여 현금자동지급기에서 예금을 인출한 행위는 피해자의 승낙에 기한 것이라고 할 수 없으므로, 현금자동지급기 관리자의 의사에 반하여 그의 지배를 배제하고 그 현금을 자기의 지배하에 옮겨 놓는 것이 되어서 강도죄와는 별도로 절도죄를 구성한다.[82]

④ 예비에는 중지미수가 성립될 수 없다.[83]

2. 방조범에 대한 주요판례

① 방법은 정범의 실행에 대하여 물질적, 정신적, 직접적, 간접적 방법이 모두 가능[84]

② 시기는 정범의 실행행위 착수 전에도 가능하지만 그 이후 정범은 반드시 실행행위에 착수하여야 하고, 예비에 그친 경우에는 종범은 인정되지 않는다.[85]

③ 범의는 정범에 의하여 실현되는 범죄의 구체적 내용을 인식할 것을 요하는 것은

---

80) 대판 2012. 12. 27. 선고 2012도12777
81) 대판 1984. 12. 26. 선고 84도1573 전원합의체
82) 대판 2007. 05. 10. 선고 2007도1375
83) 서울고판 1976. 09. 02. 선고 76노591 등
84) 대판 2011. 12. 08. 선고 2010도9500
85) 대판 2013. 11. 14. 선고 2013도7494

아니고 미필적 인식 또는 예견으로 충분하고, 편면적 방조도 가능[86]

※ 교사죄는 피교사자의 의사의 결의가 필요하므로 편면적 교사는 불가능

④ 부작위에 의한 방조도 가능[87]

〈참조판례〉

부진정 부작위범의 고의[88]는 반드시 구성요건적 결과발생에 대한 목적이나 계획적인 범행 의도가 있어야 하는 것은 아니고 법익침해의 결과발생을 방지할 법적 작위의무를 가지고 있는 사람이 의무를 이행함으로써 결과발생을 쉽게 방지할 수 있었음을 예견하고도 결과발생을 용인하고 이를 방관한 채 의무를 이행하지 아니한다는 인식을 하면 족하다. 작위의무자에게 이러한 고의가 있었는지는 작위의무자의 진술에만 의존할 것이 아니라, 작위의무의 발생근거, 법익침해의 태양과 위험성, 작위의무자의 법익침해에 대한 사태지배의 정도, 요구되는 작위의무의 내용과 이행의 용이성, 부작위에 이르게 된 동기와 경위, 부작위의 형태와 결과발생 사이의 상관관계 등을 종합적으로 고려하여 작위의무자의 심리상태를 추인하여야 한다.

3. 허위공문서작성죄의 주요 판례

(1) 일반 사인인 경우 허위공문서작성죄의 공범 성립여부

① 허위공문서작성죄의 간접정범의 공범[89]

일반 사인이라도 공문서의 작성권한이 있는 공무원의 직무를 보좌하는 자가 그 직위를 이용하여 행사할 목적으로 허위의 내용이 기재된 문서 초안을 그 정을 모르는 상사에게 제출하여 결재하도록 하는 등의 방법으로 작성권한이 있는 공무원으로 하여금 허위의 공문서를 작성하게 한 경우에는 간접정범이 성립되고 이와 공모한 자 역시 그 간접정범의 공범으로서의 죄책을 면할 수 없는 것이고, 여기서 말하는 공범은 반드시 공무원의 신분이 있는 자로 한정되는 것은 아니라고 할 것이다.

② 허위공문서작성 공범[90]

공무원이 아닌 자가 공무원과 공동하여 허위공문서작성죄를 범한 때에는 공무

---

86) 대판 2012. 06. 28. 선고 2012도2628
87) 대판 2007. 12. 14. 선고 2005도892
88) 대판 2015. 11. 12. 선고 2015도6809 전원합의체
89) 대판 1992. 01. 17. 선고 91도2837
90) 대판 2006. 05. 11. 선고 2006도1663

원이 아닌 자도 형법 제33조, 제30조 에 의하여 허위공문서작성죄의 공동정범
이 된다.

③ 허위공문서작성죄의 교사[91]
피고인이 건축물조사 및 가옥대장 정리업무를 담당하는 지방행정서기를 교사하
여 무허가 건물을 허가받은 건축물인 것처럼 가옥대장 등에 등재하게 하여 허위
공문서 등을 작성하게 한 사실이 인정된다면, 허위공문서작성죄의 교사범으로
처단한 것은 정당하다.

(2) 보조자인 경우

A가 공문서작성의 보조자인 경우에는, 1) 보조공무원은 사실상 또는 실질적으로
공문서를 작성할 권한을 가지고 있으므로 이를 긍정하는 견해와 2) 본죄는 그 주체
가 작성권한 있는 공무원에 엄격히 제한되는 진정신분범이므로 이를 부정하는 견
해가 대립한다.

판례[92]는 보조공무원이 허위공문서를 기안하여 그 정을 모르는 작성권자의 결재를
받아 공문서를 완성한 때에는 허위공문서작성죄의 간접정범을 긍정하고 있다.

생각건대, 공문서는 실제상 보조자에 의하여 기안, 작성되고 작성권자인 명의인
은 결재만 하는 것이 관례이므로 본 죄는 형식적 결재권자는 물론 그 문서의 실제
작성자인 보조공무원 또한 정범으로 처벌하려는 데 그 취지가 있다고 보아야 할 것
이므로 긍정설이 타당하다고 본다.

---

91) 대판 1983. 12. 13. 선고 83도1458
92) 대판 2011. 05. 13. 선고 2011도1415

공갈, 횡령, 사기,
변호인의 피의자신문참여

형 법 총 론	불법영득의사, 강요된 행위, 실행의 착수, 예비음모
형 법 각 론	사문서변조, 행사, 공갈, 사기, 횡령, 배임, 사문서위조, 행사죄
형사소송법	위법수집증거배제법칙, 증거동의와 철회, 국선변호인 선임, 피고인의 임의퇴정, 변호인의 피의자신문참여, 참고인에 대한 진술거부권고지 여부
형사특별법	통신비밀보호법위반

설문

1. 甲은 사채업자인 乙로부터 채무금 1,500만원을 변제하라는 독촉을 받고, 담보로 제공한 '임대차 계약서가 위조된 것이다.' '만기가 된 채무를 변제하지 않으면 아들을 유괴하겠다'는 취지의 협박을 받는 데다가 매일 저녁 전화벨이 울려 심한 노이로제를 앓게 되었다. 담보로 제공된 임대차계약서는 보증금이 5,000만원임에도 8,000만원인 것인 양 금액란을 임의로 수정한 것은 사실이다. 한편 甲은 그 사실이 탄로난 것을 두려워하여 급한 나머지 이자라도 갚아야 살 것 같다는 생각이 들자 어머니인 A 몰래 A 명의의 우리은행 예금통장과 도장을 가져다가 은행창구에서 금 1,500만원을 인출하여 乙에게 변제하고, 통장은 살짝 갖다 놓았다.

2. 그리고 甲은 변호사 P를 찾아가 상담하면서 乙로부터 이러한 협박을 받고 있다고 상의하면서 P가 가르쳐준 대로 乙로부터 온 협박문자메시지를 사진촬영하여 보관하였고, '협박한 것은 잘못했다'는 취지의 전화내용은 자신의 동생 B에게 녹음하여 달라고 하여 모두 녹음해 두었다. 다만 임대차계약서상 보증금액란에, 사실은 보증금이 금 2,000만원에 불과함에도 금 5,000만원으로 기재하여 담보로 제공한 것은 사실이다.

3. 한편 甲은 친형인 C로부터 부탁을 받고 상가건물의 매매계약의 명목상 매수인으로 하여 소유권 이전등기를 경료한 후 중개업자 D와 상의하여 D의 친구인 丙으로부터 매매대금 4억원 중 계약금과 중도금조로 3억원을 수령하였다.

4. 계속해서 甲은 이후 D로부터 '丙에게는 계약금을 2배로 쳐서 중도금과 함께 돌려주면 문제가 없다.'는 말을 듣고 이를 믿은 나머지 丁과 재차 6억원(동 부동산에는 채권최고액 2억원에 실제 채무액은 5천만원에 불과하다)에 매매계약을 체결하고, 계약금과 중도금, 잔금을 받고 소유권을 넘겨주었다.

5. 甲은 丙에게는 계약금의 2배와 중도금을 함께 주려고 하였으나 수령을 거절하므로 공탁하였다. A로부터 예금통장의 도난 신고를 접수한 경찰관은 甲을 긴급 체포하였고, 甲은 예금인출이 탄로날 것이 두려워 예금통장의 내역 중 1,500만원 인출 부분을 화이트로 지우고 그 사본을 가지고 있다가 경찰관에게 제출하면서 이를 부인하였다. 이어 경찰관은 乙을 긴급 체포하였고, 甲의 변호사 P로부터 긴급체포장의 사본의 청구와 피의자신문과정에서 참여 신청을 접수하고도 모두 거절하였다. 피의자신문참여에 대한 거절 사유는 수사기밀을 유지할 필요가 있다는 것이다. 계속해서 A, B, C, D를 참고인으로 조사하였으며, 참고인들에게 진술거부권은 고지하지 않았다.

6. 검사는 甲, 乙, 丙을 기소하였고, 乙은 1심에서 위 사진이나 녹취서를 증거동의하였으나 2심에서 철회하였다. 검찰에서 피고인 甲은 범행 일체를 자백하였지만 구속 기소되자 법정에서 태도를 바꾸어 진술을 번복하면서 국선변호인도 해임하면서 A에 대한 증인신문과정에서 반대신문을 포기한 채 임의 퇴정해 버렸다.

문제

1. 甲, 乙의 각 형사책임은?(부동산실명법상의 죄책은 논외로 한다.)

2. 乙은 문자메시지를 촬영한 사진과 녹음테이프의 녹취서에 대해 동의하였다. 각 증거능력은 인정되는가?

3. 변호사 P가 甲에 대한 긴급체포장 사본의 청구와 신문과정에 참여하려는 신청을 거부한 경찰의 논거와 그것이 정당한지를 논술하라.

4. 乙은 항소심에서 공소장 기재내용 중 협박의 내용에 대해 너무 자세히 기재하여 부당하고, 1심에서 한 증거동의는 철회한다고 주장한다. 각 주장의 당부를 논하라.

5. 甲은 1심에서 사문서위조등 죄로 유죄판결을 선고받자 다음과 같은 이유로 항소하였다.
   1) 구속된 피고인 甲에 대해 변호인 없이 재판이 이루어졌으므로 원심은 파기환송되어야 한다고 한다.
   2) 원심에서 피고인에 대한 검사작성의 피의자신문조서에 대한 성립의 진정을 인정한 것은 착오에 의한 것으로 진술을 번복한다.
   3) 甲이 퇴정한 상태에서 이루어진 A에 대한 증인신문조서는 증거로 사용되어서는 안 된다.

문제 1. 甲, 乙의 형사책임

I. 甲의 형사책임

1. 임대차계약서상 보증금액란을 수정한 행위

1) 문제제기

임대차계약서는 임차인 명의 문서이기도 하지만 임대인 명의 문서성을 가지며, 권리의무의 발생, 존속, 변경, 소멸의 효과가 생기게 하는 의사표시를 내용으로 하는 것이므로 타인의 권리의무에 관한 문서에 해당한다. 그렇다면 임대차 계약서상의 금액란을 임대인의 승낙이나 동의 없이 임의로 수정하였다면 사문서위조죄에 해당하는가? 변조죄에 해당하는가?

2) 사문서위조와 변조의 구별기준

사문서변조죄와 위조죄의 구별기준은 문서의 동일성을 해하는지 여부에 있다. 명의인의 표시 등 본질적 부분을 변경하거나 중요 부분을 변경하여 새로운 증명력을 가진 다른 문서를 만드는 행위는 위조죄에 해당하고, 그 이외의 문서내용을 변경하는 행위는 변조죄에 해당한다. 다만 내용의 변경이 아닌 단순히 자구를 수정하거나 단순한 사실기재의 변경에 의해 문서내용상 증명력에 영향이 없다면 변조죄에도 해당하지 않는다.

> 사문서변조죄는 권한 없는 자가 이미 진정하게 성립된 타인 명의의 문서내용에 대하여 동일성을 해하지 않을 정도로 변경을 가하여 새로운 증명력을 작출케 함으로써 공공적 신용을 해할 위험성이 있을 때 성립한다.[93]

보증금란의 금액을 2,000만원에서 5,000만원으로 수정하여 담보력을 높인 것이라면 사문서변조죄에 해당한다.

---

93) 대판 2011. 09. 29. 선고 2010도14587

[참고판례]

① 〈피고인의 별명을 부기한 경우〉[94]

피고인의 본명은 B나 일상거래상 A로 통용되어 온 경우에 공소외인 작성의 A 앞
으로 된 영수증에 피고인이 "A"라는 기재 옆에 "B"라고 기입하였다고 하여도 이
는 위 영수증의 내용에 영향을 미쳤다고 보여지지 아니하고, 따라서 새로운 증명
력을 가한 것이 아니므로 사문서변조죄를 구성하지 아니한다.

② 〈간접정범 형태의 문서행사죄 성부〉[95]

위조문서행사죄에 있어서 행사는 위조된 문서를 진정한 것으로 사용함으로써 문
서에 대한 공공의 신용을 해칠 우려가 있는 행위를 말하므로 그 행사의 상대방에
는 아무런 제한이 없고, 다만 문서가 위조된 것임을 이미 알고 있는 공범자 등에
게 행사하는 경우에는 위조문서행사죄가 성립할 수 없으나 간접정범을 통한 위
조문서행사범행에 있어 도구로 이용된 자라고 하더라도 문서가 위조된 것임을
알지 못하는 자에게 행사한 경우에는 위조문서행사죄가 성립한다. 피고인은 위
조한 전문건설업등록증 등의 컴퓨터 이미지 파일을 공사 수주에 사용하기 위하
여 발주자인 공소외 1 또는 ▽▽▽▽기술서비스의 담당직원 공소외 2에게 이
메일로 송부한 사실, 공소외 1 또는 공소외 2는 피고인으로부터 이메일로 송부
받은 컴퓨터 이미지 파일을 프린터로 출력할 당시 그 이미지 파일이 위조된 것
임을 알지 못하였던 사실을 알 수 있으므로, 피고인의 위와 같은 행위는 형법 제
229조의 위조·변조공문서행사죄를 구성한다고 보아야 할 것이다.

3) 사기죄 성립

사문서를 변조하여 담보가치를 높이기 위해 이를 행사하였다면 이를 믿고 대출
을 해준 사채업자에 대해서는 사기죄를 구성한다.

소비대차 거래에서, 대주와 차주 사이의 친척·친지와 같은 인적 관계 및 계속적인 거
래 관계 등에 의하여 대주가 차주의 신용 상태를 인식하고 있어 장래의 변제 지체 또
는 변제불능에 대한 위험을 예상하고 있었거나 충분히 예상할 수 있는 경우에는, 차
주가 차용 당시 구체적인 변제의사, 변제능력, 차용 조건 등과 관련하여 소비대차 여
부를 결정지을 수 있는 중요한 사항에 관하여 허위 사실을 말하였다는 등의 다른 사
정이 없다면, 차주가 그 후 제대로 변제하지 못하였다는 사실만을 가지고 변제능력에
관하여 대주를 기망하였다거나 차주에게 편취의 범의가 있었다고 단정할 수 없다.[96]

....

94) 대판 1981. 10. 27. 선고 81도2055
95) 대판 2012. 02. 23. 선고 2011도14441

4) 소결

사문서변조죄, 변조사문서행사죄, 사기죄를 구성하고 각죄는 실체적 경합관계에 있다.

2. 어머니 A의 통장 절도행위

1) 문제제기

예금통장도 유체물인 이상 절도의 대상이 된다. 그러나 여기서 중요한 것은 예금통장과 도장 그 자체의 재물성 보다는 예금통장 등이 가지는 예금액의 증명적 기능을 감소시키는 행위를 절도의 영득의사라고 할 수 있는지 의문이다.

2) 절도죄의 객체

절도죄의 객체는 '부동산을 포함하는 유체물과 관리 가능한 동력'이 이에 해당한다. 따라서 예금통장과 도장이 유체물로서 절도죄의 객체가 된다는 점은 문제가 없다.

〈객체성 긍정 사례〉
① 유가증권인 주권[97] ② 주민등록증[98] ③ 주권포기각서[99] ④ 부동산매매계약서 사본들[100] ⑤ 법원으로부터 송달된 심문기일소환장[101] ⑥ 폐지로 소각할 도시계획구조변경계획서[102] ⑦ 어떠한 권리도 표창되어 있지 않은 백지의 자동차출고의뢰서 용지[103] ⑧ 찢어버린 약속어음[104] ⑨ 원주주명부를 복사하여 놓은 복사본[105] ⑩ 국내에서 쉽게 구할 수 있는 것도 아니며 연구실 직원들의 업무수행을 위하여 필요한 경우에만 사용이 허용된 선전용으로 무료로 배포되는 회사의 기술 분야 문서사본[106]

---

96) 대판 2016. 04. 28. 선고 2012도14516
97) 대판 2005. 02. 18. 선고 2002도2822
98) 대판 1969. 12. 09. 선고 69도1627
99) 대판 1996. 09. 10. 선고 95도2747
100) 대판 2007. 08. 23. 선고 2007도2595
101) 대판 2000. 02. 25. 선고 99도5775
102) 대판 1981. 03. 24. 선고 80도2902
103) 대판 1996. 05. 10. 선고 95도3057
104) 대판 1976. 01. 27. 선고 74도3442
105) 대판 2004. 10. 28. 선고 2004도5183

〈객체성 부정 사례〉

① 컴퓨터에 저장되어 있는 '정보' 그 자체[107] ② 토지개량조합의 배수로에 특수한 공작물을 설치하여 저장된 물[108] ③ 사무적으로 관리가 가능한 채권이나 그 밖의 권리[109] ④ 전화기의 음향송수신기능[110] ⑤ 주식[111]

절도의 객체성에 대해서는 〈물체설〉에 따르면 물체 자체는 가치가 없고 물체의 일시사용으로 간접적 이익만 취득하는 경우 예컨대, 예금통장을 훔친 후 예금만 인출하고 통장을 반환한 경우 통장에 대한 절도죄를 인정할 수 없는 결함이 있고 〈가치설〉에 따르면 소유자가 가치 없는 물건으로 방치하거나 경제적 가치가 없는 물건에 대해서는 영득을 인정할 수 없으며 가치 자체가 재물이 될 수 없다는 문제점이 있다. 그러나 〈결합설〉에 따르면 예금통장을 절취하여 예금의 전부 또는 일부를 인출한 후 반환한 경우라도 일정액수의 예금인출을 가능케 하는 통장의 기능적 가치가 감소되었기 때문에 불법영득의 의사가 인정된다.

3) 불법영득의사

타인의 재물을 점유자의 승낙 없이 무단 사용하는 경우 그 사용으로 인하여 물건 자체가 가지는 경제적 가치가 상당한 정도로 소모되거나 또는 사용 후 그 재물을 본래 있었던 장소가 아닌 다른 장소에 버리거나 곧 반환하지 아니하고 장시간 점유하고 있는 것과 같은 때에는 그 소유권 또는 본권을 침해할 의사가 있다고 보아 불법영득의 의사를 인정할 수 있을 것이다. 반면 그 사용으로 인한 가치의 소모가 무시할 수 있을 정도로 경미하고, 또한 사용 후 곧 반환한 것과 같은 때에는 그 소유권 또는 본권을 침해할 의사가 있다고 할 수 없어 불법영득의 의사가 부정된다.

---

106) 대판 1986. 09. 23. 선고 86도1205
107) 대판 2002. 07. 12. 선고 2002도745
108) 대판 1964. 06. 23. 선고 64도209 (수로를 막아서 물을 사용할 수 없으므로 사실상 법률상 지배하는 것이 되지 못한다.)
109) 대판 1994. 03. 08. 선고 93도2272
110) 대판 1998. 06. 23. 선고 98도700
111) 대판 2005. 02. 18. 선고 2002도2822

〈불법영득의사 긍정사례〉

① 타인의 예금통장을 무단 사용하여 예금을 인출한 후 바로 예금통장을 반환하였다 하더라도 그 사용으로 인한 위와 같은 경제적 가치의 소모가 무시할 수 있을 정도로 경미한 경우가 아닌 이상, 예금통장 자체가 가지는 예금액 증명 기능의 경제적 가치에 대한 불법영득의 의사를 인정할 수 있으므로 절도죄가 성립한다.[112]

② 甲은 A의 영업점 내에 있는 A 소유의 휴대전화를 허락 없이 가지고 나와 이를 이용하여 통화를 하고 문자 메시지를 주고받은 다음 약 1~2시간 후 A에게 아무런 말도 하지 않고 위 영업점 정문 옆 화분에 놓아두고 간 경우 甲에게 휴대전화에 대한 불법영득의사가 인정된다.[113]

〈불법영득의사 부정사례〉

① 타인의 문서를 복사한 후 원본은 그대로 두고 사본만 가져간 경우, 그 문서 사본에 대한 절도죄의 성립 부정[114]

② 타인의 신용카드를 일시 사용하고 곧 반환[115]

③ 타인의 은행 직불카드를 무단 사용하여 자신의 예금계좌로 돈을 이체시킨 후 곧 직불카드를 반환[116]

④ 혼인신고서 작성을 위해 피해자의 도장을 몰래 사용[117]

⑤ 살해된 피해자의 주머니에서 꺼낸 지갑을 살해도구로 이용한 골프채와 옷 등 다른 증거품들과 함께 자신의 차량에 싣고 가다가 쓰레기 소각장에서 태워버린 경우, 살인 범행의 증거를 인멸하기 위한 행위로서 불법영득의 의사가 있었다고 보기 어렵다.[118]

ex) 변호사를 만나기 위해 소송서류를 훔친 경우

---

112) 대판 2010. 05. 27. 선고 2009도9008

113) 대판 2011. 08. 18. 선고 2010도9570

114) 대판 1996. 08. 23. 선고 95도192(검사의 이 사건 공소사실의 요지는 피고인이 위 서류들을 복사하여 그 사본을 가지고 가 이를 절취한 사실을 문제 삼는 것이 명백하고 그 사본에 대한 복사용지 자체를 절취하였다고 기소한 것으로 볼 수는 없으므로, 원심이 피고인이 복사 과정에서 액수불상의 복사지를 절취하였는지 여부에 대한 판단을 하지 아니하였다고 하여 잘못이라고 할 수도 없다.)

115) 대판 1999. 07. 09. 선고 99도857

116) 대판 2006. 03. 09. 선고 2005도7819

117) 대판 2000. 03. 28. 선고 2000도493

118) 대판 2000. 10. 13. 선고 2000도3655

판례에 의하면 예금을 인출하고 살짝 갖다 놓은 행위는 영득의사가 있으므로 절도죄를 구성한다.

4) 실행의 착수시기와 기수시기

(1) 문제제기

그렇다면 예금통장을 들고 나온 때 절도죄는 기수가 되는가? 아니면 예금통장에서 예금을 인출한 때 기수가 되는가?

(2) 기수시기

실행의 착수시기에 대해 학설은 주관설·객관설·절충설이 있지만, 판례는 점유 침해의 밀접한 행위나 목적물을 물색한 때에 절도죄의 실행의 착수가 있다고 한다.

> [판례]
> ① 2인 이상이 합동하여 야간이 아닌 주간에 절도의 목적으로 타인의 주거에 침입 하였다 하여도 아직 절취할 물건의 물색행위를 시작하기 전이라면 특수절도죄의 실행에는 착수한 것으로 볼 수 없는 것이어서 그 미수죄가 성립하지 않는다.[119]
> ② 필로폰을 매수하려는 자로부터 필로폰을 구해 달라는 부탁과 함께 금전을 지급 받았다고 하더라도, 당시 피고인이 필로폰을 소지 또는 입수한 상태에 있었거나 그것이 가능하였다는 등 매매행위에 근접·밀착한 상태에서 그 대금을 지급받은 것이 아니라 단순히 필로폰을 구해 달라는 부탁과 함께 대금 명목으로 금전을 지급받은 것에 불과한 경우에는 필로폰 매매행위의 실행의 착수에 이른 것이라고 볼 수 없다.[120]

본 설문에서는 실행의 착수 시기는 큰 문제가 없다. 기수시기에 대해서는 학설은 〈은닉설〉, 〈이전설〉, 〈취득설〉의 대립이 있다.

> 판례[121]는 절도죄란 재물에 대한 타인의 점유를 침해함으로써 성립하는 것으로 타인 의 점유를 배제하고 '자기 또는 제3자의 지배하에 둔 때'라고 하여 취득설에 따른다.

---

119) 대판 2009. 12. 24. 선고 2009도9667
120) 대판 2015. 03. 20. 선고 2014도16920
121) 대판 2012. 04. 26. 선고 2010도6334(현실적 지배라고 하여도 점유자가 반드시 직접 소지하거나 항상 감 수하여야 하는 것은 아니고, 재물을 위와 같은 의미에서 사실상으로 지배하는지 여부는 재물의 크기·형상, 그 개성의 유무, 점유자와 재물과의 시간적·장소적 관계 등을 종합하여 사회통념에 비추어 결정되어야 한다.)

따라서 취득설에 의하면 甲이 A의 통장을 손에 넣어 A의 점유를 배제한 순간 절도죄는 기수에 이르고, 사후 예금통장을 이용하여 예금을 청구하는 행위는 별도의 범죄를 구성한다.

5) 책임조각의 해당여부

甲의 행위는 乙의 협박으로 인한 강요된 행위로서 책임조각사유에 해당할 수 있는가?

[인정례]

피고인이 남편의 계속적인 구타에 못 이겨 허위내용의 고소장을 작성하여 제출한 경우, 피고인의 행위는 저항할 수 없는 폭력이나 자기의 생명 및 신체에 대한 위해를 방어할 방법이 없는 협박에 의하여 강요된 행위로 봄이 상당하여 형법 제12조에 의하여 피고인을 무고죄로 벌할 수 없다.[122]

[부정례]

어떤 사람의 성장교육과정을 통하여 형성된 내재적인 관념 내지 확신으로 인하여 행위자 스스로의 의사결정이 사실상 강제되는 결과를 낳게 하는 경우까지 의미한다고 볼 수 없다(KAL기폭파사건).[123]

채권자인 사채업자의 채무독촉행위만으로 강요된 행위라고 할 수 없다.

6) 친족상도례의 적용 가능

친족상도례는 절도죄에도 준용된다. 법적 성격은 인적처벌조각사유라는 것이 통설과 판례이다. 따라서 범죄는 성립하지만 형벌권이 발생하지 않게 되는 사유가 된다. 甲과 A는 모자관계로 형법 제328조 제1항의 관계에 해당한다.

7) 소결

甲이 A의 통장에서 금 1,500만원을 인출하고 반환하였다 하여도 판례에 따르면 통

---

122) 대판 1983. 12. 13. 선고 83도2276
123) 대판 1990. 03. 27. 선고 89도1670

장에 대한 절도죄가 성립한다. 甲의 절도행위가 乙의 협박에 의해 강요된 행위가 아니므로 책임이 조각될 수 없지만 친족상도례의 적용으로 인해 甲은 형이 면제된다.

3. 절취한 통장으로 예금을 출금한 행위

1) 문제제기

절취한 통장으로 예금을 인출하는 행위가 절도의 불가벌적 사후행위로서 처벌이 되지 않는가. 아니면 별도의 사기죄를 구성하는가? 이 경우 친족상도례는 적용되는가?

2) 사기죄의 성부와 불가벌적 사후행위

甲에게는 출금의 위탁이 없으므로 甲의 행위는 묵시적 기망행위가 인정된다. 또한 은행창구에서의 출금은 새로운 법익의 침해가 되므로 불가벌적 사후행위가 아니다.[124]

甲은 예금청구서인 사문서를 위조하고, 위조한 사문서의 행사죄와 함께 사기죄를 진다.

3) 친족상도례의 적용 불가

비록 어머니 A의 통장이더라도 사기죄의 피해자는 은행이므로 은행과 피의자 간의 친족상도례는 적용되지 않는다.

> 판례[125]도 손자가 할아버지 소유 농업협동조합 예금통장을 절취하여 이를 현금자동지급기에 넣고 조작하는 방법으로 예금 잔고를 자신의 거래 은행 계좌로 이체한 사안에서, 위 농업협동조합이 컴퓨터 등 사용사기 범행 부분의 피해자라는 이유로 친족상도례를 적용할 수 없다고 판시하였다.

4) 예금통장의 인출 부분을 지우고 사본을 행사한 행위

甲이 행사할 목적으로 권한 없이 은행 발행의 A 명의 예금통장 기장내용 중 특정 일자에 지급받은 금액 부분을 화이트로 지우고 복사한 것은 새로운 증명력을 작출

---

124) 대판 1974. 11. 26. 선고 74도2817
125) 대판 2007. 03. 15. 선고 2006도2704

하여 공공적 신용을 해할 위험성이 있으므로 변조죄에 해당하고, 이를 경찰관에게 제시한 것은 행사죄에 해당한다.

> 판례[126]도 통장 명의자인 우리은행장이 행위 당시 그러한 사실을 알았다면 이를 당연히 승낙했을 것으로 추정된다고 볼 수 없으며, 피고인이 쟁점이 되는 부분을 가리고 복사함으로써 문서내용에 변경을 가하고 증거자료로 제출한 이상 사문서변조 및 동행사의 고의가 없었다고 할 수 없다고 한다.

5) 소결

피의자의 위 행위는 사기죄, 사문서위조죄, 위조사문서행사죄, 사문서변조죄, 변조사문서행사죄에 해당하고, 각죄는 실체적 경합관계에 있다.

4. 동생 B에게 전화내용을 녹음시킨 행위

> **통신비밀보호법 제3조(통신 및 대화비밀의 보호)**
> ① 누구든지 이 법과 형사소송법 또는 군사법원법의 규정에 의하지 아니하고는 우편물의 검열·전기통신의 감청 또는 통신사실확인자료의 제공을 하거나 공개되지 아니한 타인 간의 대화를 녹음 또는 청취하지 못한다. 다만, 다음 각 호의 경우에는 당해 법률이 정하는 바에 의한다.

1) 문제제기

甲이 자신과 乙사이의 전화통화 내용을 녹음하는 것은 통신비밀보호법상의 감청에 해당하는가? 동생인 제3자에게 녹음하게 한 경우는 어떤가?

2) 통신비밀법위반 여부

통신비밀보호법상 감청 금지대상은 '타인'의 대화내용이다. 따라서 자신의 대화내용을 상대방의 동의를 받지 않고 녹음하였더라도 저촉되지 않는다. 그러나 비신분자인 동생 B는 통신비밀보호법상의 타인에 해당하므로 영장 없이 감청한 행위는 형사처벌의 대상이 된다.

---

126) 대판 2011. 09. 29. 선고 2010도14587

판례[127] 또한, 전화통화의 일방이 상대방의 동의를 받지 않고 몰래 녹음하는 경우에는 여기에 해당하지 않는다. 3인 간의 대화내용에 대해 그 중 대화자 1명이 녹음한 경우에도 마찬가지이다.[128] 다만, 대화의 제3자는 일방의 동의를 받고 녹음하였더라도 상대방의 동의를 받지 않은 한 불법전기통신의 감청에 해당한다.[129]

여기서 사주한 甲의 행위는 어떤가? 신분자 甲은 비신분자의 불법에 종속되기 때문에(제한종속형식) 甲은 통신비밀보호법 제3조 위반의 공동정범 또는 교사범의 죄책을 진다.

5. 중간생략등기형 명의신탁에서 수탁자의 부동산의 매도 행위[130]

1) 문제제기

부동산의 명의신탁은, 부동산에 관한 소유권 기타 물권을 보유한 자 또는 사실상 취득하거나 취득하려고 하는 자(이하 "실권리자"라 한다)가 타인과의 사이에서 대내적으로는 실권리자가 부동산에 관한 물권을 보유하거나 보유하기로 하고 그에 관한 등기는 그 타인의 명의로 하는 약정을 말한다(부동산 실권리자명의 등기에 관한 법률, 이하 "부동산실명법"이라 한다. 제2조 제1호).

부동산실명법은 부동산의 이러한 명의신탁약정은 원칙적으로 무효로 하고 있다(동법 제4조①). 따라서 기본적으로 부동산의 명의신탁에 의한 권리변동도 무효이다. 그러나 조세포탈, 강제집행의 면탈 또는 법령상 제한의 회피를 목적으로 하지 아니하는 경우로서, 1) 종중이 보유한 부동산에 관한 물권을 종중(종중과 그 대표자를 같이 표시하여 등기한 경우를 포함한다) 외의 자의 명의로 등기한 경우, 2) 배우자 명의로 부동산에 관한 물권을 등기한 경우에는 예외적으로 명의신탁관계를 인정하고 있다.

---

127) 대판 2002. 10. 08. 선고 2001도123.

128) 대판 2015. 05. 16. 선고 2013도16404

129) 대판 2010. 10. 14. 선고 2010도9016.

130) 부동산 실권리자명의 등기에 관한 법률
    제4조(명의신탁약정의 효력)
    ① 명의신탁약정은 무효로 한다.
    ② 명의신탁약정에 따른 등기로 이루어진 부동산에 관한 물권변동은 무효로 한다. 다만, 부동산에 관한 물권을 취득하기 위한 계약에서 명의수탁자가 어느 한쪽 당사자가 되고 상대방 당사자는 명의신탁약정이 있다는 사실을 알지 못한 경우에는 그러하지 아니하다.
    ③ 제1항 및 제2항의 무효는 제3자에게 대항하지 못한다.

유효한 명의신탁관계에 있는 경우 명의수탁자가 부동산의 보관자로서 이를 임의로 처분하는 경우에는 횡령죄를 구성하는 것에는 이의가 없다.

> 피고인이 종중의 회장으로부터 담보 대출을 받아달라는 부탁과 함께 종중 소유의 임야를 이전받은 다음 임야를 담보로 금원을 대출받아 임의로 사용하고 자신의 개인적인 대출금 채무를 담보하기 위하여 임야에 근저당권을 설정하였다면 비록 피고인이 임야를 이전받는 과정에서 적법한 종중총회의 결의가 없었다고 하더라도 피고인은 임야나 위 대출금에 관하여 사실상 종중의 위탁에 따라 이를 보관하는 지위에 있다고 보아야 할 것이어서 피고인의 위 행위가 종중에 대한 관계에서 횡령죄를 구성한다.[131]

2) 금지되는 명의신탁관계에서의 명의수탁자의 지위

금지되는 명의신탁의 경우 명의수탁자는 과연 신탁자의 보관자의 지위에 있는가? 이를 임의로 처분하는 경우 과연 횡령죄를 구성하는가?

(1) 학설

이러한 등기부상의 명의자인 명의수탁자의 지위를 불법원인급여의 관계로 이해하는 입장이 있다. 〈불법원인급여〉라고 한다면 일단 소유권이 이전되었다는 점을 전제로 하고 있으므로 이를 임의로 처분하더라도 횡령죄를 부정하게 된다. 그러나 이러한 전제는 물권변동을 무효로 하는 부동산실명법과 정면으로 배치된다.

〈부당이득의 법리〉를 기반으로 부동산의 소유권은 명의신탁자에게 귀속되고, 따라서 이를 임의로 처분하면 횡령죄를 구성한다고 한다는 입장이 있다. 그러나 부당이득을 반환하는 지위는 채권적인 지위에 불과하므로 이에 기하여 어떠한 신임관계를 인정할 수 없다는 점에서 부당하다.

명의신탁관계는 부동산실명법에 의해 법률상 무효이지만 신탁자와 수탁자 간에는 〈사실상 위탁관계〉는 존재하는 것이고, 이러한 사실상 위탁관계에서 보관자의 지위를 인정할 수 있다고 본다. 이렇게 해석함으로써 대외적인 관계에서 유효한 처분행위를 할 수 있다는 부동산실명법과의 일관된 해석도 가능하다.

---

131) 대판 2005. 06. 24. 선고 2005도2413

(2) 판례

종래 판결[132]은 이른바 중간생략등기형의 경우 「명의신탁약정에 따라 자기 명의로 신탁된 부동산을 임의로 처분하면 신탁자와의 관계에서 횡령죄가 성립한다」고 하였다.

그러나 전원합의체 판결[133]을 통해 이를 폐기하고 부정하였다.

「명의신탁자는 신탁부동산의 소유권을 가지지 아니하고, 명의신탁자와 명의수탁자 사이에 위탁신임관계를 인정할 수도 없다. 따라서 명의수탁자가 명의신탁자의 재물을 보관하는 자라고 할 수 없으므로, 명의수탁자가 신탁받은 부동산을 임의로 처분하여도 명의신탁자에 대한 관계에서 횡령죄가 성립하지 아니한다」.

(3) 소결

판례에 따르면 甲의 명의신탁 부동산의 임의 처분행위는 별도의 횡령죄를 구성하지 않고, 자신 소유의 부동산을 매각한 것이므로 매수인에게 사기죄도 구성하지 않는다.

6. 부동산의 이중매매 행위

1) 문제제기

매매와 같이 당사자 일방이 재산권을 상대방에게 이전할 것을 약정하고 상대방이 그 대금을 지급할 것을 약정함으로써 그 효력이 생기는 계약의 경우, 쌍방이 그 계약의 내용에 좇은 이행을 하여야 할 채무는 특별한 사정이 없는 한 '자기의 사무'에 해당하는 것이 원칙이다.

> 동산의 경우에는 매도인에게 자기채무인 동산인도채무 외에 별도로 매수인의 재산의 보호 내지 관리 행위에 협력할 의무가 없다고 한다.[134]

그러나 본 사안과 같이 양도 목적물이 부동산이고 계약금과 중도금이 교부된 상

---

132) 대판 2010. 09. 30. 선고 2010도8556

133) 대판 2016. 05. 19. 선고 2014도6992 전원합의체

134) 대판 2011. 01. 20. 선고 2008도10479 동산의 경우 소수의견은 동산매매의 경우에도 당사자 사이에 중도금이 수수되는 등으로 계약의 이행이 일정한 단계를 넘어선 때에는 매도인이 매매목적물을 타인에 처분하는 행위는 배임죄로 처벌하는 것이 논리적으로 일관되고, 그와 달리 유독 동산을 다른 재산과 달리 취급할 아무런 이유를 찾아볼 수 없다고 한다.

태라면 어떤가.

2) 배임죄의 성립 여부

(1) 학설

甲이 乙로부터 중도금을 수령한 후에는 甲에게 乙에 대한 등기협력의무가 생기고 이는 곧 타인의 사무가 되므로 이를 이행하지 않고 丙에게 해당 부동산에 대한 소유권이전등기를 해준 경우라면 배임죄가 성립한다는 것이 일반적인 견해이다. 이에 반해, 기본적으로 자기채무에 불과하므로 배임죄의 성립을 부정하는 견해와, 잔금을 지급받기 전까지는 등기서류를 매수인에게 교부할 의무가 없으므로 등기협력의무가 없다는 이유로 부정하는 견해도 있다.

(2) 판례

부동산매도인이 매수인으로부터 계약금과 중도금까지 수령한 이상 특단의 약정이 없다면 잔금 수령과 동시에 매수인 명의로의 소유권이전등기에 협력할 임무가 있으므로 이를 다시 제3자에게 처분함으로써 제1차 매수인에게 잔대금수령과 상환으로 소유권이전등기절차를 이행하는 것이 불가능하게 되었다면 배임죄의 책임을 면할 수 없다.[135]

판례에 따르면 甲의 행위는 배임죄에 해당한다.

3) 사기죄 성립의 부정

甲이 乙과 체결한 선 매매계약 사실을 丁에게 고지하지 않은 것이 사기죄에 해당하는지 문제된다.

〈기망을 부정한 사례〉

① 부동산의 이중매매에 있어서 매도인이 제1의 매매계약을 일방적으로 해제할 수 없는 처지에 있었다는 사정만으로는, 바로 제2의 매매계약의 효력이나 그 매매계약에 따르는 채무의 이행에 장애를 가져오는 것이라고 할 수 없음은 물론, 제2의 매수인의 매매목적물에 대한 권리의 실현에 장애가 된다고 볼 수도 없는 것

....

135) 1988. 12. 13. 선고 88도750 판결

이므로 매도인이 제2의 매수인에게 그와 같은 사정을 고지하지 아니하였다고 하여 제2의 매수인을 기망한 것이라고 평가할 수는 없다.[136]

② 자동차를 양도하면서 자동차에 미리 부착해 놓은 지피에스(GPS)로 위치를 추적하여 자동차를 절취한 사안에서, 피고인이 자동차를 매도할 당시 곧바로 다시 절취할 의사를 가지고 있으면서도 이를 숨긴 것을 기망이라고 할 수 없어 결국 피고인이 자동차를 매도할 당시 기망행위가 없었으므로 사기죄를 구성하지 않는다.[137]

③ 피고인 乙은 타인으로부터 폭행을 당하였을 뿐 교통사고 차량의 동승자도 아니면서 교통재해의 피해자인 것처럼 보험회사에 신고하여 폭행의 후유증을 치료한 사안에서 피고인의 교통재해를 이유로 한 보험금청구가 보험회사에 대한 기망에 해당할 수 있으려면 각 보험약관상 교통재해만이 보험사고로 규정되어 있을 뿐 일반재해는 보험사고로 규정되어 있지 않거나 교통재해의 보험금이 일반재해의 보험금보다 다액으로 규정되어 있는 경우에 해당한다는 점이 전제되어야 한다.[138]

〈피해금액에 관한 주요 판례〉

① 피고인 甲(갑)은 보험사고에 해당할 수 있는 사고로 경미한 상해를 입었으나 이를 기화로 보험금을 편취할 의사로 상해를 과장하여 보험회사에 신고하여 병원에 장기간 입원한 사안에서, 甲이 상해를 과장하여 병원에 장기간 입원하고 이를 이유로 실제 피해에 비하여 과다한 보험금을 지급받는 경우에는 그 보험금 전체에 대해 사기죄가 성립한다.[139]

② 어음·수표의 할인에 의한 사기죄에서 피고인이 피해자로부터 수령한 현금액이 피고인이 피해자에게 교부한 어음 등의 액면금보다 적을 경우, 피고인이 취득한 재산상의 이익액은, 당사자가 선이자와 비용을 공제한 현금액만을 실제로 수수하면서도 선이자와 비용을 합한 금액을 대여원금으로 하기로 하고 대여이율을 정하는 등의 소비대차특약을 한 경우 등의 특별한 사정이 없는 한, 위 어음 등의 액면금이 아니라 피고인이 수령한 현금액이다.[140]

136) 대판 2012. 01. 26. 선고 2011도15179
137) 대판 2016. 03. 24. 선고 2015도17452
138) 대판 2011. 02. 24. 선고 2010도17512
139) 대판 2011. 02. 24. 선고 2010도17512
140) 대판 2009. 07. 23. 선고 2009도2384

본 사안에서는 이중매매 사실을 고지하지 않은 것이 기망이라고 할 수 없고, 丁은 해당 부동산의 소유권을 취득하여 피해도 없으므로 사기죄가 성립하지 않는다.

4) 특경법 위반(배임) 성립

甲의 행위는 배임죄를 구성하고 사기죄는 불성립한다.

7. 문제의 해결

甲은 첫째로 사채업자에게 보증금란의 금액을 임의로 변경하여 새로운 증명력을 작출한 다음 이를 행하여 대여금을 받았다면 사문서변조죄, 동 행사죄, 사기죄를 구성한다.

둘째, 어머니 통장에 대한 절도죄가 성립하나 친족상도례가 적용된다. 이와 함께 은행에서 묵시적기망의 행위로 사기죄와 사문서위조, 사문서위조행사죄가 성립하는데 모두 실체적경합의 관계에 있다. 사기죄에 대해서는 친족상도례의 적용이 없다.

셋째, 甲이 乙과의 전화통화를 녹음시킨 행위에 대해서는 통신비밀보호법 제3조 위반의 공동정범 또는 교사범의 죄책을 진다.

넷째, 甲은 친형 C의 부동산에 대한 횡령죄가 성립하지 않는다.

다섯째, 丙에게 중도금까지 받은 상황에서 丁에게 소유권을 넘겨준 것은 이중매매에 해당하여 판례와 같이 배임죄의 성립을 인정함이 타당하다 하겠다.

[참고판례]

〈지급담보용표 또는 약속어음을 처분한 경우(부정)〉[141]
수표 또는 어음상의 권리는 적법하게 채권자 또는 매도인에게 귀속되었다 할 것이어서 보관자의 지위에 있다고 할 수 없다.

〈부동산에 관해 대물변제예약을 한 채무자가 이를 처분한 경우(부정)〉[142]
채무자가 대물변제예약에 따라 부동산에 관한 소유권이전등기절차를 이행할 의무는 채무자에게 요구되는 부수적 내용이고, '타인의 사무'에 해당한다고 할 수 없다.

---

141) 대판 2000. 02. 11. 선고99도4979; 동 1988. 01. 19. 선고 87도2078
142) 대판 2014. 08. 21. 선고 2014도3363

〈임의로 매각하여 그 매각대금을 이용하여 다른 토지를 취득 후 제3자에게 담보 제공한 경우〉[143]
횡령행위 완료 후에 행한 횡령물의 처분행위는 불가벌적 사후행위에 해당한다.

II. 乙의 형사책임

1. 문제제기

공갈하여 재물이나 재산상 이익을 교부받거나 취득하는 경우 공갈죄가 성립한다. 공갈의 수단은 폭행이나 협박으로 협박은 사람에게 공포심을 생기게 하는 해악의 고지를 말하며, 상대방이 현실적으로 공포심을 느낄 수 있는 정도이어야 한다.

> 해악에는 인위적인 것뿐만 아니라 천재지변 또는 신력이나 길흉화복에 관한 것도 포함될 수 있다.[144]

문제는 자신의 채권을 확보하기 위해 협박이라는 수단을 통해 변제받은 경우에도 공갈죄를 구성하는가 문제된다.

2. 권리행사와 공갈죄의 성부

학설은, 정당한 권리자가 공갈수단을 사용하여 권리범위 내의 재산을 취득한 경우에는 정당한 법률상의 원인 없이 재산을 취득하는 것이 아니므로 무죄라는 견해가 있지만 권리행사도 그 수단이 사회통념상 용인된 범위를 일탈한 경우에는 공갈죄가 된다는 다수설의 입장 이외 폭행이나 협박죄만 구성한다는 견해, 경우에 따라서는 강요죄가 된다는 견해 등이 있다.

> 판례는 피고인이 피해자와의 동거를 정산하는 과정에서 피해자에 대하여 금전채권이 있다고 하더라도 그 권리행사를 빙자하여 사회통념상 용인되기 어려운 정도를 넘는 협박을 수단으로 사용하였다면 공갈죄가 성립한다는 입장이다.[145]

---

143) 대판 2005. 06. 24. 선고 2005도2413
144) 대판 2002. 02. 08. 선고 2000도3245

3. 소결

사안에서 乙이 甲에게 협박을 고지하고, 계속적인 전화벨을 울려 수면을 방해하였다면 폭행에 해당하므로 이를 수단으로 채권을 회수하였다면 판례와 다수설에 의해 공갈죄를 구성하고, 협박죄나 폭행죄는 이에 흡수된다.

> [참고판례]
> 공갈죄의 수단으로서 한 협박은 공갈죄에 흡수될 뿐 별도로 협박죄를 구성하지 않으므로, 그 범죄사실에 대한 피해자의 고소는 결국 공갈죄에 대한 것이라 할 것이어서 그 후 고소가 취소되었다 하여 공갈죄로 처벌하는 데에 아무런 장애가 되지 아니한다.[146]

문제 2. 사진과 녹음테이프의 증거능력 인정요건

I. 사진의 증거능력

1. 문제제기

사안에서 협박하는 내용의 휴대폰 문자메시지를 사진 촬영하여 증거로 제출되었고, 피고인이 동의하였다. 이 경우 협박 문자메시지는 전문증거인가? 이를 촬영한 사진의 경우에는 어떤가? 이에 대한 증거 동의의 의미는 무엇인가? 동의한 경우 증거능력을 인정하는 요건은 무엇인지가 문제된다.

2. 전문증거인지 여부

휴대폰 문자메시지는 사람의 진술을 내용으로 하는 것이지만 협박의 수단이고, 의사표시에 불과하다. 이런 경우 경험사실의 진위여부를 입증하는 것이 아니고 그 진술의 존재 자체를 입증하고자 하는 것이므로 전문증거가 아니다.

> 정보통신망을 통하여 공포심이나 불안감을 유발하는 글을 반복적으로 상대방에게 도달하게 하는 행위를 하였다는 공소사실에 대하여 휴대전화기에 저장된 문자정보

---

145) 대판 1996. 09. 24. 선고 96도2151
146) 대판 1996. 09. 24. 선고 96도2151

가 그 증거가 되는 경우, 그 문자정보는 범행의 직접적인 수단이고 경험자의 진술에 갈음하는 대체물에 해당하지 않으므로, 형사소송법 제310조의2에서 정한 전문법칙이 적용되지 않는다.[147]

그렇다면 사안의 휴대폰 문자메시지는 증거물인 서면에 준하는 물적 증거에 해당한다.

한편 이를 촬영한 사진은 기계적인 촬영수단에 의한 것으로 인간의 진술이 개입할 여지가 없으므로 재전문증거가 아님은 물론이다.

3. '동의'의 의미

형사소송법은 동의의 대상으로 서류 또는 물건을 규정하고 있다. 동의의 대상에 물건을 규정한 것에 대해서 〈입법상 과오〉라는 견해가 있다. 이 견해는 동의의 본질을 전문증거에 대한 반대신문권의 포기라고 해석하는 입장에서 취하고 있다.

그러나 동의의 본질을 증거능력에 대해 다툴 권리를 포기하는 것이라고 해석하는 〈권리포기설〉의 입장이 실무이고, 실무에 따르면 물적 증거에 대해 진정성을 다투지 않겠다는 의미로 해석된다.

물적 증거에 대해 부동의하면 진정성을 입증하라고 요구하는 의미를 가진다고 할 수 있다.

4. 소결

핸드폰 메시지 사진에 대해 동의하였으므로 진정성에 대해서 다투지 않는다는 의사표시가 있었다. 즉, 폰 문자메시지를 촬영한 사진의 경우 이를 증거로 사용하기 위해서 필요한 요건으로 ① 문자정보가 저장된 휴대전화기를 법정에 제출할 수 없거나 그 제출이 곤란한 사정이 있고, ② 그 사진의 영상이 휴대전화기의 화면에 표시된 문자정보와 정확하게 같다는 사실이 증명되어야 하는데, 이러한 진정성에 대해 다투지 않겠다는 것이다.

다만 당사자가 동의하였더라도 법원이 진정성을 인정하는 경우에 증거능력이 인정되므로 법원은 이러한 진정성을 심사하여야 한다(제318조 제1항).

---

147) 대판 2008. 11. 13. 선고 2006도2556

II. 녹음테이프의 증거능력

1. 문제제기

첫째, 녹음테이프의 녹음내용이 전문법칙의 적용을 받는 전문증거인가 하는 문제

둘째, 전문법칙이 적용된다면 증거능력을 인정하는 법적근거는 무엇이고,

셋째, 증거능력의 요건은 무엇인가. 사본의 경우에는 진정성을 어떻게 입증할 것인지가 쟁점이다.

2. 증거능력의 요건

첫째, 녹음테이프나 영상녹화물 등 서류 이외의 매체는 제310조의2의 전문증거의 형식적인 문언에는 포함되어 있지 않으나 그 성질이 증거로 하고자 하는 진술의 기록이라는 점에서 서류와 같으므로 서류에 준하는 전문증거로 파악함이 타당하다.[148]

둘째, 녹음테이프의 내용을 증거자료로 하는 경우 전문증거인가? 본문에서 '협박한 것은 잘못했다'고 자인하는 것을 공갈죄의 증거로 사용하는 경우에는 전문증거에 해당한다.

셋째, 녹음테이프의 증거능력을 부여하기 위해서는 녹음테이프와 같이 특수매체는 조서가 아니므로 제311조, 제312조 이외의 서류에 준하여 제313조를 적용하여야 한다는 견해가 있으나, 진술이 행하여진 상황에 중점이 있는 것이고, 기록의 형식이 중요한 것은 아니므로 작성자가 누구냐에 따라 제311조부터 제313조를 규정하는 것이 타당하다. 따라서 사안의 경우 제3자가 작성한 진술서면으로 봄이 상당하다.[149]

넷째, 피고인이 사적인 상황에서 녹음된 경우에는 ① 형사소송법 제313조 제1항에 따라 원진술자의 진술에 의해 성립이 진정이 인정되거나, 동항 단서에 따라 공판준비 또는 공판기일에서 그 작성자인 제3자의 진술에 의하여 녹음테이프에 녹음된 피고인의 진술내용이 피고인이 진술한 대로 녹음된 것임이 증명되고 나아가 그 진술이 특히 신빙할 수 있는 상태 하에서 행하여진 것임이 인정되어야 할 것

② 녹음테이프는 그 성질상 작성자나 진술자의 서명 혹은 날인이 없을 뿐만 아니

---

148) 대판 2008. 12. 04. 선고 2008도9414
149) 대판 2005. 12. 23. 선고 2005도2945

라, 녹음자의 의도나 특정한 기술에 의하여 그 내용이 편집, 조작될 위험성이 있음을 고려하여, 그 대화내용을 녹음한 원본이거나 혹은 원본으로부터 복사한 사본일 경우에는 복사과정에서 편집되는 등의 인위적 개작 없이 원본의 내용 그대로 복사된 사본임이 입증되어야 한다.

3. 위법수집 증거와 증거동의

1) 문제제기

전문증거로서 공판정외의 진술이 기재된 서류가 증거동의의 대상이 될 때에는 그 동의의 의미는, 증거능력의 요건을 다투지 않고, 서류의 진정성에 대해서도 다투지 않는다는 의미를 가진다.

그렇다면 위법하게 수집한 증거에 대해서도 증거동의를 인정할 것인가 문제된다.

2) 학설과 판례

증거동의를 인정하면서도 고문에 의한 자백강요나 영장주의 위반 등 증거수집절차의 위법이 본질적인 위법인 경우에는 증거동의의 대상에 제외된다는 제한적 긍정설과 전면적으로 부정된다는 부정설이 대립하고 있다. 판례는 제한적 긍정설에 따르고 있다.

> [증거동의를 인정한 사례]
> ① 피고인의 무단 퇴정시 법원의 조치와 증거동의 간주[150]
> ② 피고인을 퇴정시키고 한 증인의 법정진술을 증거로 사용하기 위해서는 반대신문의 기회가 제공되어야 하지만 동의에 의해 하자치유[151]
> ③ 피고인들의 윤락행위방지법위반 등 사건에서 윤락을 제공한 접객부인 공소 외 1, 2를 상대로 한 진술조서가 증거로 제출되었으나 소재불명으로 법정출석과 반대신문이 성사되지 못하였고, 재판이 장기화되자 9회 또는 10회 공판기일에 가서 피고인 측에서 증거 동의한 경우 증명력 문제[152]
> ④ 증인신문절차위법과 증거동의(진술거부권 불고지 하자 치유)[153]

---

150) 대판 1991. 06. 28. 선고 1991도865
151) 대판 2010. 01. 14. 선고 2009도9344
152) 대판 2006. 12. 08. 선고 2005도9730
153) 대판 1988. 11. 08. 선고 86도1646

⑤ 검증조서의 기재를 진술 당시 진술자의 상태를 확인하기 위한 증거로 사용하는 경우[154]

⑥ 증언을 마친 증인에 대한 번복하는 취지의 검사작성 진술조서[155]

⑦ 피고인과 피해자 간의 대화 녹음의 경우 녹취서의 기재내용과 녹음테이프의 녹음내용이 동일한지 여부에 관하여 법원이 검증을 실시한 경우라도 녹음테이프에 녹음된 대화내용을 증거로 하기 위해서는 동의가 없는 한 실질적으로 형사소송법 제313조 소정의 요건을 충족시켜야 한다.[156]

⑧ 재전문진술을 기재한 조서에 대하여 피고인이 이를 증거로 함에 동의한 경우[157]

[증거동의를 부정한 사례]

① 위법한 경찰의 긴급체포와 검사작성 피의자신문조서의 증거능력[158]

② 의식불명 피의자로부터 영장 없이 채혈한 경우[159]

③ 소지자 또는 보관자가 아닌 자로부터 임의제출[160]

④ 사후 압수영장 미비와 증거동의[161]

3) 소결

본건 녹음테이프의 경우에는 비록 사인의 행위라도 통신비밀보호법상의 감청이 되어, 통신비밀보호법 위반행위이고, 영장주의를 침탈하는 본질적인 위법에 해당하므로 증거동의의 대상이 되지 않는다고 봄이 상당하다. 따라서 본건에서 피고인이 이를 동의하였다고 하더라도 그 증거능력이 없다.

---

154) 대판 2008. 07. 10. 선고 2007도10755

155) 대판 2000. 06. 15. 선고 99도1108(전합)

156) 대판 2005. 12. 23. 선고 2005도2945

157) 대판 2004. 03. 11. 선고 2003도171

158) 대판 2009. 12. 24. 선고 2009도11401

159) 대판 2011. 04. 28. 선고 2009도2109

160) 대판 2010. 01. 28. 선고 2009도10092

161) 대판 2009. 12. 24. 선고 2009도11401

문제 3. 긴급체포장 사본의 청구와 변호인 피의자신문참여권

I. 문제제기

체포된 피의자에 대해 변호인의 충분한 조력을 받도록 하기 위해 우리 법은 여러 가지 제도를 마련하고 있다. 접견교통권과 피의자신문에의 참여권, 기록열람권 등이 그것이다. 접견교통권 이외의 피의자신문참여권이나 기록열람권은 일정한 경우 제한할 수 있다. 그렇다면 변호인의 긴급체포장 사본의 청구는 가능한지, 피의자신문참여권의 제한의 내용은 무엇인지 문제된다.

II. 긴급체포장 사본의 청구

1. 경찰의 거부 논거

형사소송법 제47조 소정의 소송에 관한 서류로서 공판개정 전에 공개가 금지되는 것이고, 공공기관의 정보공개에 관한 법률 제7조 제1항 제1호소 정의 이른바 다른 법률에 의해 비공개사항으로 규정된 정보에 해당한다. 또한 검찰사무규칙과 수사의 밀행성 등을 들 수 있다.

2. 타당성 검토

변호인은 피체포자가 무슨 혐의로 체포된 것인지를 알 수 없다면 피의자에 대한 방어권의 행사는 물론 체포적부심절차 등에서 충분히 조력할 수 없으므로 적어도 체포장의 사본은 물론 고소장, 피의자신문조서를 열람하고, 그 사본을 청구할 수가 있다고 해석된다.

> 판례[162] 또한 경찰이 변호인의 긴급체포장 사본의 청구를 거부하는 것은 변호인의
> 체포영장에 대한 열람등사청구권을 침해하는 것으로써 위법하다고 하였다.

---

162) 대판 2012. 09. 13. 선고 2010다24879

III. 변호인 피의자신문참여권

1. 문제제기

현행법 제243조의2는 변호인의 피의자신문참여권을 인정하고 있다. 피의자신문 참여권도 절차적인 청구권이므로 현행법상 제한할 수 있도록 법적인 근거를 마련 하고 있다.

> 제한사유인 '정당한 사유'란 변호인이 피의자신문을 방해하거나 수사기밀을 누설할 염려가 있음이 객관적으로 명백한 경우 등을 말한다.[163]

여기서 수사기관의 수사기밀유지 요청이 제한사유에 해당하는가 문제된다.

2. 경찰의 거부논거

수사기밀을 유지할 필요가 있어서 제1회 신문을 제한하고, 그 이후의 신문에 참여하였다면 법 제243조의2 제1항의 제한 사유인 '정당한 사유'에 해당한다.

3. '정당한 사유' 해당 여부

피의자 신문참여제도의 규정내용과 참여제도의 실질적 의미를 고려하면 단순히 수사기밀유지 요청만으로는 부당하고, 기밀을 누설할 만한 사유가 객관적으로 명백 해야 한다.

> 판례는, 피의자신문참여권은 넓게, 이를 제한하는 사유는 좁게 해석하고 있다.
> ① 신체구속을 당한 피의자 또는 피고인이 범한 것으로 의심받고 있는 범죄행위에 해당 변호인이 관련되어 있다는 등의 사유에 기하여 그 변호인의 변호활동을 광범위하게 규제하는 변호인의 제척과 같은 제도를 두고 있지 아니한 우리 법제 아래에서는, 변호인의 접견교통의 상대방인 신체구속을 당한 사람이 그 변호인을 자신의 범죄행위에 공범으로 가담시키려고 하였다는 등의 사정만으로 그 변호인의 신체구속을 당한 사람과의 접견교통을 금지하는 것이 정당화될 수는 없다.[164]

---

163) 대판 2008. 09. 12. 자 2008모793
164) 대판 2007. 01. 31. 자 2006모657

② 정당한 사유가 없는데도 변호인에 대하여 피의자로부터 떨어진 곳으로 옮겨 앉
   으라고 지시를 한 다음 이러한 지시에 따르지 않았음을 이유로 변호인의 피의자
   신문참여권을 제한하는 것은 허용될 수 없다.[165]

Ⅳ. 소결

위 판례의 취지에 따라 긴급체포당한 피의자의 변호인은 공소제기 전이라도 긴
급체포장의 사본을 청구할 수 있고, 단순히 수사기밀을 유지할 필요가 있다는 이유
만으로 변호인의 피의자신문 참여를 제한한 경찰의 행위는 모두 부당하다.

문제 4. 항소심에서 乙의 공소장일본주의위반과 증거동의 철회 주장의 당부

I. 공소장일본주의의 위반 주장의 당부

1. 문제제기

공소장일본주의에 위배된 공소제기라고 인정되는 때에는 그 절차가 법률의 규정
을 위반하여 무효인 때에 해당하는 것으로 보아 공소기각의 판결을 선고하는 것이
원칙이다(제327조 제2호). 여기서 협박의 내용을 너무 장황하게 기재한 것이 공소장
일본주의에 위반한 것인지 그 주장의 당부와 주장의 시기가 문제된다.

2. 공소장일본주의 위반의 주장의 당부

공소장일본주의의 위배 여부는 공소사실로 기재된 범죄의 유형과 내용 등에 비
추어 볼 때에 공소장에 첨부 또는 인용된 서류 기타 물건의 내용, 그리고 법령이 요
구하는 사항 이외에 공소장에 기재된 사실이 법관 또는 배심원에게 예단을 생기게
하여 법관 또는 배심원이 범죄사실의 실체를 파악하는 데 장애가 될 수 있는지 여
부를 기준으로 당해 사건에서 구체적으로 판단하여야 한다.[166]

따라서 협박의 내용은 범죄사실을 구성하는 요소이므로 어느 정도 구체적으로

---

165) 대결 2008. 09. 12. 자 2008모793
166) 대판 2009. 10. 22. 선고 2009도7436 전원합의체

기재하여야 하지만 필요이상으로 너무 자세하게 기재하여 법관에게 예단을 가질 수 있게 하였다면 공소장일본주의에 반할 수 있다.

[다수의견]
범죄사실의 실체파악에 장애가 될 수 있는지 여부를 기준으로 하며 살인, 방화 등의 경우 범죄의 직접적인 동기 또는 공소범죄사실과 밀접불가분의 관계에 있는 동기를 공소사실에 기재하는 것이 공소장일본주의 위반이 아님은 명백하고, 설사 범죄의 직접적인 동기가 아닌 경우에도 동기의 기재는 공소장의 효력에 영향을 미치지 아니한다.[167]

[소수의견]
공소장일본주의에 대한 위배는 중대한 위법이어서 위반의 정도, 시기를 불문한다.

3. 공소장일본주의 위반 주장 시기

공소장일본주의에 위배된다는 주장은 언제까지 할 수 있는가? 본건에서와 같이 항소심에서 비로소 주장할 수 있는지 문제된다.

[다수의견][168]
공소장 기재의 방식에 관하여 피고인 측으로부터 아무런 이의가 제기되지 아니하였고 법원 역시 범죄사실의 실체를 파악하는 데 지장이 없다고 판단하여 그대로 공판절차를 진행한 결과 ①증거조사절차가 마무리되어 법관의 심증형성이 이루어진 단계에서는 소송절차의 동적 안정성 및 소송경제의 이념 등에 비추어 볼 때 이제는 더 이상 공소장일본주의 위배를 주장하여 이미 진행된 소송절차의 효력을 다툴 수는 없다.

[소수의견]
공소장일본주의 위반은 공정한 재판원칙에 치명적인 손상을 가하는 것이고, 이를 위반한 공소제기는 치유될 수 없는 것이므로 시기 및 위반의 정도에 무관하게 공소기각 하여야 한다.

---

167) 대판 2007. 05. 11. 선고 2007도748
168) 대판 2009. 10. 22. 선고 2009도7436

4. 소결

판례의 [다수의견]에 의하면 본 사안에서와 같이 협박의 내용을 장황하게 기재한 것만으로는 공소장일본주의에 위배한 것이라고 할 수 없고, 가사 위배되었다고 하더라도 특별한 사정이 없는 한 1심의 증거조사가 완료된 이후에는 주장할 수 없게 되어서 결국 항소심 단계에서 새롭게 공소장일본주의 위배를 주장하는 것은 타당하지 않다.

II. 증거동의의 철회

1. 문제제기

동의는 절차형성행위이므로 절차의 안정성을 해하지 않는 범위에서는 철회가 허용된다(절차형성행위설). 다만 그 시기에 관한 것이 문제된다.

2. 항소심에서 증거동의 철회 인정여부

언제까지 철회가 허용되는가에 대하여는 증거조사완료시설, 구두변론 종결시설 등이 있다.

① 판례[169]는 일단 증거조사를 완료한 뒤에는 철회가 인정되지 않는다고 하여 〈증거조사완료시설〉의 입장이다.

② 다만 적법절차 보장의 정신에 비추어 성립의 진정함을 인정한 최초의 진술에 그 효력을 그대로 유지하기 어려운 중대한 하자가 있고 그에 관하여 진술인에게 귀책사유가 없는 경우에 한하여 예외적으로 증거조사 절차가 완료된 뒤에도 그 진술을 '취소'할 수 있다고 한다. 다만 취소주장이 이유 있는 것으로 받아들여지게 되면 법원은 구 형사소송규칙 제139조 제4항의 증거배제결정을 통하여 그 조서를 유죄 인정의 자료에서 제외하여야 한다.[170]

---

169) 대판 2010. 07. 15. 선고 2007도5776
170) 대판 2008. 07. 10. 선고 2007도7760

3. 소결

절차의 확실성과 소송경제를 고려하여 증거조사 완료 이후에는 동의의 철회가 허용되지 않는다고 하는 것이 타당하다. 따라서 사안의 경우 항소심에서 이미 증거 조사가 완료된 증거의 증거동의 철회는 허용되지 않는다. 예외적인 취소사유도 없 으므로 항소심에서의 증거번복의 의사표시는 효력이 없다.

문제 5. (1) 변호인의 선임과 그 효력

I. 문제제기

변호인이란 피의자·피고인이 수사기관의 수사나 검사의 공판, 집행과정에서 대 등한 방어권을 갖출 수 있도록 보충해 주는 보조자를 말한다. 따라서 변호인은 소송 의 주체라기보다는 보조자로서 선임절차를 통해 당해 소송 관계인의 지위를 가지 게 된다. 그렇지만 피고인은 변호인의 실질적인 조력을 통해 비로소 당사자 지위가 구체적으로 실현되는 것이므로 일정한 경우 우리 법은 필요적 변호사건으로 지정 하여 사선변호인이 없는 경우 국선변호인을 지정하도록 요구하고 있다.

본 사안에서는 피고인이 구속된 경우에 해당하므로 필요적 변호사건에 해당한다 (제33조 제1호). 따라서 변호인이 없이 개정할 수 없음에도 변호인이 없는 상태로 재 판이 이루어졌다면 동 재판의 효력은 어떤가? 항소심의 조치내용은 무엇인지가 문 제된다.

II. 변호인의 선임과 그 효력

1. 국선변호인의 선임

직권에 의한 선임과 청구에 의한 선임으로 나눌 수 있다. 먼저, 직권에 의한 선임 은 필요적 변호사건으로 피고인이 구속된 때(제1호), 피고인이 미성년자인 때(제2호), 피고인이 70세 이상인 때(제3호), 피고인이 농아자인 때(제4호), 피고인이 심신장애 의 의심이 있는 때(제5호), 피고인이 사형, 무기 또는 단기 3년 이상의 징역이나 금 고에 해당하는 사건으로 기소된 때(제6호)이다. 청구에 의한 선임으로, 법원은 피고 인이 빈곤 그 밖의 사유로 변호인을 선임할 수 없는 경우[171]에 피고인의 청구가 있는 때에는 변호인을 선정하여야 한다. 기타 법원은 피고인의 연령·지능 및 교육 정도 등을 참작하여 권리보호를 위하여 필요하다고 인정하는 때에는 피고인의 명시적 의사에 반하지 아니하는 범위 안에서 변호인을 선정하여야 한다.

이외 체포·구속적부심사, 구속전 피의자심문, 재심사건, 치료감호사건이 필요적 변호사건에 해당한다.

2. 공소제기 후 선정절차

필요적 변호사건의 경우 공소제기 후에는 국선변호인의 선정을 청구할 수 있다는 취지를 고지하여야 한다(규칙제17조 제1항, 제2항).

피고인이 탄원서에서 경제적 어려움으로 인하여 변호인을 선임할 수 없고, 증인의 위증을 밝히기 위해 은행구좌 및 자금경로의 조사와 증인신문 및 감정신청 등을 위하여 형사소송법 제33조 제5호에 의한 국선변호인 선임신청을 하였음에도 법원이 피고인의 위 신청에 대하여 아무런 결정을 하지 아니한 것은 위법하다.[172]

피고인이 변호인을 선임하지 아니하거나 제33조 제2항, 제3항에 의하여 국선변호인을 선정하여야 할 때에는 지체 없이 국선변호인을 선정하고 피고인, 변호인에게 그 뜻을 고지하여야 한다(규칙 제17조 제3항, 제4항).

3. 국선변호인 미지정 또는 불출석의 경우

필요적 변호사건에서 변호인 없이는 개정하지 못한다(제282조). 따라서 미지정의 경우에는 물론 지정된 변호사가 출석하지 아니하거나 임의로 퇴정해 버린 경우 법원은 직권으로 새로운 변호인을 선정하여야 한다(제283조).

Ⅲ. 불출석의 효력과 항소심의 조치내용

필요적 변호사건에서 변호인 출석 없이 증거조사 등 실체적 심리가 이루어진 경우 그 심리절차는 무효이다. 국선변호인의 출석 없이 증인신문이 이루어진 경우 당해 공판조서 중 첨부된 증인신문조서는 증거능력이 없다.

---

171) 피고인이 지체(척추) 4급 장애인으로서 국민기초생활수급자에 해당한다는 소명자료를 첨부하였다면 이에 해당할 여지가 있다(대판 2011. 03. 24. 선고 2010도18103).

172) 대판 1995. 02. 28. 선고 94도2880

원심에서 국선변호인의 출석 없이 개정된 것임이 확인된 경우 항소심에서는 어떠한 조치를 할 것인가.

판례[173]는 국선변호인의 출석 없이 개정한 당해 절차 이외의 절차에서 적법하게 이루어진 소송행위만으로 공소사실을 인정할 수 없는 경우에 한해 파기사유를 인정하고 있다.

절차위배는 중대하지만 유효하게 이루어진 다른 절차에서 공소사실을 인정할 수 있었다면 판결에 영향을 미친 것이라고 할 수 없으므로 파기할 사유는 아니라는 것이다.

만약 파기사유에 해당한다면 파기자판할 것인가? 원심으로 환송할 것인가? 이 경우라도 제1심이 유무죄의 실체 판단을 한 것이라면 항소심에서 자판하면 족하다. 항소심은 상고심과 달리 파기자판이 원칙이기 때문이다. 다만 제1심이 공소기각 또는 관할위반의 재판을 하였다면 사실상 재판이 없었던 것이므로 파기환송하여야 한다(제366조).

IV. 사안의 해결

사안은 피고인이 구속된 필요적 변호사건으로 변호인의 출석이 개정요건이 된다. 필요적 변호사건에서 변호인이 없이 심리한 경우, 앞에서 살펴본 바와 같이 그 심리절차는 무효이고 다른 절차에 의해 적법하게 이루어진 소송행위만으로 공소사실을 인정할 수 없는 경우, 이는 판결에 영향을 미친 위법이 있으므로 파기하여야 한다. 또한 이 경우 항소법원은 공소기각 또는 관할위반의 재판이 법률에 위반됨을 이유로 원심판결을 파기하는 때에는 파기환송하여야 하지만 실체 판결이 이루어진 경우에는 항소심이 파기자판하면 족하다. 따라서 1심의 유죄판결에 대해 파기환송할 것은 아니다.

---

173) 대판 1999. 04. 23. 선고 99도915

문제 5. (2) 소송행위의 철회인정 여부와 법원의 조치

I. 문제제기

증거서류에 대한 성립의 진정의 인정유무에 관한 의사표시는 소송법상의 행위로서 과연 번복할 수 있는가? 번복할 수 있다면 언제까지인가? 그 시기에 관한 문제가 있다. 나아가 하자 있는 의사표시의 경우 이를 취소할 수 있는가?

II. 소송행위의 철회인정 여부와 시기

1. 학설

증거로 함에 대한 동의나 성립의 진정에 대한 의사표시는 절차형성행위이므로 절차의 안정성을 해하지 않는 범위에서 철회가 허용된다는 점에는 이론이 없다. 그렇다면 철회는 언제까지 허용되는가에 관하여는 증거조사시행시설,[174] 증거조사완료시설[175] 및 구두변론종결시설[176] 등이 있다.

2. 판례

성립의 진정에 대한 원래의 진술을 번복한 경우, 형소법 제292조에서 정한 증거조사가 완료되기 전에는 최초의 인정진술을 번복함으로써 그 피의자신문조서를 유죄인정의 자료로 사용할 수 없도록 할 수 있다고 하여 〈증거조사완료시설〉의 입장이다.[177]

3. 소결

절차형성행위이므로 절차의 안정성을 해하지 않는 범위에서는 철회가 허용된다〈절차형성행위설〉는 논점에서는 이의가 없다. 다만 증거조사가 끝난 후에도 동의의 철회를 허용하는 것은 소송상태의 안정을 침해할 우려가 있으므로 절차의 확실성과 소송경제를 고려할 때 증거조사완료 후에는 동의의 철회가 허용될 수 없다고 해석

---

174) 강구진, 형사소송법, 467면.
175) 송광섭, 형사소송법, 667면; 신동운, 형사소송법, 905면; 이재상, 형사소송법, 614면; 백형구, 형사소송법, 657면
176) 신동운, 형사소송법, 905면; 신현주, 형사소송법, 662면.
177) 대판 2008. 07. 10. 선고 2007도7760

하는 〈증거조사완료시설〉이 타당하다.

> 다만, 피고인이나 그 변호인이 검사 작성의 피고인에 대한 피의자신문조서의 성립의
> 진정과 임의성을 인정하였다가 그 뒤 이를 부인하는 진술을 하거나 서면을 제출한
> 경우 그 조서의 증거능력이 언제든지 없다고 할 수는 없고, 법원이 그 조서의 기재
> 내용, 형식 등과 피고인의 법정에서의 범행에 관련한 진술 등 제반 사정에 비추어 성
> 립의 진정과 임의성을 인정한 최초의 진술이 신빙성이 있다고 보아, 그 성립의 진정
> 을 인정하고 그 임의성에 관하여 심증을 얻은 때에는 그 피의자신문조서는 증거능력
> 이 인정된다.[178]

4. 취소가능 여부와 법원의 조치

1) 학설

(1) 부정설

형사소송의 형식적 확실성에 비추어 사법상의 의사표시에 대한 하자 즉, 착오나 강박을 이유로 하는 성립의 진정에 대한 인정의 취소는 원칙적으로 허용될 수 없다고 한다.[179]

(2) 긍정설

책임 없는 사유로 인한 착오의 경우에는 취소할 수 있다고 한다.[180] 성립의 진정을 인정하는 것은 유죄의 증거로 사용할 수 있는 소송행위인 점, 유무죄를 좌우할 수 있는 중요성을 가지는 점, 형사절차의 본질이 실체적 진실 발견에 있다는 점 등을 근거로 한다.

(3) 절충설

수사기관의 강박에 의한 경우나 중대한 착오에 기한 경우 취소를 허용한다.[181]

---

178) 대판 2007. 06. 28. 선고 2005도8317; 대판 2005. 08. 19. 선고 2005도3045

179) 이재상, 형사소송법, 557면; 임동규, 형사소송법, 540면.

180) 배종대 외, 형사소송법, 650면; 정/백, 형사소송법, 333면.

181) 송광섭, 형사소송법, 668면; 이재상, 형사소송법, 644면.

2) 판례

적법절차 보장의 정신에 비추어 성립의 진정함을 인정한 최초의 진술에 그 효력을 그대로 유지하기 어려운 중대한 하자가 있고 그에 관하여 진술인에게 귀책사유가 없는 경우에 한하여 예외적으로 증거조사 절차가 완료된 뒤에도 그 진술을 취소할 수 있다고 한다. 다만 취소주장이 이유 있는 것으로 받아들여지게 되면 법원은 구 형사소송규칙 제139조 제4항의 증거배제결정을 통하여 그 조서를 유죄 인정의 자료에서 제외하여야 한다고 판시한 바 있다.[182]

3) 소결

생각건대 성립의 진정에 대한 인정의 중요성과 절차의 형식적 확실성의 요구를 비교형량하여, 강박에 의한 경우나 중대한 착오에 의할 때 성립의 진정에 대한 인정을 취소할 수 있다고 보는 〈절충설〉이 타당하다고 할 것이다. 다만 〈증거조사완료시설〉에 의하면 증거조사가 완료되기 전에는 철회할 수 있으므로 성립의 진정에 대한 인정의 취소는 주로 증거조사가 완료된 이후에 의미가 있을 것이다.

5. 사안의 해결

절차의 확실성과 소송경제를 고려하여 증거조사 완료 이후에는 성립의 진정에 대한 철회가 허용되지 않는다고 하는 것이 타당하다. 따라서 사안의 경우 항소심에서 이미 증거조사가 완료된 뒤의 성립의 진정에 대한 철회는 소송절차의 안정을 고려하여 허용되지 않는다. 예외적인 취소사유가 있다면 가능하겠지만 본 설문에서는 특별히 취소사유는 없는 것으로 보인다.

문제 5. (3) 피고인이 임의 퇴정한 경우의 증인신문조서의 증거능력

I. 문제제기

피고인이 공판기일에 출석하지 않으면 특별한 규정이 없는 한 개정하지 못하는 바(제276조), 피고인의 출석은 공판기일개정의 요건이 된다. 피고인의 공판정 출석은 권리이자 의무이다. 따라서 재판장의 허가 없이는 임의로 퇴정하지 못한다(제

---

182) 대판 2008. 07. 10. 선고 2007도7760

281조 제1항).

다만, 본 사안에서와 같이 피고인이 임의로 퇴정해 버린 경우 예외적으로 출석 없이 심판할 수 있는데(제330조), 이때 실시된 증인신문 조서의 증거능력은 어떤가? 동의로 의제할 수 있는지에 대해 다툼이 있다.

II. 학설

1. 적극설

피고인이 임의로 무단퇴정하는 때에는 방어권을 남용한 것이어서 반대신문권을 포기한 것으로 간주하여 동의를 의제할 수 있다고 한다.[183]

2. 소극설

무단퇴정은 공정한 재판을 촉구하는 수단으로 사용되는 일이 많으며, 이 경우에는 증거로 함에 동의하지 않겠다는 의사가 암묵적으로 표시되어 있다는 점, 증거동의를 의제하게 되면 피고인이 무단퇴정하는 상황을 이용하여 증거능력이 없는 증거들이 제출될 염려가 있다는 점, 피고인을 재차 소환하면 증거조사를 할 수 있다는 점 등을 들어 무단퇴정은 증거동의가 의제되지 않는다고 한다.[184]

III. 판례

> 필요적 변호사건이라 하여도 피고인이 재판거부의 의사를 표시하고 재판장의 허가 없이 퇴정하고 변호인마저 이에 동조하여 퇴정해 버린 것은 모두 피고인 측의 방어권의 남용 내지 변호권의 포기로 볼 수밖에 없는 것이므로 수소법원으로서는 형사소송법 제330조에 의하여 피고인이나 변호인의 재정 없이도 심리, 판결할 수 있다.[185]

이와 같이 피고인과 변호인들이 출석하지 않은 상태에서 증거조사를 할 수밖에

---

183) 이재상, 형사소송법, 641면; 임동규, 형사소송법, 566면.
184) 신동운, 형사소송법, 1193면; 신양균, 형사소송법, 783면.
185) 대판 1991. 06. 28. 선고 1991도865

없는 경우에는 형사소송법 제318조 제2항의 규정상 피고인의 진의와는 관계없이 형사소송법 제318조 제1항의 동의가 있는 것으로 간주한다는 것이 판례의 입장이다.

IV. 사안의 해결

피고인의 무단퇴정 또는 퇴정명령이 내려지는 상황은 피고인이 재판의 공정성에 심각한 회의를 품는 경우가 대부분이다. 이러한 상황을 두고 판례의 입장처럼 일률적으로 방어권의 남용으로 보는 것은 부당하다.

특히 제318조 제2항의 증거동의 의제는 소송 진행의 편의를 위한 것이지 불출석에 대한 제재는 아니므로 증거동의가 있는 것으로 간주하는 판례의 태도는 부당하다고 생각된다. 한편 2회 이상 불출정에 대해서도 증거동의로 본다는 판례[186] 또한 문제이다. 이 점을 지적하는 피고인의 항소이유는 어느 정도 설득력이 있다.

---

186) 대판 2010. 07. 15. 선고 2007도5776

I. 선행행위 후 후행행위의 횡령죄 성립여부

1. 근저당권 설정 후 매도한 경우[187]

선행 처분행위로 횡령죄가 기수에 이른 후 이루어진 후행 처분행위가 별도로 횡령죄를 구성하는지 여부 및 타인의 부동산을 보관 중인 자가 그 부동산에 근저당권 설정등기를 마침으로써 횡령행위가 기수에 이른 후 같은 부동산에 별개의 근저당권을 설정하거나 해당 부동산을 매각한 행위가 별도로 횡령죄를 구성하는가?

[다수의견]

후행 처분행위가 선행 처분행위에 의하여 발생한 위험을 현실적인 법익침해로 완성하는 수단에 불과하거나 그 과정에서 당연히 예상될 수 있는 것으로서 새로운 위험을 추가하는 것이 아니라면 후행 처분행위에 의해 발생한 위험은 선행 처분행위에 의하여 이미 성립된 횡령죄에 의해 평가된 위험에 포함되는 것이므로 후행 처분행위는 이른바 불가벌적 사후행위에 해당한다. 그러나 후행 처분행위가 이를 넘어서서, 선행 처분행위로 예상할 수 없는 새로운 위험을 추가함으로써 ① 법익침해에 대한 위험을 증가시키거나 ② 선행 처분행위와는 무관한 방법으로 법익침해의 결과를 발생시키는 경우라면, 이는 선행 처분행위에 의하여 이미 성립된 횡령죄에 의해 평가된 위험의 범위를 벗어나는 것이므로 특별한 사정이 없는 한 별도로 횡령죄를 구성한다고 보아야 한다.

[소수의견]

횡령행위에 의한 법익침해의 결과나 위험은 그때 이미 위 부동산에 관한 소유권 전체에 미치게 되고, 이 경우 후행 처분행위에 의한 추가적 법익침해의 결과나 위험은 법논리상 불가능하다고 보아야 한다.

2. 재산의 일부 토지수용보상금 횡령 후 나머지 재산 반환 거부한 경우

타인의 부동산을 보관하는 자가 일부 토지수용보상금을 횡령하고, 수용되지 않은 나머지 재산에 대해서 임의로 반환을 거부하면 별도의 횡령죄를 구성하고, 양 죄는

---

187) 대판 2013. 02. 21. 선고 2010도10500 전원합의체

실체적 경합관계에 있다.

> 부동산의 일부에 관하여 수령한 수용보상금 중 일부를 소비하였다고 하여 객관적으로 부동산 전체에 대한 불법영득의 의사를 외부에 발현시키는 행위가 있었다고 볼 수는 없으므로, 그 금원 횡령죄가 성립된 이후에 수용되지 않은 나머지 부동산 전체에 대한 반환을 거부한 것은 새로운 법익의 침해가 있는 것으로서 별개의 횡령죄가 성립하는 것이지 불가벌적 사후행위라 할 수 없다.[188]

II. 자동차 횡령의 경우

소유권의 취득에 등록이 필요한 타인 소유의 차량을 인도받아 보관하고 있는 사람이 이를 사실상 처분하면 횡령죄가 성립하며, 보관 위임자나 보관자가 차량의 등록명의자일 필요는 없다.

> 지입회사에 소유권이 있는 차량에 대하여 지입회사에서 운행관리권을 위임받은 지입차주가 지입회사의 승낙 없이 보관 중인 차량을 사실상 처분하거나 지입차주에게서 차량 보관을 위임받은 사람이 지입차주의 승낙 없이 보관 중인 차량을 사실상 처분한 경우에도 횡령죄가 성립한다.[189]

---

188) 대판 2001. 11. 27. 선고 2000도3463
189) 대판 2015. 06. 25. 선고 2015도1944 전원합의체

공무집행방해와 업무방해,
항소심에서 국선변호인 선정청구

형법총론	죄수론
형법각론	공무집행방해죄와 업무방해죄, 입찰방해, 뇌물죄, 공갈미수, 컴퓨터이용사기죄, 가중뇌물수수
형사소송법	수사보고서 동의, 진술거부권의 고지, 공소장변경, 국선변호인 선정청구, 법원의 구속과 하자치유
형사특별법	뇌물죄의 주체, 특가법(뇌물), 범죄수익은닉의 규제 및 처벌 등에 관한 법률위반

설문

1. 경찰관 A는 영세가게를 운영하는 피의자 甲(갑)이 ○○구청 앞에서 핸드마이크를 잡고, '구청장은 물러나라.'는 등으로 약 4시간 동안 1인시위 하는 현장을 사진 촬영하고 있었다. A가 핸드마이크로 떠들어대면 때때로 허용 기준치를 초과하는 약 80db의 소음이 발생하기도 하였다. 청사 안에서는 구청장을 비롯하여 약 100여 명의 공무원과 청사방호원 10여 명이 있었다.

2. 청사방호원이 이를 제지하였으나 막무가내로 밀어붙이는 형식으로 위력을 행사하므로 방호원들은 정신적인 스트레스와 고성에 의한 귀울림증 현상을 초래하였다고 주장한다.

3. 지나가던 행인 피의자 乙(을)은 A를 발견하고, 자신이 빌려준 돈을 갚지 않는다는 앙갚음으로 A가 경찰관으로서 시위현장을 사진 촬영한다는 것을 알면서도 A의 카메라를 발로 차 깨뜨리고, A의 멱살을 잡아 넘어뜨렸다.

4. 동료 경찰관 B는 A가 乙을 현행범체포하자, 체포장면을 사진 촬영하여 그 상황을 요약하는 취지로 수사보고서를 작성하고, 동영상 CD를 이에 첨부하였다. 조사과정에서 乙은 마침 A에게 "돈을 갚지 않으면 각오해라. 동생인 ○○공사 직원인 丙의 목숨을 부지하기 어렵다."고 협박하여 채무변제를 독촉하였다.

5. 한편, 정보조달계약인 ○○공사 직원 피의자 丙(병)은 간부인 D의 소개로 만난 건설업체 사장인 C로부터 정보조달계약인 "○○공구의 공사 낙찰예정가를 알려달라."는 청탁을 받고, ○○공사 내 컴퓨터를 조작하여 알아낸 낙찰하한가를 알려줌으로써 C로 하여금 부당한 가격 정보를 입력케 하여 컴퓨터상 공사낙찰 제1순위 업체로 지정되게 해주었다. 이후 심사과정에서 심사위원으로 위촉된 대학교수인 피의자 丁(정)은 C로부터 부탁을 받고 최우수점수를 부여하였고, 그 대가로 C회사가 분양한 아파트에 분양시까지 무상임차하여 살고 있었는데 고맙다는 답례조로 65세 정년까지 무상으로 살 수 있도록 연장받았다.

6. 며칠 후 C는 ○○간부 D와 함께 나온 丙 에게 식사대접을 하고 丙의 장모명의로 5,000만원을 송금해주었다. 丙은 그 중 일부 금 2,000만원을 현금으로 D에게 건네주었다. 며칠 후 간부 D와 함께 심사과정에서도 편의를 봐준 다음 계약을 체결한 후, 2-3개월 후 전별금으로 C로부터 5,000만원을 자신의 딸 명의로 교부받았다. 丙은 그 중 일부 금 2,000만원을 D에게 건네주었다.

7. 위 공사 간부인 戊(무)는 C에게 "丙과의 관계를 폭로하겠다. 나한테도 돈이 필요하다."고 하면서 차용금 명목으로 1,000만원을 교부받았으나 변제할 의사가 없다.

8. 법정에서 乙은 공무집행방해죄에 대해 부인하고 있다.

9. 제3회 공판기일에서 甲에 대해 일반교통방해죄로 추가 기소되었고, 검사와 피고인 측의 모두진술이 있었고, 피고인은 일반교통방해죄에 대해 일부를 부인하는 취지의 진술을 하였고, 증거조사신청이나 조사, 변론 등의 추가조사는 없었지만 법원은 甲을 법정 구속하였다.

1. 甲, 乙, 丙, 丁, 戊의 형사책임은?(甲의 집회 및 시위에 관한 법률위반, 교통방해죄의 점은 제외)

2. 긴급체포의 적법성을 입증하기 위해 수사보고서를 서증으로 증거조사 신청하고 증거조사가 이루어졌다면 수사보고서에 첨부된 CD는 유죄의 증거로 사용할 수 있는가? 이 경우 수사보고서에 피고인이 동의하였다면 어떤가?

3. 검사는 乙에 대해 협박죄로 기소하였으나 A가 고소취소하자 공갈미수죄로 공소장변경 신청하였다. 법원의 조치는?

4. 乙은 1심에서 국선변호인의 도움을 받았으나 유죄가 선고되자 항소장, 항소이유서를 제출하면서 빈곤을 이유로 국선변호인을 선정 청구하였다. 이 경우 항소이유서 제출기간 중에 항소 기각하면서 국선변호인 선정 청구를 기각할 수 있는가? 국선변호인을 지정하였으나 피고인의 책임 없는 사유로 국선변호인이 항소이유서 제출기간 내 항소이유서를 제출하지 못하였다면 항소심은 어떤 조치를 하여야 하는가?

5. 피고인 丙은 항소심에서 원심재판 당시 국민참여재판 희망 여부를 묻는 통지를 받지 못하였다고 주장하고 있다. 항소심 법원의 조치는?

6. 甲의 변호인은 甲을 구속하기 전 법원의 청문절차가 없어서 위법이라고 주장한다. 당부를 논하라.

문제 1. 甲, 乙, 丙, 丁의 형사책임

I. 甲의 형사책임

1. 구청직원들에 대한 형사책임

1) 청사 내 구청 공무원에 대한 공무집행방해죄 성부

적법한 직무를 집행 중인 구청 공무원에 대하여 음향으로 인한 폭행을 가하여 직무를 방해하였다면 공무집행방해죄를 구성하는가? 수차례 같은 정도의 시위나 때때로 소음기준치를 초과하는 소음으로 고통을 호소할 정도라면 공무집행방해죄의 '폭행'에 이르렀다고 할 수 있는가?

> 공무집행방해죄에서 폭행이라 함은 공무원에 대하여 직접적인 유형력의 행사뿐만 아니라 간접적으로 유형력을 행사하는 행위도 포함한다.[190]

의사전달수단으로서 합리적 범위를 넘어서 상대방에게 고통을 줄 의도로 음향을 이용하였다면 이를 폭행으로 인정할 수 있을 것인바, 구체적인 상황에서 공무집행방해죄에서의 음향으로 인한 폭행에 해당하는지 여부는 음량의 크기나 음의 높이, 음향의 지속시간, 종류, 음향발생 행위자의 의도, 음향발생원과 직무를 집행 중인 공무원과의 거리, 음향발생 당시의 주변 상황을 종합적으로 고려하여 판단하여야 한다.

> 1인시위 방식으로 때때로 허용 기준치를 초과하는 정도의 음향으로 상대방의 청각기관을 직접적으로 자극하여 육체적·정신적 고통을 주는 행위 정도는 사회적으로 상당성을 결한 것이라고 보기 어렵다.[191]

본건에서 구청직원들에 대한 공무집행방해죄는 성립하지 않는다.

---

190) 대판 1998. 05. 12. 선고 98도662
191) 대판 2009. 10. 29. 선고 2007도3584판결 참조

2) 상해죄 여부

상해는 피해자의 신체의 완전성을 훼손하거나 생리적 기능에 장애를 초래하는 것을 의미한다. 폭행에 수반된 상처가 극히 경미한 것으로서 굳이 치료할 필요가 없어서 자연적으로 치유되며 일상생활을 하는 데 아무런 지장이 없는 경우에는 상해죄의 상해에 해당되지 아니한다.

> 피해자의 신체의 완전성을 훼손하거나 생리적 기능에 장애를 초래하였는지는 객관적, 일률적으로 판단할 것이 아니라 피해자의 연령, 성별, 체격 등 신체, 정신상의 구체적 상태 등을 기준으로 판하여야 한다.[192)]

본 건에서 구청직원들에 대한 상해죄도 성립하지 않는다.

2. 구청직원들에 대한 업무방해죄 성부

폭행·협박에 의한 공무집행방해가 아니라면 형법상의 위력 등에 의한 업무집행방해죄는 구성하는가? 이에 대해 학설은 대립이 있으나 업무방해죄는 사람의 사회적 활동의 자유를 보호하는 죄이므로 공무원이 직무상 수행하는 공무 역시 공무원이라는 사회생활상의 지위에서 계속적으로 종사하는 사무이므로 문언상 이에 해당한다고 봄이 타당하다.

> 판례[193)]는, 〈다수의견〉 업무방해죄와 공무집행방해죄는 그 보호법익과 보호대상이 상이할 뿐만 아니라 업무방해죄의 행위유형에 비하여 공무집행방해죄의 행위유형은 폭행, 협박에 이른 경우를 구성요건으로 삼고 있을 뿐 이에 이르지 아니하는 위력 등에 의한 경우는 그 구성요건의 대상으로 삼고 있지 않다. 공무원이 직무상 수행하는 공무를 방해하는 행위에 대해서는 업무방해죄로 의율할 수는 없다고 해석함이 상당하다.
> 〈소수의견〉 공무의 성질상 그 집행을 방해하는 자를 배제할 수 있는 강제력을 가지지 않은 공무원에 대하여 폭행, 협박에 이르지 않는 위력 등에 의한 저항 행위가 있는 경우에는 일반 개인에 대한 업무방해행위와 아무런 차이가 없으므로 업무방해죄로 처벌되어야 한다. 따라서 업무방해죄에 있어 '업무'에는 공무원이 직무상 수행하

---

192) 대판 2008. 11. 13. 선고 2007도9794[공2008하,1713]
193) 대판 2009. 11. 19. 선고 2009도4166 전원합의체 판결[공2009하,2123]

는 공무도 당연히 포함되는 것으로 직무를 집행하는 공무원에게 폭해 또는 협박의 정도에 이르지 않는 위력을 가하여 그의 공무 수행을 방해한 경우에는 업무방해죄가 성립한다고 보아야 한다.

3. 소결

구청직원들에게 폭행에 해당하기 어려워 공무집행방해죄는 성립하지 않고, 위력에 의한 업무방해죄 또한 판례의 입장에 따르면 성립하지 않는다.

만약 공무원들에게 업무방해죄가 성립한다면 동일한 장소에서 동일한 기회에 이루어진 폭행 행위는 사회관념상 1개의 행위로 평가하는 것이 상당하므로 위 공무집행방해죄는 형법 제40조에 정한 상상적 경합의 관계에 있다.[194]

II. 乙의 형사책임

1. A에 대한 공무집행방해죄의 성부

1) A의 공무집행이 적법한지

(1) 증거수집행위의 적법성

민주사회에서 공무원의 직무수행에 대한 시민들의 건전한 비판과 감시는 가능한 한 널리 허용되어야 한다는 점에서 볼 때, 공무원의 직무 수행에 대한 비판이나 시정 등을 요구하는 집회·시위 과정에서 일시적으로 상당한 소음이 발생하였다는 사정만으로는 이를 공무집행방해죄에서의 음향으로 인한 폭행이 있었다고 할 수는 없다.

그러나 본 건에서와 같이 비록 1인시위라고 하더라도 언제든지 불법행동을 할 위법성이 있으므로 경찰관으로서는 긴급보전의 필요성이 있다.

(2) 사진촬영의 적법성

판례[195]는 「수사기관이 범죄를 수사함에 있어 현재 범행이 행하여지고 있거나 행하여진 직후이고, 증거보전의 필요성 및 긴급성이 있으며, 일반적으로 허용되는 상당

---

194) 대판 2009. 06. 25. 선고 2009도3505
195) 대판 1999. 09. 03. 선고 99도2317

한 방법에 의하여 촬영을 한 경우라면 위 촬영이 영장 없이 이루어졌다 하여 이를 위법하다고 단정할 수 없다」고 한다.

본 건에서, 1인시위라도 소음한도를 초과하는 행위라면 위법하고, 이를 긴급보전의 긴급보전의 차원에서 사진촬영한 것이라면 적법한 것으로 보인다.

2) 폭행/협박의 정도

본 건에서는 공무원을 단순히 밀어 넘어트린 정도에 그쳤다면 이를 폭행죄에 해당한다고 할 수 있을지 의문이다. 다만 본건에서는 멱살을 잡아 넘어뜨린 것으로 물리적인 폭행이 있었다고 판단된다.

직무집행 방해의사는 없다고 주장하고 있지만, 공무집행방해죄의 경우 죄의 성립에 있어 방해의사는 필요하지 않다.[196]

2. 공용물건손상죄 여부

1) 공용물건인지 여부

공무소에서 사용하는 서류 기타 물건 또는 전자기록 등 특수매체기록을 손상, 은닉하거나 기타 방법으로 그 효용을 해함으로써 성립하는 범죄이다(제141조 제1항).

여기서 공무소라 함은 공무원이 직무를 집행하는 조직체의 장소를 말하고, 국가 또는 공공단체의 의사를 결정하는 권한을 갖은 기관이라면 공공조합, 공법인, 영조물법인도 이에 해당한다. 나아가 공무소에 사용되는 것이라면 서류, 기타 물건의 소유권자가 개인이라도 무방하지만 반드시 공무소에서 사용 보관하는 것이어야 한다.

본 건 카메라는 공무소에서 사용 중인 것임이 분명하다.

---

196) 대판 1995. 01. 24. 선고 94도1949(공무집행방해죄에 있어서의 범의는 ①상대방이 직무를 집행하는 공무원이라는 사실, 그리고 이에 대하여 ②폭행 또는 협박을 한다는 사실을 인식하는 것을 그 내용으로 하고, 그 인식은 불확정적인 것이라도 소위 미필적 고의가 있다고 보아야 하며, 그 직무집행을 ③방해할 의사를 필요로 하지 아니하고 이와 같은 범의는 피고인이 이를 자백하고 있지 않고 있는 경우에는 그것을 입증함에 있어서는 사물의 성질상 고의와 상당한 관련성이 있는 간접사실을 증명하는 방법에 의할 수밖에 없는 것이나, 그때에 무엇이 상당한 관련성이 있는 간접사실에 해당할 것인가는 정상적인 경험칙에 바탕을 두고 치밀한 관찰력이나 분석력에 의하여 사실의 연결상태를 합리적으로 판단하는 것 외에 다른 방법은 없다. —이 사건의 경위와 정황 및 위 김수호의 피해 정도 등에 비추어 볼때, 피고인의 위와 같은 택시운행으로 인하여 사회통념상 피해자인 위 김수호나 제3자가 위험성을 느꼈으리라고는 보여지지 아니하므로 피고인의 이 사건 범행을 특수공무집행방해치상죄로 의율할 수는 없을 것이다.

2) 손상에 해당하는지 여부

물리적인 손상은 물론 기타 방법으로는 물질적으로 파손하지 않고도 그 효용을 해하는 일체의 행위를 말하며, 문서의 일부나 서명을 말소하는 행위, 보관문서를 상대방에게 임의로 반환해 버리는 행위가 이에 해당한다.

3. 죄수론

경찰관 A를 넘어뜨리고, 공용물건인 카메라를 깨뜨린 행위는 공무집행방해죄와 공용물건손상죄의 실체적 경합이 된다.

> 참고로 공문서의 서명, 날인을 말소한 다음 공문서를 위조한 행위는 공문서손괴, 공용서류손상과 공문서위조의 실체적경합, 입시문제를 절취하면 공용서류은닉죄와 위계에 의한 공무집행방해죄의 상상적 경합관계에 있다.
>
> ※ 경찰작성의 미완성 진술조서 → 공문서 ×, 공용서류 ○

4. 공갈죄

공갈죄의 수단으로서의 협박은 사람의 의사결정의 자유를 제한하거나 의사실행의 자유를 방해할 정도로 겁을 먹게 할 만한 해악을 고지하는 것을 말하고, 해악의 고지는 반드시 명시의 방법에 의할 것을 요하지 않고 언어나 거동에 의하여 상대방으로 하여금 어떠한 해악에 이르게 할 것이라는 인식을 가지게 하는 것이면 족하다.

다만, 피해자에게 자신의 채권을 회수하기 위해 "동생인 ○○공사직과 乙의 목숨을 부지하기 어렵다."고 협박하여 자신의 채권을 받으려고 하였다.

> 해악의 고지가 비록 정당한 권리의 실현 수단으로 사용된 경우라고 하여도 그 권리실현의 수단·방법이 사회통념상 허용되는 정도나 범위를 넘는다면 공갈죄의 실행에 착수한 것으로 보아야 한다.[197]
> 어떠한 행위가 구체적으로 사회통념상 허용되는 정도나 범위를 넘는 것인지는 그 행위의 주관적인 측면과 객관적인 측면, 즉 추구된 목적과 선택된 수단을 전체적으로 종합하여 판단하여야 한다.[198]

---

197) 대판 2007. 09. 28. 선고 2007도606
198) 대판 2013. 09. 13. 선고 2013도6809

결국 본 사안에서 乙의 행위는 공갈미수죄에 해당한다.

III. 丙의 형사책임

1. 입찰방해죄

입찰방해죄는 ① 위계 또는 위력 기타 방법으로 ② 입찰의 공정을 해한 행위(제315조)로서, 위태범이고 결과의 불공정이 현실적으로 나타나는 것을 요하지 않는다.

① 가격에 대한 담합이 전형적인 사례라고 할 수 있지만 가격을 결정하는 데 있어서
  뿐 아니라 적법하고 공정한 경쟁방법을 해하는 일체의 행위를 포함한다.[199]
② 입찰방해죄에 있어 '위력'이란 사람의 자유의사를 제압·혼란케 할 만한 일체
  의 유형적 또는 무형적 세력을 말하는 것으로서 폭행·협박은 물론 사회적·경제
  적·정치적 지위와 권세에 의한 압력 등을 포함하는 것이다.[200]
③ 공소외 조합의 조합장인 피고인이 1996. 6. 1. 주식회사 제주교역의 실무책임자
  인 공소외인에게 자신의 지시대로 시행하지 않으면 앞으로 위 조합과의 오렌지
  수입대행계약을 취소할 것이니 수입대행포기각서를 쓰라고 강요하였다면 위력
  에 해당한다.[201]
④ 입찰자들 상호간에 특정업체가 낙찰받기로 하는 담합이 이루어진 상태에서 일부
  는 당초의 합의에 따라 입찰에 참가하였으나 나머지 일부는 당초의 합의에 따르
  지 아니하고 저가로 입찰하였다면, 이러한 나머지 입찰자의 행위 역시 입찰방해
  죄에 해당한다.[202]
⑤ 입찰자들의 전부 또는 일부 사이에서 담합을 시도하는 행위가 있었을 뿐 실제로
  담합이 이루어지지 못하였고, 또 위계 또는 위력 기타의 방법의 시도가 있었지만
  역시 그 위계 또는 위력 등의 정도가 담합이 이루어진 것과 같은 결과를 얻어내
  거나 그들의 응찰 내지 투찰행위를 저지할 정도에 이르지 못하였고 또 실제로 방
  해된 바도 없다면, 입찰방해미수행위에 불과하여 처벌할 수 없다.[203]

---

199) 대판 2003. 09. 26. 선고 2002도3924
200) 입찰장소의 주변을 에워싸고 사람들의 출입을 막는 등 위력을 사용하여 입찰에 참가하려는 사람을
   참석하지 못하도록 한 행위가 입찰방해죄를 구성한다(대판 1993. 02. 23. 선고 92도3395)
201) 대판 2000. 07. 06. 선고 99도4079
202) 대판 2008. 12. 24. 선고 2007도9287

본 건에서와 같이 입찰 담당직원인 丙이 건설업체 사장인 C로부터 공사입찰과 관련하여 청탁을 받고, 공사예정가격을 미리 알려주어 공사낙찰자로 지정되게 한 것은 적법하고 공정한 경쟁방법을 해하는 행위로서 입찰방해죄가 된다.

2. 컴퓨터이용사기죄 성립 여부

컴퓨터를 부정조작하여 사전에 제공받은 낙찰하한가에 근접한 대금을 입력하는 방식으로 컴퓨터상 공사낙찰자로 지정되게 한 것은 컴퓨터등사용사기죄를 구성하는가?

컴퓨터등사용사기죄의 '정보처리'는 사기죄에서 피해자의 처분행위에 상응하므로 입력된 허위의 정보 등에 의하여 계산이나 데이터의 처리가 이루어짐으로써 직접적으로 재산처분의 결과를 초래하여야 하고, 행위자나 제3자의 '재산상 이익 취득'은 사람의 처분행위가 개재됨이 없이 컴퓨터 등에 의한 정보처리 과정에서 이루어져야 한다.

> 특정 건설사가 낙찰하한가에 대한 정보를 사전에 알고 투찰할 경우 그 건설사가 낙찰자로 결정될 가능성이 높은 것은 사실이나, 낙찰하한가에 가장 근접한 금액으로 투찰한 건설사라고 하더라도 적격심사를 거쳐 일정 기준 이상이 되어야만 낙찰자로 결정될 수 있는 점에 비추어 ― 낙찰자 결정이 사람의 처분행위가 개재됨이 없이 컴퓨터 등의 정보처리 과정에서 이루어졌다고 보기 어렵다.[204]

따라서 컴퓨터로 1위의 투찰자로 선정되었더라도 공사낙찰자로 결정되기 위해서는 별도의 적격심사를 하고 있다는 점에서 컴퓨터등사용사기죄에 해당하지 않는다.

3. 특정범죄가중처벌등에관한법률위반(뇌물수수) 성부

1) 간부 D의 뇌물수수죄성부

형법 제129조 내지 제132조의 적용에 있어서 뇌물죄의 적용대상을 원래 공무원이 아닌 정부관리기업체의 간부직원에게로 확대[205] 적용되고 있으므로 정부관리기

---

203) 대판 2010. 10. 14. 선고 2010도4940
204) 대판 2014. 03. 13. 선고 2013도16099
205) 도시 및 주거환경정비법상 정비사업조합의 임원이 조합 임원의 지위를 상실하거나 직무수행권을

업체의 간부직원이 그 직무에 관하여 형법 제129조 내지 제132조의 죄를 범하였을 때에는 비록 명목상 '전별금' 형식으로 금원을 받았더라도 뇌물수수죄가 성립된다는 것이 판례의 입장이다.[206] 다만 간부직원이 아닌 일반 직원인 피의자 丙은 어떤가?

2) 간부 D와의 공모관계

간부직원이 아닌 직원도 다른 간부직원인 직원과 함께 뇌물수수죄의 공동정범이 될 수 있다.

> 피고인 2.3.4 들이 농지개량조합의 간부직원은 아니지만 그 간부직원에 해당하는 피고인 1과 공동하여 범행을 하였음을 이유로 그들을 형법 제33조 본문, 제30조를 적용하여 특정범죄가중처벌등에관한법률 제2조 제1항 제2호 위반죄로 처단한 제1심 판결을 유지한 조치는 옳다.[207]

따라서 피의자 丙은 간부인 D와 특가법위반의 공범이 된다.

3) 가중뇌물수수죄의 특가법 적용 여부

피의자 丙은 부정한 행위를 한 후 대가로 금원을 수령하였으므로 가중뇌물수수죄에 해당하는 바, 이 경우에도 특가법상의 가중처벌규정이 적용되는가?

특가법 제2조는 그 주체로서 형법 제129조, 제130조, 제132조에 규정된 죄를 범한 자라고 하고 있다. 따라서 형법 제131조의 수뢰후부정처사죄를 범한 자는 제외되는가?

> 판례는 수뢰후부정처사죄는 형법 제129조의 뇌물죄를 범한 자를 전제로 하고 있어 당연히 이에 포함되는 것으로 해석하고 있다.[208]

상실한 후에도 조합 임원으로 등기되어 있는 상태에서 계속하여 실질적으로 조합 임원으로서 직무를 수행하여 온 경우에는 형법상 뇌물죄의 적용에서 '공무원'으로 보아야 한다(대판 2016. 01. 14. 선고 2015도15798)

206) 대판 1983. 04. 26. 선고 82도2095

207) 대판 1999. 08. 20. 선고 99도1557

208) 대판 2004. 03. 26. 선고 2003도8077: 동 1969. 12. 09. 선고 69도1288

4) 일부금원의 반환행위

3,000만원을 반환하였더라도 일단 5,000만원을 수수한 행위에는 영향이 없다. 피의자 丙은 특가법상의 가중처벌을 받게 되고, 동조 제2항에 의해 수뢰금액의 2배 이상 5배 이하의 벌금을 병과하게 된다(특가법 제9조). 뇌물수수액인 5,000만원에 대해서는 형법 제134조에 의해 필요적으로 몰수 또는 추징된다.

> **[참고판례]**
> 뇌물로 받은 돈을 은행에 예금한 경우 그 예금행위는 뇌물의 처분행위에 해당한다 할 것이므로 그 후 수뢰자가 같은 액수의 돈을 증뢰자에게 반환하였다 하더라도 이를 뇌물 자체의 반환이라고 볼 수 없으므로 이러한 경우에는 수뢰자로부터 그 가액을 추징하여야 한다.[209]

4. 「범죄수익은닉의 규제 및 처벌 등에 관한 법률」 위반죄 성립

피의자 丙이 C로부터 자신의 자녀 명의 예금계좌로 뇌물을 수수하고, 그 돈을 인출하는 방식으로 범죄수익의 취득에 관한 사실을 가장하였으므로 동 법률위반이 된다.

> 범죄수익은닉의 규제 및 처벌 등에 관한 법률 제3조 제1항 제1호는 '범죄수익 등의 취득 또는 처분에 관한 사실을 가장하는 행위'를 처벌하고 있는데, 이러한 행위에는 다른 사람 이름으로 된 계좌에 범죄수익 등을 입금하는 행위와 같이 범죄수익 등이 제3자에게 귀속하는 것처럼 가장하는 행위가 포함될 수 있다.[210]

「범죄수익은닉의 규제 및 처벌 등에 관한 법률」 위반죄와 「특정범죄 가중처벌 등에 관한 법률」 위반(뇌물)죄는 실체적 경합범 관계에 있다.

Ⅳ. 丁의 형사책임

1. 뇌물죄의 주체성 여부

'공무원'이란 국가공무원법과 지방공무원법상 공무원 및 다른 법률에 따라 위 규

---

209) 대판 1985. 09. 10. 선고 85도1350
210) 대판 2012. 09. 27. 선고 2012도6079

정들을 적용할 때 공무원으로 간주되는 자[211] 외에 법령에 기하여 국가 또는 지방자치단체 및 이에 준하는 공법인의 사무에 종사하는 자로서 현재 공무원 또는 중재인의 직에 있는 자를 말한다.

[부정례] 퇴직공무원[212]
뇌물수수죄는 공무원 또는 중재인이 그 직무에 관하여 뇌물을 수수한 때에 성립하는 것이어서 그 주체는 현재 공무원 또는 중재인의 직에 있는 자에 한정되므로, 공무원이 직무와 관련하여 뇌물수수를 약속하고 퇴직 후 이를 수수하는 경우에는, 뇌물약속과 뇌물수수가 시간적으로 근접하여 연속되어 있다고 하더라도, 뇌물약속죄 및 사후수뢰죄가 성립할 수 있음은 별론으로 하고, 뇌물수수죄는 성립하지 않는다.

[긍정례] 법인 등기부 임원인 경우[213]
형법상 뇌물죄의 보호법익 등을 고려하면, 정비사업조합의 임원이 정비구역 안에 있는 토지 또는 건축물의 소유권 또는 지상권을 상실함으로써 조합 임원의 지위를 상실한 경우나 임기가 만료된 정비사업조합의 임원이 관련 규정에 따라 후임자가 선임될 때까지 계속하여 직무를 수행하다가 후임자가 선임되어 직무수행권을 상실한 경우, 그 조합 임원이 그 후에도 조합의 법인 등기부에 임원으로 등기되어 있는 상태에서 계속하여 실질적으로 조합 임원으로서의 직무를 수행하여 왔다면 직무수행의 공정과 그에 대한 사회의 신뢰 및 직무행위의 불가매수성은 여전히 보호되어야 한다.

본 건에서 丁은 정부조달공사계약의 사전심사위원으로 위촉된 자로서 「국가를 당사자로 하는 계약에 관한 법률」 제35조 제3호에 의해 형법 제129조를 적용함에 있어서는 공무원에 해당하므로 뇌물죄의 주체가 된다.

2. 뇌물수수죄 성부

무상임차하여 살고 있는 아파트를 65세 정년까지 연장사용할 수 있도록 한 것이 뇌물죄의 이익에 해당하는가?

---

211) 대학교수로서 발주청의 설계심의분과위원회 위원은 설계자문위원회 하부기관으로서 건설기술관리 법령에서 정한 바에 따라 설계자문위원회 위원의 직무를 수행한다고 하여 뇌물죄 적용(대판 2013. 11. 14 선고 2012도15254)

212) 대판 2008. 02. 01. 선고 2007도5190

213) 대판 2016. 01. 14. 선고 2015도15798

「배임수재자가 배임증재자에게서 그가 무상으로 빌려준 물건을 인도받아 사용하고 있던 중에 공무원이 된 경우, 그 사실을 알게 된 배임증재자가 배임수재자에게 앞으로 물건은 공무원의 직무에 관하여 빌려주는 것이라고 하면서 뇌물공여의 뜻을 밝히고 물건을 계속하여 배임수재자가 사용할 수 있는 상태로 두더라도, 처음에 배임증재로 무상 대여할 당시에 정한 사용기간을 추가로 연장해 주는 등 새로운 이익을 제공한 것으로 평가할 만한 사정이 없다면, 이는 종전에 이미 제공한 이익을 나중에 와서 뇌물로 하겠다는 것에 불과할 뿐 새롭게 뇌물로 제공되는 이익이 없어 뇌물공여죄가 성립하지 않는다.」[214]

본건에서 丁은 아파트 분양시까지만 사용하기로 하였으나 65세 정년까지 사용할 수 있도록 기간을 연장받았다면 새로운 이익을 수수한 것으로 평가할 수 있으므로 별도의 뇌물수수죄가 성립한다.

3. 소결

피의자 丁의 본 건 행위는 뇌물수수죄를 구성한다. 금액이 불명하므로 특가법을 적용할 수는 없을 것이다.

V. 戊의 형사책임

1. 공갈죄의 성립

공사 간부인 戊가 C에게 "丙과의 관계를 폭로하겠다. 나한테도 돈이 필요하다."고 하면서 1,000만원을 교부받은 행위는 형법상 공갈죄에 해당한다.

피고인이 환지계장의 신분으로서 피해자 "갑"이 도급받은 공사를 지휘·감독하는 직책을 가지고 있었고 "갑"은 피고인의 지휘·감독 여하에 따라 공사에 대하여 견제 또는 방해를 받을 수 있는 위치에 있었다면 특별한 사정이 없는 한 피고인이 금원을 요구하여 교부받은 것은 비록 차용이라는 용어를 썼어도 실은 묵시적으로 공갈을 하여 위 금액을 갈취한 것이라고 봄이 타당하다.[215]

---

214) 대판 2015. 10. 15. 선고 2015도6232
215) 대판 1974. 04. 30. 선고 73도2518

2. 뇌물수수죄 성부

피의자 戊가 공무집행의 의사 없이 또는 어느 직무처리에 대한 대가적 관계없이 공갈하여 재물을 교부시켰다면 공갈죄가 성립하고, 뇌물수수죄는 성립하지 않는다.

> 이 경우 비록 피해자인 피고인 1이 뇌물을 공여할 의사가 있었다고 하더라도 피고인
> 은 뇌물수수죄를 구성하지 아니하고 공갈죄를 구성하며, 피고인 1의 소위는 단순히
> 공갈죄의 피해자에 지나지 아니하고, 뇌물공여죄를 구성한다고 할 수 없다.[216]

3. 사안의 해결

피의자 戊의 행위는, 공갈죄만 성립하고 뇌물수수죄는 성립하지 않는다.

문제 2. 수사보고서와 CD의 증거능력 등

I. 문제제기

수사보고서에 첨부된 CD는 증거조사가 이루어진 것인가? 수사보고서에 동의하였다면 CD 또한 증거능력이 인정되는가가 문제된다.

II. 수사보고서의 법적 성격

수사기관이 수사과정에서 수집한 자료를 기록에 현출시키는 방법으로 위 자료의 의미, 성격, 혐의사실과의 관련성 등을 수사보고의 형태로 요약·설명하고 해당 자료를 수사보고에 첨부하는 경우, 그 수사보고에 기재된 내용은 수사기관이 첨부한 자료를 통하여 얻은 인식·판단·추론이거나 아니면 자료의 단순한 요약에 불과하여 원 자료로부터 독립하여 공소사실에 대한 증명력을 가질 수 없는 성격의 것이다.

> 수사보고서는 단지 수사의 경위 및 결과를 내부적으로 보고하기 위하여 작성된 서류
> 에 불과하므로— 수사보고서 중 "피고인 1, 2 서로 왼쪽 눈 부위에 타박상이 있고, 피
> 고인 1은 무릎에도 찰과상이 있다."라는 기재 부분은 —실황조사서에 해당하지 아니

---

216) 대판 1966. 04. 06. 선고 66도12

하며, ―검증의 결과에 해당하는 기재가 있다고 하여 이를 ―법소정의 검증조서도 아니다.[217]

따라서 본 건에서 체포의 적법성을 입증하기 위해 동영상을 촬영하고 이를 첨부하는 취지의 수사보고서는 증거능력이 없다.

III. 수사보고서에 첨부된 CD의 증거능력

본 건은 검사가 피고인들의 체포장면이 녹화된 동영상 CD를 별도의 증거로 제출하지 아니하고 CD의 내용을 간략히 요약한 수사보고서에 CD를 첨부하여 수사보고서만을 서증으로 제출하였고, 첨부된 CD에 대해 증거 조사되었다는 설명이 없다.

> 형사소송법 제292조의3 및 형사소송규칙 제134조의8은 녹음·녹화매체 등에 대한 증거조사는 이를 재생하여 청취 또는 시청하는 방법으로 하도록 규정하고 있으므로, 원심이 CD에 대하여 형사소송규칙에서 정한 증거조사절차를 거치지 아니한 채 유죄의 증거로 채택한 조치는 잘못이다.[218]

검증조서에 첨부된 영상녹화물에 대해서도 검증조서와 일체가 아닌 구별하여 개별적으로 증거조사를 요한다는 것이 판례의 입장이다.《구별설》

따라서 본 건 CD는 수사보고서와 별개로 증거조사가 이루어져야 함에도 이에 대해 조사한 바 없으므로 증거로 사용할 수 없다.

IV. 수사보고서에 동의와 CD의 증거능력

수사보고서에 동의하였지만 첨부한 CD에 대해서도 동의한 것인지 불분명하다.

> 수사기관이 고발장을 기록에 현출시키는 방법으로 수사보고서에 고발장의 요지 등

---

217) 대판 2001. 05. 29. 선고 2000도2933
218) 대판 2011. 10. 13. 선고 2009도13846

을 기재하고 이를 수사보고에 첨부하는 경우, 당해 수사보고서는 고발장과 별도로 공소사실에 대한 증명력을 가질 수 없지만 수사보고서에 첨부된 고발장이 별도의 표목을 붙여 독립한 증거로 신청되지 않은 한 수사보고서에 대한 동의의 효력은 고발장에까지 미치지 않는다.[219]

수사보고서에 대해 동의를 하였다고 하더라도 CD에 대해 개별적으로 동의하지 않는 한 동의 효력은 첨부한 CD에는 미치지 않는다.

문제 3. 공소장변경과 하자의 치유

1. 문제제기

일죄의 일부에 대한 기소는 정당한가? 특히 범죄의 수단인 경우 이를 별도로 기소할 수 있는가. 검사는 乙에 대해 협박죄로 기소하였으나 A가 고소를 취소하면 공소기각 판결의 대상이 된다. 이 경우 검사가 공갈미수죄로 공소장 변경 신청한 경우 하자는 치유되는가?

2. 공소제기의 하자와 치유

1) 일죄의 일부에 대한 기소

학설은 긍정설, 부정설의 대립이 있으나 특히 강간죄와 관련하여 판례는 부정하고 있다.

> 폭행으로 부녀를 강간한 경우에는 강간죄에만 해당하고, 그것과는 별도로 폭력행위등처벌에관한법률 제2조 제2항 죄를 구성한다고는 볼 수 없고 이 두개의 죄사이는 이른바 법조경합의 관계가 있을 뿐―강간죄에 대한 고소취소가 있음에도 그 수단인 폭행만을 분리하여 폭력행위등처벌에관한법률 위반죄로 피고인들을 처단하였음은 법령의 적용에 착오가 있는 경우에 해당한다.[220]

---

219) 대판 2011. 07. 14. 선고 2011도3809
220) 대판 1974. 06. 11. 선고 73도2817

2) 하자의 치유

공갈죄의 수단으로서 한 협박은 공갈죄에 흡수될 뿐 별도로 협박죄를 구성하지 않으므로 협박죄만을 기소할 수 없다. 이 경우 공갈미수로 공소장 변경하면 하자는 치유되는가?

> 범죄사실에 대한 피해자의 고소는 결국 공갈죄에 대한 것이라 할 것이어서 그 후 고소가 취소되었다 하여 공갈죄로 처벌하는 데에 아무런 장애가 되지 아니하며, 검사가 공소를 제기할 당시에는 그 범죄사실을 협박죄로 구성하여 기소하였다 하더라도, 그 후 공판 중에 기본적 사실관계가 동일하여 공소사실을 공갈미수로 공소장 변경이 허용된 이상 그 공소제기의 하자는 치유된다.[221]

3. 소결

고소취소되었더라도 공갈미수죄로 공소장변경 허가신청을 하면 공소장변경을 허가하고 공갈미수죄로 실제판단을 하면 되고, 협박죄를 무죄로 하거나 고소취소를 이유로 공소기각판결할 것은 아니다.

문제 4. 국선변호인의 선임

1. 문제제기

구속된 乙은 1심에서 국선변호인의 도움을 받았으나 실형이 선고되자 항소를 하면서 빈곤을 이유로 국선변호인을 선정 신청한 경우 법원은 선임하여야 하는가?

만약 국선변호인을 지정하였으나 피고인의 책임 없는 사유로 국선변호인이 항소이유서 제출기간 내 항소이유서를 제출하지 못하였다면 재선임하여야 하는가?

2. 국선변호인 청구기각과 항소이유서제출기간 중 항소기각

1) 국선변호인 선정의 재량성

형사소송법 제33조 제3항에 의한 국선변호인 선정은 어느 정도 재량성[222]을 가

---

221) 대판 1996. 09. 24. 선고 96도2151
222) 대판 2013. 05. 09. 선고 2013도1886

진다.

> 1심에서 국선변호인이 선임된 경우 항소법원은 특별한 사정 변경이 없는 한 국선변
> 호인을 선정함이 바람직하다.[223]

결국 국선변호인을 선임 결정하는 것이 바람직하고, 지체 없이 선정청구를 기각
하였더라도 위법은 아니다.

다만, 선정청구에 대한 판단을 지체하고 항소이유서 제출기간 도과를 기다렸다가
항소기각하면서 선정청구를 기각하는 것은 위법이라는 것이 판례의 입장이다.

> 특별한 사정이 없는 한 지체 없이 국선변호인 선정결정을 하여 선정된 변호인으로
> 하여금 공판심리에 참여하도록 하였어야 함에도, 국선변호인 선정청구에 대하여 아
> 무런 결정도 하지 아니한 채 변호인 없이 피고인만 출석한 상태에서 공판기일을 진
> 행하여 실질적 변론과 심리를 모두 마치고 난 뒤에야 국선변호인 선정청구를 기각하
> 는 결정을 고지한 원심의 조치에 국선변호인 선정에 관한 형사소송법 규정을 위반한
> 잘못이 있다.[224]

2) 항소이유서 제출기간 내 항소기각 가능여부

항소이유서 제출기간이 남아 있음에도 항소를 기각할 수 있는가?

> 판례는 「이미 항소이유서를 제출하였더라도 항소이유를 추가·변경·철회할 수 있으
> 므로, 항소이유서 제출기간의 경과를 기다리지 않고는 항소사건을 심판할 수 없다.
> 따라서 항소이유서 제출기간 내에 변론이 종결되었는데 그 후 위 제출기간 내에 항
> 소이유서가 제출되었다면, 특별한 사정이 없는 한 항소심법원으로서는 변론을 재개
> 하여 항소이유의 주장에 대해서도 심리를 해 보아야 한다」[225] 고 한다.

결국 판례에 의하면 항소이유서 제출 기간이 남아 있으면 항소기각할 수 없으므
로 본 사안에서 항소기각은 위법하다.

---

223) 대판 2013. 07. 11. 선고 2013도351
224) 대판 2013. 07. 11. 선고 2012도16334
225) 대판 2015. 04. 09. 선고 2015도1466

3. 국선변호인이 항소이유서 제출기간을 도과한 경우 법원의 조치

국선변호인이 있음에도 법정 기간 내 항소이유서를 제출하지 않은 경우에도 법원은 피고인의 항소를 바로 기각할 수 있는가?

> 판례[226]의 [다수의견]은 필요적 변호사건의 경우, 국선변호인이 항소이유서 제출기간을 해태한 경우에는 국선변호인을 재선임하여야 한다고 한다. 이에 대해 중립적 지위에서 형사재판을 담당하여야 하는 법원에게 피고인을 위한 전면적인 후견적 조치를 요구하거나 국선변호인에 대하여 구체적으로 특정한 변호활동을 하게 할 것까지 요구할 수는 없다는 점에서 반대하는 [소수의견]이 있다.

판례에 의하면 국선변호인 선정을 취소하고, 다른 변호인을 선임하여야 한다. 다만 헌법상 변호인의 조력을 받을 권리에 대한 보장이 단순히 국선변호인의 선정에만 그치는 것은 아니므로 그 실효적 보장을 위하여 법원에 일정한 범위 내에서 변호인에 대한 감독권한을 행사하도록 요구할 수는 있겠지만, 그렇다고 하여 중립적 지위에서 형사재판을 담당하여야 하는 법원에게 피고인을 위한 전면적인 후견적 조치를 요구하거나 그에 기하여 국선변호인에 대하여 구체적으로 특정한 변호활동을 하게 할 것까지 요구할 수는 없다는 점에서 소수의견이 상당하다.

문제 5. 국민참여재판 희망의사표시 확인을 간과한 경우 항소심의 조치

1. 문제제기

국민참여재판의 실시여부는 일차적으로 피고인의 의사에 따라 결정되므로 법원은 서면으로 그 의사를 반드시 확인하여야 한다(동 제8조①). 이를 위해 형소규칙은 공소장 부본과 함께 안내서를 송달하고 있다. 만일 이러한 의사 확인절차를 거치지 않고 통상의 공판절차로 진행하였고, 항소심에서 피고인이 다투는 경우 법원의 조치는 무엇인가?

---

226) 대결 2012. 02. 16. 자 2009모1044 전원합의체

2. 중대한 위법과 항소심의 조치

1) 중대한 위법

법원에서 이러한 피고인의 의사확인절차를 거치지 아니한 채 통상의 공판절차로 재판을 진행하였다면, 이는 피고인의 국민참여재판을 받을 권리와 국민참여재판의 배제결정에 대한 즉시항고할 권리에 대한 중대한 침해에 해당한다.

> 따라서 1심 재판은 소송절차상 법령에 위반하여 판결에 영향을 미친 위법을 범한 것으로서 항소심으로서는 파기 후 원심으로 환송하여야 한다.[227]

2) 항소심의 구조와 파기환송

항소심의 경우 속심은 기본으로 하고 예외적으로 사후심구조를 취하고 있다.[228] 따라서 1심의 위법한 재판에 대해서는 기본적으로 파기하고 자판하는 것을 원칙으로 한다.

> 현행 형사소송법상 항소심은 기본적으로 실체적 진실을 추구하는 면에서 속심적 기능이 강조되고 있고, 다만 사후심적 요소를 도입한 형사소송법의 조문들이 남상소의 폐단을 억제하고 항소법원의 부담을 감소시킨다는 소송경제상의 필요에서 항소심의 속심적 성격에 제한을 가하고 있음에 불과하다.[229]

그러나 국민참여재판은 1심에 한하고 있으므로 고등법원에서는 원심으로 환송함이 상당하다. 위 판례도 같은 취지이다.

3. 하자의 치유와 항소심의 조치

이러한 절차위배 여부는 직권조사사항이며, 피고인이 더 이상 위법을 문제 삼지 않기로 하는 의사표시가 있으면 하자는 치유된다고 할 수 있지만 이를 위해서는 동 규칙 제3조 제1항에 준하여 숙고할 수 있는 충분한 시간을 준 다음에도, 절차적 위법을 문제 삼지 않겠다는 의사를 명백히 하였다면 하자 치유를 인정할 수 있다.

---

227) 대판 2011. 09. 08. 선고 2011도7106
228) 대판 1983. 04. 26. 선고 82도2829
229) 대판 1983. 04. 26. 선고 82도2829

1회 공판기일에 피고인 측이 이의 없다고 하자 충분한 숙고기간을 주지 않고 바로 변론을 종결한 것만으로는 하자가 치유되었다고 할 수 없다.[230]

4. 사안의 해결

본건은 원심법원의 행위는 소송절차상 법령에 위반하여 판결에 영향을 미친 위법이 있으므로 파기 환송하여야 한다.

문제 6. 법원의 피고인 구속과 하자의 치유

1. 문제의 제기

형사소송법 제72조는 법관이 구속하기 전 충분이 변명할 기회를 보장하도록 하고 있다. 공 규정에 따르지 않은 경우 영장발부의 효력은 어떤가? 실질적인 절차적 보장이 되었다면 절차의 하자는 치유되는가?

2. 청문절차를 거치지 않은 경우 구속영장의 효력

형사소송법 제72조는 '피고인에 대하여 범죄사실의 요지, 구속의 이유와 변호인을 선임할 수 있음을 말하고 변명할 기회를 준 후가 아니면 구속할 수 없다 다만, 피고인이 도망한 경우에는 그러하지 아니하다'고 규정하고 있다. 동 규정은 피고인에게 충분히 변명의 기회를 보장하는 절차적 규정이다. 따라서 본 사안에서와 같이 사전에 청문절차를 이행하지 않은 법관의 영장발부는 위법하다.

3. 하자의 치유 여부

판례[231]는, 「사전 청문절차의 흠결에도 불구하고 구속영장 발부를 적법하다고 보는 이유는 공판절차에서 증거의 제출과 조사 및 변론 등을 거치면서 판결이 선고될 수 있을 정도로 범죄사실에 대한 충분한 소명과 공방이 이루어지고 그 과정에서 피고인에게 자신의 범죄사실 및 구속사유에 관하여 변명을 할 기회가 충분히 부여되기 때문이므로, 이와 동일시할 수 있을 정도의 사유가 아닌 이상 함부로 청문절차 흠결의 위법이 치유된다고 해석하여서는 아니된다」고 한다.

---

230) 대판 2012. 04. 26. 선고 2012도1225(부정사례) ; 동 2012. 06. 14. 선고 2011도15484(긍정사례)
231) 대결 2016. 06. 14. 자 2015모1032

판례의 취지에 따르면, 본건에서는 검사의 모두진술에 의하여 공소사실 등을 낭독하고 피고인과 변호인이 모두진술에 의하여 공소사실의 인정 여부 및 이익이 되는 사실 등을 진술한 정도에 불과하고 더 이상의 증거조사나 공방은 없었다면 치유가 되었다고 할 수 없다.

4. 소결

　청문회를 거치지 않은 법관의 피고인에 대한 구속은 위법하고, 따라서 구속은 취소되어야 한다.

참고자료 – 입찰방해죄와 위계에 의한 공무집행방해죄

구 형법은 위계 또는 위력으로써 공적 기관의 경매 또는 입찰의 공정을 해하는 경매·입찰방해죄를 공무의 집행을 방해하는 죄의 한 태양으로 규정하였는데 신 형법은 경매·입찰방해죄를 제8장 공무방해에 관한 죄의 편별에서 분리하여 제34장 신용·업무와 경매에 관한 죄에 편입하면서 그 보호대상을 국가나 공공단체의 경매·입찰로 한정하지 아니하고 사인의 경매·입찰도 포함하는 모든 경매·입찰로 확대하였으니, 이러한 입법연혁과 입법취지 등에 비추어 보면, 국가나 공공단체의 경매·입찰이라고 하더라도 위계로써 그 공정을 해하는 행위는 사실상 저지하거나 곤란하게 할 정도에 이르지 않았다면 위계에 의한 공무집행방해죄가 아니라 그 특별죄로서의 성질을 겸비하는 경매·입찰방해죄에만 해당하고 위계에 의한 공무집행방해죄로 의율할 수는 없다는 이유로 무죄라고 판단하였다.[232]

---

232) 대판 2000. 03. 24. 선고 2000도102

뇌물수수, 허위공문서작성, 영장기각에 대한 불복

형법총론	진정신분범의 교사, 실행의 착수, 공범의 이탈
형법각론	허위공문서작성, 가중뇌물수수, 업무방해
형사소송법	참고인에 대한 진술거부권고지 유무, 긴급체포, 영장주의의 예외, 영장기각에 대한 불복방법, 조사자 증언
형사특별법	특정범죄가중처벌등에관한법률(뇌물수수), 정보통신망법위반

설문

1. 피고인 甲은 시청 건축과 공무원으로서 건축물 조사와 건축물관리대장의 정리 업무를 담당하는 행정서기이다. 피고인 乙은 무허가 건축물 A건물 소유자로서 이를 매도할 의사로 허가를 받으려 하였으나 불가능하게 되자, 허가받은 것처럼 건축물관리대장에 기재하기로 마음먹었다.

2. 피고인 乙은 평소 알고 지내는 甲에게 타인의 주차장을 부설주차장인 것처럼 甲에게 말하면서 건축물관리대장에 허가받은 건축물인 것처럼 '위법건축물'[233] 이라는 기재내용을 삭제하고 허가받은 건물인 양 만들어 달라고 적극적으로 부탁하고, 그 자리에서 부설주차장 관련 허위서류가 들어 있는 봉투와 함께 현금 등 2,000만원 상당을 甲에게 건네주었다. 甲은 그 사실을 알면서도 乙의 부탁을 거절하지 못하고 현장조사 없이 건축물관리대장에 허가건축물로 기재하여 동 대장(공전자기록은 아님)을 비치하였다.

3. 며칠 후 피고인 乙은 피해자 B에게 마치 허가받은 건물인 양 매도하였고, B는 그 사실을 몰랐다. 이듬해 B는 갑자기 관할 구청으로부터 과태료 통지가 나오자 비로소 동 건물이 무허가임을 알고 고소장을 경찰서에 제출하였다.

---

233) 국토교통부령인 '건축물대장의 기재 및 관리 등에 관한 규칙'은 건축물관리대상 상에 건출물의 증개축 등 표시에 관한 사항과 소유권 변동에 관한 사항을 기재하도록 하고, 위법건축물에 대해서는 시정명령을 할 때마다 건출물대장에 '위반건축물'이라는 표시를 하도록 하고 있다.

4. 경찰관 丙은 수사에 착수하였으나 구청장 C와 도시국장 丁, 피의자 甲으로부터 "별탈 없이 처리하여 달라."는 부탁과 함께 만찬을 제공받았다. 당일 식사비용은 200만원이 나와 丁과 甲이 신용카드로 반씩 계산하였다. 丙은 대충 수사하여 무혐의 송치하였다.

5. 이를 송치받은 검사 D는, 구청장 C와 국장 丁을 불러 조사한 후 경찰관 丙을 자진 출석케 한 다음 참고인 진술조서를 작성하였고, 만찬을 제공받은 혐의를 인정하자 검사는 丙을 피의자로 입건하고 도주 우려가 있다고 판단하여 긴급체포하였다. 이어서 자백하는 취지의 피의자신문조서를 작성하고, 카드회사에 만찬 당일 결제내역서를, 통신사에 당일 乙의 전화사용내역서를 요청하는 협조공문을 보내 각 회신자료를 받아 기록에 첨부하였다.

6. 국장 丁은, 검찰에서 자백을 한 후 심증의 변화를 일으켜 술을 먹고 음주운전하고 가다가 앞 차량을 추돌하여 앞 차량의 운전자에게 상해를 입게 하고, 자신은 정신을 잃고 말았다. 병원으로 후송된 이후 丁은 10일 후 사망하였다.

7. 피의자 乙은, 인터넷카페의 운영진으로서 카페 회원인 戊 등 약 30명과 공모하여, E 월간지에 광고를 게재하는 광고주 F, G, H 회사의 각 대표이사에게 동 회사가 생산한 물건에 대한 불매운동의 일환으로 지속적·집단적으로 항의전화를 하거나 이들 광고주의 홈페이지에 항의글을 게시하는 등의 방법으로 광고 중단을 압박하였다. 며칠 후 결국 F, G, H 회사는 E 월간지에 내던 광고를 포기하였다. E 월간지는 광고수익이 약간 줄어들어 피해를 입었지만 그로 인하여 이 사건 신문사들의 영업활동이나 보도에 관한 자유의사가 제압될 만한 상황에 이르지는 않았다.

8. 한편 피의자 戊는 사실상 乙의 대학 후배로서 乙의 제안을 거절하지 못하고 불매운동에 참여하였고, F, G, H 회사에 몇 차례 전화 항의하고, 홈페이지에 글을 싣기도 하였으나 양심의 가책을 느낀 나머지 광고주들이 광고게재를 포기하기 전에 "더이상 하지 못하겠다"고 乙의 양해를 받아 이탈하였다.

1. 피의자 甲, 乙, 丙, 戊에 대한 형사책임은?

2. 검사는 경찰관 丙에 대해 검사작성의 피의자신문조서, 결제내역서, 전화사용내역서 등을 증거로 '약 2,000만원 상당의 뇌물을 수수하였다'는 내용으로 공소제기하였다. 丙의 변호사로서 위 뇌물수수사사건에 대해 가능한 주장과 그 당부를 논하라.

3. 丙의 변호인은 구청장 C에 대한 검사작성의 진술조서에 대해서는 진술거부권이 고지되지 않았음을 이유로 증거능력이 없다고 주장한다. 변호인의 주장의 근거와 당부에 대해 논하라.

4. 검사는 피고인 甲이 乙에 대해 검사작성의 피의자신문조서에 대해 "부동의"를 하자 피고인 乙을 증인으로 신청하였다. 증인으로 나온 乙은 진술거부권을 행사하고 있다. 이 경우 검사로서 乙에 대한 피의자신문조서를 증거로 사용할 수 있는 방법은?

5. 피의자 丁에 대하여
   1) 경찰관이 도로교통법위반(음주운전)에 대해 응급 후송된 병원에서 영장 없이 강제채혈하였다면 적법한가?
   2) 피의자 丁의 뇌물공여사건에 대한 검사작성의 피의자신문조서의 증거능력은?
   3) 피의자 丁에 대한 뇌물공여사건에 대해 검사의 처분은?

5. 戊에 대한 검찰의 영장청구에 대해 영장담당판사는 "광고주들이 광고게재를 포기하기 전에 이탈하였다."는 점을 들어 기각하였다. 검찰의 불복방법은?

문제 1. 甲과 乙, 丙, 戊의 형사책임

I. 甲의 형사책임

1. 가옥대장에 허위사항 기재행위

1) 문제제기

공무원이 행사할 목적으로 그 직무에 관하여 문서 또는 도화를 허위로 작성하거나 변개한 때에는 허위공문서작성죄로 처벌된다(형법 제227조). 사안에서 甲이 건축물 조사와 건축물관리대장의 정리업무를 담당하는 행정서기로서, A건물이 무허가건축물임을 알면서도 허가건축물인 것으로 건축대장에 기재한 행위가 허위공문서작성죄 및 동 행사죄에 해당하는지 문제된다.

2) 허위공문서작성죄 및 동 행사죄의 성립여부

본 죄는 ① 작성권한 있는 공무원이 ② 공문서에 관하여 ③ 허위내용의 문서를 작성하고, ④ 이를 비치하는 것으로 행사할 목적 및 고의를 구성요건으로 한다. 공무원 甲이 비록 행정서기이지만, 건축물관리대장 작성에 관해 실질적 심사권을 가진 경우에는 그 신고내용의 허위성을 알면서도 이를 기재하였다면 허위공문서작성죄가 성립하고, 이를 사무실에 비치하면 행사죄가 된다.

판례[234]도, 구 가옥대장 등에 무허가건물을 허가받은 건물로 기재한 경우 본죄의 성립을 인정한 바 있다.

3) 소결

사안의 경우, ① 甲은 시청 건축과 공무원으로서 작성권한 있고 ② 건축대장은 공문서에 해당하며, ③ 甲은 허위사실을 알면서도 현장조사 없이 건축물관리대장에 이를 기재하였고, ④ 행사목적 및 구성요건에 대한 고의도 인정되므로 본죄가 성립한다. 이를 공무소에 비치한 때에는 동 행사죄(형법 제234조)도 성립하며, 양 죄는 실

---

234) 대판 1983. 12. 13. 선고 83도1458

체적 경합범의 관계에 있다.

2. 乙로부터 2,000만원 상당을 수수한 행위 – 수뢰후부정처사죄

1) 수뢰후부정처사죄 성립

공무원이 직무와 관련하여 금원을 수수하면 뇌물죄를 구성한다. 나아가 뇌물을 수수하고 부정한 행위를 하면 수뢰후처사죄에 해당한다(형법 제131조 제1항). 여기서 말하는 '부정한 행위'라 함은 직무에 위배되는 일체의 행위를 말하는 것으로 직무 행위 자체는 물론 그것과 객관적으로 관련 있는 행위까지를 포함한다.[235] 甲은 수뢰 후 자신의 직무행위인 가옥대장에 허위사실을 기재하였으므로 부정행위에 해당하므로 수뢰후부정처사죄가 성립한다.

2) 몰수 또는 추징

뇌물수수액인 2,000만원에 대해서는 형법 제134조에 의해 필요적으로 몰수 또는 추징된다.

3. 丙에 대한 만찬의 제공 행위

1) 문제제기

丙에 대해 청탁을 하면서 만찬을 제공한 경우 만찬의 제공도 뇌물죄의 부정한 이익에 해당하는지 문제된다. 뇌물죄를 구성한다면 뇌물제공 액수는 얼마인가.

2) 뇌물공여죄의 성부

뇌물죄에서 뇌물의 내용인 이익이라 함은 금전, 물품 기타의 재산적 이익뿐만 아니라 사람의 수요·욕망을 충족시키기에 족한 일체의 유형·무형의 이익을 포함한다.[236] 따라서 만찬의 제공도 뇌물죄의 부정한 이익에 해당한다고 봄이 상당하다.

이 경우 추징하여야 할 액수에 대해서, 공여자와 함께 향응을 하고 이에 소요되는 금원을 지출한 경우, 먼저 수수자의 접대에 요한 비용과 공여자가 소비한 비용을 가려

---

235) 대판 2003. 06. 13. 선고 2003도1060(판례는 교통경찰관에게 도박개장죄사실을 알면서도 단속하지 않은 것을 부정행위로 인정하였다)

236) 대판 2014. 01. 29. 선고 2013도13937(동 판례는 성적접대도 부정한 이익에 해당한다고 한다)

내어 수수자의 접대에 요한 비용을 수뢰액으로 인정하여야 하지만, 만일 각자에 요한 비용액이 불명일 때에는 이를 평등하게 분할한 액을 가지고 수뢰액으로 인정하여야 할 것이다.[237)238)]

3) 소결

사안의 경우, 甲이 丙에 대하여 만찬을 제공한 것은 향응의 제공으로서 제공받은 금액 상당의 뇌물공여죄가 성립한다. 뇌물공여금액은 丙이 소비한 비용을 사안 자체로는 구체적으로 가려낼 수 없는 경우이므로 평등하게 분할한 액수인 50만원(200만원×1/4)으로 보아야 할 것이다.

II. 乙의 형사책임

1. 甲에 대한 2,000만원 상당의 교부행위

위에서 살펴본 바와 같이 乙의 甲에 대한 2,000만원 상당의 교부는 뇌물공여죄를 구성한다(형법 제133조 제1항).

2. 가옥대장에 허위사실을 기재하게 한 행위

1) 허위공문서작성죄의 교사범

허위공문서작성죄는 진정신분범이므로 비신분범은 본죄의 주체가 될 수 없으며, 일반 사인이 작성권자를 이용하는 경우 공정증서원본불실기재죄를 제외하고 허위공문서작성죄의 간접정범이 될 수 없다.

① 공무원이 아닌 자는 형법 제228조의 경우를 제외하고는 허위공문서작성죄의 간접정범으로 처벌할 수 없다.[239)]

---

237) 대판 2005. 11. 10. 선고 2004도42

238) 한편, 뇌물죄에서의 수뢰액은 그 다과에 따라 범죄구성요건이 되므로 엄격한 증명의 대상이 되고, 특정범죄 가중처벌 등에 관한 법률 소정의 범죄구성요건이 되지 않는 단순 뇌물죄의 경우에도 몰수·추징의 대상이 되는 까닭에 역시 증거에 의하여 인정하여야 하며, 수뢰액을 특정할 수 없는 경우에는 그 가액을 추징할 수 없다고 하여 직무의 대가성 있는 부분과 대가성이 없는 부분에 대해 단지 구분이 어렵다는 이유로 명확한 근거도 없이 비율적 방법으로 대가관계에 있는 수뢰액을 추산하여 추징한 것은 위법이라고 한다(대판 2011. 05. 26. 선고 2009도2453)

② 다만, 가담의 형태에 따라 형법 제33조에 따라 공동정범이나 교사범이나 방조범
   은 가능하다. 본 사안에서 민원이 허위의 서류를 건네주면서 적극적으로 교사한
   행위는 허위공문서작성죄의 교사죄가 성립한다.[240]
③ 공무원이 아닌 자가 공무원과 '공동'하여 허위공문서작성죄를 범한 때에는 공무
   원이 아닌 자도 형법 제33조, 제30조에 의하여 허위공문서작성죄의 공동정범이
   된다.[241]

다만 위 판례와 같이 허위의 서류를 건네주면서 적극적으로 교사한 경우에는 허
위공문서작성죄의 교사죄가 성립한다.

2) 공정증서원본불실기재죄 성립여부

'가옥대장'이 공정증서원본인지 여부도 문제된다. 허위사실을 신고하여 공정증서
에 부실의 사실을 기재케 한 경우 공정증서원본불실기재죄가 성립하기 때문이다.

   허가받은 건물인 것인 양 허위사실을 신고하여 불실의 사실을 기재케 하였다 하더라
   도 공정증서원본불실기재 및 동행사죄는 성립하지 아니한다.[242]

3. 소비자불매운동의 일환으로 위력을 행사한 경우

1) 문제제기

소비자불매운동의 일환으로 항의전화 및 항의글 게시 등의 행위가 이루어진 경
우 첫째, 업무방해죄의 수단으로서의 '위력'에 해당하는지, 둘째, 광고주에 대한 위
력의 행사가 제3자인 E월간지사에 대한 업무방해죄를 구성하는지, 셋째, 소비자불
매운동의 일환으로 이루어진 행위가 정당행위에 해당하는지, 넷째, 항의전화나 홈
페이지에 항의글을 게시한 행위는 정보통신망법 위반이 문제된다.

---

239) 대판 2006. 05. 11. 선고 2006도1663
240) 대판 1983. 12. 13. 선고 83도1458
241) 대판 2006. 05. 11. 선고 2006도1663
242) 대구고판 1978. 02. 15. 선고 76노805

2) 광고주에 대한 업무방해죄 성립 여부

(1) 업무방해죄의 '위력'에 해당하는지 여부

'위력'이란 사람의 자유의사를 제압·혼란케 할 만한 일체의 세력으로, 유형적이든 무형적이든 묻지 아니하고, 범인의 위세, 사람 수, 주위의 상황 등에 비추어 피해자의 자유의사를 제압하기에 충분한 세력을 의미한다.

> 위력에 해당하는지는 범행의 일시·장소, 범행의 동기, 목적, 인원수, 세력의 태양, 업무의 종류, 피해자의 지위 등 제반 사정을 고려하여 객관적으로 판단하여야 한다.[243]

그렇다면 나아가 소비자불매운동(헌법상 표현의 자유와 관련)의 경우에는 어떤가?

> 소비자불매운동은 본질적으로 내재되어 있는 집단행위로서의 성격과 대상 기업에 대한 불이익 또는 피해의 가능성만을 들어 곧바로 형법 제314조 제1항의 업무방해죄에서 말하는 위력의 행사에 해당한다고 단정하여서는 아니된다는 관점에서 어떠한 소비자불매운동이 위력에 의한 업무방해죄를 구성하는지 여부는 제반 사정을 종합적·실질적으로 고려하여 판단하여야 한다.[244]

[참고판례]

1. 파업이 '위력'에 해당하는지 여부와 판단기준[245]

[다수의견] 근로자는 원칙적으로 헌법상 보장된 기본권으로서 근로조건 향상을 위한 자주적인 단결권·단체교섭권 및 단체행동권을 가지므로(헌법 제33조 제1항), 쟁의행위로서 파업이 언제나 업무방해죄에 해당하는 것으로 볼 것은 아니고, 전후 사정과 경위 등에 비추어 사용자가 예측할 수 없는 시기에 전격적으로 이루어져 사용자의 사업운영에 심대한 혼란 내지 막대한 손해를 초래하는 등으로 사용자의 사업계속에 관한 자유의사가 제압·혼란될 수 있다고 평가할 수 있는 경우에 비로소 집단적 노무제공의 거부가 위력에 해당하여 업무방해죄가 성립한다고 보는 것이 타당하다.

[소수의견] 단순 파업이 쟁의행위로서 정당성의 요건을 갖추지 못하고 있더라도 개별적 근로관계의 측면이나 집단적 근로관계의 측면에서 모두 근본적으로 근로자 측의 채무불이행과 다를 바 없으므로, 이를 위력의 개념에 포함시키는 것은 무엇보다 죄형법정주의의 관점에서 부당하다

---

243) 대판 2013. 05. 23. 선고 2011도12440
244) 대판 2013. 03. 14. 선고 2010도410
245) 대판 2011. 03. 17. 선고 2007도482 전원합의체 판결

2. 안전운행투쟁의 경우[246)

안전운행투쟁으로 말미암아 한국철도공사의 사업운영에 심대한 혼란 내지 막대한 손해가 초래될 위험이 있었다고 하기 어렵고, 그 결과 한국철도공사의 사업계속에 관한 자유의사가 제압·혼란될 수 있다고 평가할 수 있는 경우에 해당하지 않는다고 볼 여지가 충분한데도, 안전운행투쟁의 주된 목적이 정당하지 않다는 이유만으로 업무방해죄가 성립한다고 단정한 원심판단에 업무방해죄의 위력에 관한 법리오해 및 심리미진의 위법이 있다.

본 사안에서 광고주들에게 지속적·집단적으로 항의전화를 하거나 항의글을 게시하고 그 밖의 다양한 방법으로 광고 중단을 압박한 행위는 피해자인 광고주들의 자유의사를 제압할 만한 세력으로서 '위력'에 해당한다고 봄이 상당하다.

참고로 최근 판례와 컴퓨터업무방해죄의 도입 이후 업무방해죄의 보호법익에 대해서 종래 영업활동의 자유를 강조하였다면 최근에는 '업무수행의 자유'로 이동한 것으로 봄이 상당하다.

(2) 위법성조각사유에 해당하는지 여부

소비자불매운동이 사회상규에 반하지 않은 정당행위(형법 제20조)로서 위법성이 조각될 수 있는지 문제된다.

> 시민단체가 내한공연에 반대하여 입장권판매대행사에게 불매운동의 위력을 행사한 사안에서 불매운동이 홍보 및 호소의 방법으로 이루어진 경우 위법성이 없으나, 더 나아가 대행사에 대하여 불매운동을 펼칠 것을 고지하는 등으로 결국 계약을 파기케 한 정도라면 위법하다.[247)

본 사안에서도 소비자불매운동이 전체 법질서상 용인될 수 없을 정도로 사회적 상당성을 갖추지 못한 때에는 그 행위 자체가 위법한 세력의 행사로서 업무방해죄를 구성한다.

---

246) 대판 2014. 08. 20. 선고 2011도468
247) 위 판례

(3) 소결

사안의 경우, 乙은 ① 카페 회원 등과 공모하여 ② 지속적·집단적으로 항의전화 및 항의글 게시 등을 하고 ③ 이로 인하여 결국 광고주들이 광고를 포기하기에 이른 사정을 고려하면 업무방해죄의 '위력'의 행사에 해당한다.

또한, 단순한 홍보 및 호소를 통한 설득을 넘어선 위력 행사의 경우 사회상규에 반하므로 정당행위라고 보기도 어렵다. 따라서 정당행위로서 위법성조각사유에 해당하지도 않는다.

3) 제3자인 월간지 회사에 대한 업무방해죄의 성립여부

제3자에게 업무방해죄가 성립하기 위해서는 상대방과 제3자를 동일시할 정도를 요한다.

> 불매운동으로 제3자가 실제 입은 불이익이나 피해의 정도, 그로 인하여 제3자의 영업활동이나 자유의사가 제압될 만한 상황에 이르렀는지 등을 구체적으로 심리하여야 한다고 파기하였다.[248]

사안의 경우, 제3자인 E월간지사는 광고수익이 약간 줄어들었을 뿐, 영업활동이나 보도의 자유의사가 제압될 만한 상황에 이르지 않았으므로 E에 대하여는 업무방해죄가 성립하지 않는다고 보아야 할 것이다.

[참고판례]

① 〈영수증의 명의를 피해자 운영의 퀵서비스로 발행한 경우〉[249] 퀵서비스 운영자인 피고인이 배달업무를 하면서, 손님의 불만이 예상되는 경우에는 평소 경쟁관계에 있는 피해자 운영의 퀵서비스 명의로 된 영수증을 작성·교부함으로써 손님들로 하여금 불친절하고 배달을 지연시킨 사업체가 피해자 운영의 퀵서비스인 것처럼 인식하게 하였다면 위 행위가 피해자의 경제적 신용을 저해하는 행위에 해당한다고 보기는 어려우므로 신용훼손죄가 아닌 업무방해죄에 해당한다.

② 〈시위현장에서 사진 촬영한 행위가 방조에 해당하는지〉[250] 촬영한 사진의 대다수

---

248) 위 2010도410 판례
249) 대판 2011. 05. 13. 선고 2009도5549
250) 대판 1997. 01. 24. 선고 96도2427

도 사후 게시를 예상하여 촬영한 것이고, 자신들의 시위현장을 사진으로 찍게 하여 사후에 일반대중이 볼 수 있도록 게시한다는 생각에서 이 사건 범행을 함에 있어 정신적으로 크게 고무되고 그 범행결의도 강화한 것으로 보인다면 피고인의 이 사건 사진촬영행위 등은 범행의 방조행위가 된다.

4) 소결

乙의 위 불매운동은 광고주 F G, H에 대한 업무방해죄가 성립하고, 각 죄는 실체적 경합관계에 있다. 제3자인 E월간지사에 대하여는 업무방해죄가 성립하지 않는다.

4. 정보통신망 이용촉진 및 정보보호 등에 관한 법률 위반

수회 반복하여 정보통신망을 이용하여 공포심이나 불안감을 유발하는 부호·문언·음향·화상 또는 영상을 반복적으로 상대방에게 도달하게 하였으므로 동법 제74조 제1항 제3호 위반이 된다.

5. 사기죄

무허가건물을 허가받은 정상적인 물건인 양 관계서류를 허위작성 교사하여 동 서류를 이용하여 기망하였으므로 형법 제347조 제1항의 사기죄를 구성한다.

6. 죄수론

뇌물공여죄, 허위공문서작성·동 행사죄의 교사죄, 업무방해죄, 정보통신망법위반죄, 사기죄 등 각 죄는 실체적 경합범 관계에 있다.

Ⅲ. 丙의 형사책임

사안에서 丙이 甲, 丁 및 C로부터 만찬을 제공받은 것이 수뢰죄에 해당하는지와 수뢰액은 얼마인지가 문제된다.

甲의 죄책에서 살펴본 바와 같이, 丙이 만찬을 제공받은 것은 ① 공무원인 경찰관병의 직무인 수사업무에 관련하여 ② 제공받은 금액 상당의 이익을 받은 것으로서 수뢰죄에 해당하며, 丙의 수뢰액은 판례에 의하면 평등하게 분배하여 증뢰자의 비용을 공제한 것이 되므로 50만원(=200만원×1/4)이다. 따라서 丙으로부터 50만원을 필요적으로 추징하여야 한다(형법 제134조).

Ⅳ. 戊의 형사책임

1. 문제의 제기

사안에서 戊는 乙과 공모하여 불매운동에 참여하였으나 광고주가 공고게재를 포기하기 전 이탈한 경우 戊의 책임 범위가 문제된다.

2. 업무방해죄의 실행의 착수

업무방해죄는 추상적위험범으로 업무방해가 현실적으로 발생할 필요는 없고, 업무를 방해할 위험이 발생한 때에 기수가 된다.

戊는 ①乙과 공모하여 ②공모에 의해 분담된 역할대로 실제 항의전화를 하는 등 기능적 행위지배에 의한 범행에 가담하였고, 적어도 업무를 방해할 위험을 초래하였으므로 업무방해죄의 기수에 이르렀다고 할 수 있다. 이런 경우 이탈을 인정할 수 있는가?

3. 戊의 공범에서의 이탈행위 성부

공범관계의 이탈이라 함은 공모 후 다른 공모자가 실행에 "착수"하기 이전에 공동가담의 의사를 철회하는 것을 말한다. 판례는 단순가담자와 주도자의 경우를 나누고 있다.

> 공모자가 공모에 주도적으로 참여하여 다른 공모자의 실행에 영향을 미친 때에는 실행에 미친 영향력을 제거하지 않는 한 공모관계에서 이탈하였다고 할 수 없다.[251]

공동가공의 의사와 공동의사에 기한 기능적 행위지배를 통하여 본인 스스로도 범죄의 실행에 착수한 것이라면 이탈은 인정되지 않는다.

4. 검토

사안의 경우, 戊는 ①항의전화 등으로 이미 실행에 착수한 후에 이탈의 의사표시를 하였으므로 공범관계에서의 이탈을 인정할 수 없고, ②자신도 이미 실행에 가담하였으므로 기능적 역할분담에 따른 범행가담으로 인한 결과발생에 대해서 전부

---

251) 대판 2012. 11. 15. 선고 2012도7407

책임을 지는 것이 상당하다. 따라서 戊는 「일부실행, 전부책임」의 공동정범의 죄책을 지는 것으로서 광고주인 F, G, H에 대한 업무방해죄의 공동정범의 죄책을 진다.

문제 2. 丙의 변호사로서 가능한 주장과 당부

I. 丙에 대한 긴급체포의 적법성 주장의 당부

1. 변호인의 가능한 주장

긴급체포는 현행범인 아닌 피의자를 법원의 체포영장 없이 체포하는 경우로서, 형사소송법 제200조의3은 사건의 중대성, 혐의의 상당성, 체포의 필요성과 긴급성을 요구하고 있다. 그런데 사안에서 丙은 참고인으로 자진출석한 자이므로 체포의 '긴급성'이 문제될 수 있다.

변호인은, 丙은 참고인으로 자진출석한 이상 도주 우려가 없다는 이유로 검사의 丙에 대한 긴급체포는 위법하다고 주장할 수 있다. 즉, 긴급체포는 형사소송법 제200조의3 후문에서는 '긴급을 요한다 함은 피의자를 우연히 발견한 경우 등과 같이 체포영장을 받을 시간적 여유가 없는 때를 말한다.'고 하고 있다.

따라서 변호인은 자진출석한 丙에 대한 검사의 긴급체포는 피의자를 우연히 발견한 경우에 해당하지 않아 긴급성의 요건을 결하므로 긴급체포는 위법하고 따라서 불법체포상태에서 작성된 검사작성 피의자신문조서는 증거능력이 없다고 주장할 수 있다.

2. 당부의 검토

동조 후문에서 말하는 '우연히 발견한 경우 등'이라 함은, 피의자를 물리적으로 우연히 발견한 경우만이 아니라 범죄사실이 분명히 짐에 따라 비로소 혐의의 상당성이 인정된 경우에는 도망 우려가 있으므로 이런 경우도 포함한다고 보아야 한다. 우연히 발견한 경우 '등'이라고 표현하고 있기 때문이다.

반면 긴급체포가 불법하다고 한 사례[252]는, 임의출석한 것만을 이유로 긴급체포

---

252) 대판 2006. 09. 08. 선고 2006도148

를 위법하다고 한 것이 아니라, 공범이 무죄판결을 받은 이후이므로 혐의의 상당성이 인정되기 어려운 사안이었다는 점에서 본 건 사안과는 다르다.

본 건의 경우 丙은 자진출석한 참고인이었지만 조사 결과 혐의가 인정되어 피의자로 입건하면서 도주의 우려 등 필요성과 긴급성이 충족되었다고 판단되어 체포한 사안으로 불법체포를 전제로 한 변호사의 주장은 이유 없다.

II. '약 2,000만원 상당'이라는 공소장 기재내용의 특정 여부

1. 변호인의 가능한 주장

공소사실의 기재는 범죄의 시일, 장소와 방법을 명시하여 사실을 특정할 수 있도록 하여야 한다(제254조③). 이는 법원의 심판대상과 피고인의 방어의 범위를 명시함으로써 당사자주의를 구현하는 제도이다.

> 공소장의 공소사실 기재는 법원에 대하여 심판의 대상을 한정하고 피고인에게 방어의 범위를 특정하여 그 방어권 행사를 용이하게 하기 위하여 요구되는 것이므로 범죄의 일시, 장소, 방법 등 소인을 명시하여 사실을 가능한 한 명확하게 특정할 수 있도록 하는 것이 바람직하나, 그렇다고 해서 필요 이상 엄격하게 특정을 요구하는 것도 공소의 제기와 유지에 장애를 초래할 수 있으므로, 범죄의 일시는 이중기소나 시효에 저촉되지 않을 정도로, 장소는 토지관할을 가능할 수 있을 정도로, 그리고 방법에 있어서는 범죄구성요건을 밝히는 정도로 기재하면 족하다.[253]

뇌물금액은 특가법에 해당하는지 여부, 사물관할을 판단하는 중요한 요소이므로 이를 명확히 기재하지 않으면 법률절차에 위배하여 기소한 것에 해당하여 공소기각 되어야 한다(제327조 제2호).

2. 당부 판단

위와 같이 뇌물수수의 점에 관하여 2,000만원 상당으로 기재하여 다소 불명확한 기재 부분이 있더라도 그와 함께 적시된 다른 사항들에 의하여 그 공소사실을 특정

---

253) 대판 2015. 12. 23. 선고 2014도2727

할 수 있고 피고인의 방어권 행사에 지장이 있다고 볼 수 없으므로, 공소제기의 효력에 영향이 없다고 할 것이다. 판례[254]도 같다.

Ⅲ. 카드결제 및 전화사용내역서의 영장주의 위반 여부에 관한 변호사 주장의 당부

1. 변호인의 가능한 주장

카드결제내역이나 전화사용내역의 조회는 강제처분이므로 영장에 의하지 않은 검사의 처분은 위법이고, 따라서 각 내역서의 증거능력은 부정된다고 주장할 수 있다.

2. 당부의 검토

판례[255]도 카드결제내역은 「금융실명거래 및 비밀보장에 관한 법률」 제4조 제1항에 정한 '거래정보 등'에 해당하므로 이를 획득하기 위해서는 법관의 영장이 필요하며, 전화통화내역 또한 통신비밀보호법(상 통신사실확인자료에 해당하므로)에 의해 법원의 '영장'이 필요함에도, 공무소에 대한 사실조회 등의 방법으로 위 내역서 등을 수집한 것은 영장주의에 위반한 것으로 위법수집증거배제법칙에 의해 증거능력은 부정하고 있다.

[참조사항]
통신비밀보호법 제13조의2(법원에의 통신사실확인자료제공)
법원은 재판상 필요한 경우에는 민사소송법 제294조 또는 형사소송법 제272조의 규정에 의하여 전기통신사업자에게 통신사실확인자료제공을 요청할 수 있다.

결국 영장에 의하지 않고 사실조회 등의 방법으로 수집한 본 건 내역서 등은 증거능력이 없고 이를 지적하는 변호사의 주장은 이유 있다.

---

254) 대판 2010. 04. 29. 선고 2010도2556
255) 대판 2013. 03. 28. 선고 2012도13607

문제 3. 진술거부권 고지의 대상과 변호인의 주장의 당부

I. 문제제기

검사 또는 사법경찰관은 피의자를 신문하기 전에 진술거부권 등의 고지를 하여야 한다(제244조의3). 만약 이를 고지하지 않은 채 자백진술을 받았다면 그 증거능력은 부정된다. 한편 참고인에 대해서는 진술거부권 등을 고지할 의무는 없다. 여기서 사안에서와 같이 만약 뇌물죄의 공범이지만 검사가 피의자로 입건하지 않은 참고인 C에 대해서 진술을 듣기 전 진술거부권의 고지를 하여야 하는가?

II. 진술거부권의 고지의 대상

피의자에 대한 진술거부권 고지는 피의자의 진술거부권을 실효적으로 보장하여 진술이 강요되는 것을 막기 위해 인정되는 것이다. 진술거부권 고지에 관한 형사소송법 규정과 이러한 진술거부권 고지가 갖는 실질적인 의미를 고려한다면 수사기관에 의한 진술거부권 고지 대상이 되는 피의자 지위는 수사기관이 조사대상자에 대한 범죄혐의를 인정하여 수사를 개시하는 행위를 한 때 인정되는 것으로 보아야 한다.

> 피의자로 입건하지 않은 참고인에 대해서는 단순히 공범의 여지가 있다는 이유만으로 진술거부권 고지가 인정되어야 한다고 할 수 없다.[256]

III. 변호인의 주장의 당부

C가 참고인으로서 검찰 조사를 받을 당시 또는 그 후라도 검사가 C에 대한 범죄혐의를 인정하고 수사를 개시하여 피의자 지위에 있게 되었다고 단정할 수 없고, 검사가 C에 대한 수사를 개시할 수 있는 상태이었는데도 진술거부권 고지를 잠탈 할 의도로 피의자 신문이 아닌 참고인 조사의 형식을 취한 것으로 볼 만한 사정도 찾을 수 없으며, 오히려 C는 甲의 횡령범행의 피해자 지위에 있으므로, 변호인의 주장은 타당하지 않다.

---

256) 대판 2011. 11. 10. 선고 2011도8125

IV. 소결

따라서 피의자 지위에 있지 아니한 자에 대하여 진술거부권이 고지되지 아니하였더라도 진술의 증거능력을 부정할 것은 아니다. 변호인의 주장은 타당하지 않다.

문제 4. 乙에 대한 피의자신문조서를 증거로 사용할 수 있는 방법

I. 문제제기

공범인 공동피고인에 대한 피의자신문조서를 공범인 다른 피고인에 대해 증거로 제출하는 경우 증거능력은 인정하기 위한 요건은 무엇인가? 본 사안에서와 같이 만약 원진술자인 공범이 증언과정에서 성립의 진정에 대해 진술거부권을 행사한다면 당해 조서의 증거능력은 어떻게 되고, 이를 인정하기 위한 검사의 조치는 무엇인가?

II. 공범에 대한 검사 작성 피의자신문조서의 증거능력

1. 형사소송법 제312조 제4항 적용

이에 대해 공범도 피고인과 동일하게 제312조 제1항을 적용하여야 한다는 입장과 비록 공범이라도 참고인과 같다는 점에서 동 제4항을 적용하여야 한다는 입장이 대립하고 있다. 공범자인 공동피고인의 진술에 대해 반대신문을 하여 법원이 그 진실성을 심사할 적정한 기회를 가지게 할 필요가 있다는 점에서 제312조 제4항을 적용하는 것이 타당하다.

> [참고판례]
> 피고인과 공범관계가 있는 다른 피의자에 대한 검사 이외의 수사기관 작성의 피의자신문조서는 그 피의자의 법정진술에 의하여 성립의 진정이 인정되더라도 당해 피고인이 공판기일에서 그 조서의 내용을 부인하면 증거능력이 부정된다.[257]

---

257) 대판 2004. 07. 15. 선고 2003도7185 전원합의체 판결

2. 증언거부권을 행사한 경우

형사소송법 제312조 제4항에 의할 때, 피고인이 부동의하면 원진술자인 공범인 피고인이 공판 기일에 출석하여 조서에 대해 성립의 진정을 인정하여야 조서의 증거능력이 인정된다. 이 경우 피고인신문 또는 증인으로 출석하여 진술거부권을 행사하면 어떻게 될까?

[다수의견]

법정에 출석한 증인이 형사소송법 제148조, 제149조 등에서 정한 바에 따라 정당하게 증언거부권을 행사하여 증언을 거부한 경우는 형사소송법 제314조의 '그 밖에 이에 준하는 사유로 인하여 진술할 수 없는 때'에 해당하지 아니한다고 하여 증거능력을 부정하고 있다.

[소수의견]

증거신청자인 검사의 책임 없이 해당 서류의 진정성립을 증명할 수 없게 된 경우로서 실체적 진실발견을 위하여 전문법칙의 예외를 인정할 필요가 있다는 점에서 제314조를 적용하여 증거능력을 인정하고 있다.

[다수의견]과 같이 증인으로 출석한 원진술자인 乙이 진술거부권을 행사하면 위 피의자신문조서는 성립의 진정이 부정되어 증거능력이 없게 된다.

3. 소결

[다수의견]에 의하면 제314조를 적용할 수 없어 증거능력이 부정되지만 소수의견에 의하면 제314조에 의해 증거능력이 인정된다.

[참고판례]

① 허위 공범으로 자백한 자의 증언거부권 유무[258]

공범에 대한 증인의 자격에서 증언을 하면서 그 공범과 함께 범행하였다고 허위의 진술을 한 경우에도 그 증언은 자신에 대한 유죄판결의 우려를 증대시키는 것이므로 「증언거부권의 대상」은 된다고 볼 것이다.

---

258) 대판 2012. 12. 13. 선고 2010도10028

② 확정판결을 받은 공범의 증언거부권 유무[259]

자신에 대한 유죄판결이 확정된 증인이 공범에 대한 피고사건에서 증언할 당시 앞으로 재심을 청구할 예정이라고 하여도, 이를 이유로 증인에게 형사소송법 제148조에 의한 증언거부권이 인정되지는 않는다.

III. 증거능력을 인정하는 방법

증거능력이 부정된다면 검사로서는 증거능력을 인정하기 위해 어떠한 조치가 필요한가?

1. 영상녹화물에 의한 성립의 진정 인정

형사소송법 제312조 제4항은 검사 작성의 피의자신문조서의 진정성립은 원진술자의 진술 외에도 '영상녹화물 또는 그 밖의 객관적인 방법에 의하여 증명'할 수 있다고 규정하고 있다. 따라서 검사는 乙에 대한 피의자신문조서 작성 당시의 영상녹화물을 제출하여 조서에 기재된 진술이 피고인이 진술한 내용과 동일하게 기재되어 있음을 증명할 수 있고, 증명이 되면 위 피의자신문조서의 증거능력이 인정된다.

2. 조사자의 증언

동 제312조 제4항의 '그 밖의 객관적인 방법'에 당시 조사자의 증언을 포함할 것인가? 영상녹화물 등 기계적인 방법에 한정된다는 〈제한설〉과 〈무제한설〉이 있다.

[하급심판례]
'그 밖의 객관적인 방법'에 해당하려면 형사소송법상 영상녹화물에 준하는 정도의 엄격한 객관성을 갖추어야 하고, 그와 같은 장치가 마련되어 있지 않은 조사자의 조사 및 그에 따른 증언은 '그 밖의 객관적인 방법'에 해당한다고 볼 수 없다.[260]

영상녹화물은 단순한 예시일 뿐이므로 제한 없이 신문에 참여하였던 변호인, 속기사, 조사자의 증언도 모두 포함된다고 보아야 한다(무제한설).

259) 대판 2011. 11. 24. 선고 2011도11994
260) 부산지판 2008. 04. 15. 선고 2008노131

〈무제한설〉에 따르면 검사는 신문에 참여한 조사자를 증인으로 신청하여 그 증언으로써 진정성립이 인정되면 피의자신문조서의 증거능력이 인정된다고 봄이 상당하다.

문제 5. (1) 영장 없는 강제채혈의 적법성

I. 문제제기

형사소송법은, 영장 없이 강제처분할 수 있는 예외적인 경우로서 체포현장(제216조 제1항)과 범죄현장(동 제3항), 긴급체포된 자에 대한 긴급대물처분(제217조)을 인정하고 있다. 본 사안에서 丁은 의식을 잃은 경우로서 도주 및 증거인멸의 우려가 없으므로 현행범이나 긴급체포의 요건을 갖추지 못하고, 형사소송법 제217조의 긴급대물처분도 인정되지 아니한다. 다만 피의자는 병원으로 응급 후송된 상태이므로 병원 응급실을 범죄현장에 준하여 영장 없이 강제채혈할 수 있는지 문제된다.

II. 범죄현장에서의 압수·수색에 준할 수 있는지

음주운전 중 교통사고 피의자가 의식불명으로 음주측정 및 혈액 채취의 동의를 받을 수 없는 긴급한 경우 준현행범인의 요건(형사소송법 제211조 제2항 제3호)을 갖추고 있고 범행 직후라면 현장에서 영장 없이 강제채혈할 수 있다.

> 후송된 병원을 형사소송법 제216조 제3항의 범죄현장에 준하는 것으로 보아 영장 없이 의사로 하여금 혈액을 채취하게 하여 이를 압수할 수 있다.[261]

III. 검토

음주 운전하여 사고를 내고 의식을 잃은 경우 丁에 대해 형사소송법 제217조 제3항에 의해 범죄현장에서 영장 없이 강제채혈할 수 있듯이 응급 후송된 병원도 이에 준하여 영장 없이 강제채혈할 수 있다. 다만 이 경우에도 사후에 지체 없이 영장을 받아야 한다(동 제216조 제3항 단서, 형사소송규칙 제58조, 제107조 제1항).

---

261) 대판 2012. 11. 15. 선고 2011도15258

I. 문제제기

공범에 대한 검사작성 피의자신문조서는 형사소송법 제312조 제1항설과 312조 제4항설의 대립이 있으나, 위에서 살펴본 바와 같이 제312조 제4항이 다수설이다. 이 경우 丁은 사망하였으므로 동법 제314조가 적용된다.

II. 제314조 적용

형소법 제314조는 특신정황을 요건으로 하여, 제312조 또는 제313조의 경우에 공판준비 또는 공판기일에 진술을 요하는 자가 사망·질병·외국거주·소재불명 그 밖에 이에 준하는 사유로 인하여 진술할 수 없는 때에는 그 조서 및 그 밖의 서류를 증거로 할 수 있다고 규정한다. 사안의 경우 丁이 사망하였으므로 위 피의자신문조서는 제314조에 의하여 증거능력이 인정될 것이다.

III. 특신상황의 존재

그 진술이 특히 신빙할 수 있는 상태 하에서 행하여진 때이어야 한다.

> 진술을 하였다는 것에 허위 개입의 여지가 거의 없고, 그 진술 내용의 신빙성이나 임의성을 담보할 구체적이고 외부적인 정황이 있는 경우를 가리킨다고 한다.[262]

최근 판례는 특신상황에 대해 엄격하게 적용하고 있다.

이러한 특신상황은 증거능력의 인정요건에 해당하므로 검사가 그 존재에 대해서 구체적으로 주장/증명하여야 하지만 이는 소송상의 사실에 관한 것이므로 엄격한 증명의 대상이 아닌 '자유로운 증명'으로 족하다.

〈입증의 정도〉

비록 자유로운 증명의 대상이라고 하더라도 입증의 정도는 원칙적으로 그러한 개연성이 있다는 정도로는 부족하고 '합리적인 의심'의 여지를 배제할 정도에 이르러야 한다.[263]

---

262) 대판 2007. 07. 27. 선고 2007도3798

〈합리적 의심의 여지〉

상호 진술이 어긋남에도 대질조사하지 않은 채 단순히 진술서만 제출한 점을 감안하면 합리적 의심의 여지를 배제할 정도의 증명력이 부족하다.[264]

문제 5. (3) 피의자 丁에 대한 검사의 처분

검사는 피의자 丁이 수사도중 사망하였으므로 검찰사건사무규칙 제69조 제3항 제4호에 의해 '공소권 없음'의 불기소처분을 하여야 한다.

문제 6. 영장담당판사의 기각에 대해 검찰의 불복방법

I. 문제제기

검사의 영장청구에 대해 영장담당판사가 영장을 기각하는 경우 이에 불복할 수 있는가? 일반적으로 법원의 결정에 대해서는 항고를 할 수 있고, 재판장과 수명법관의 처분에 대해서는 준항고할 수 있다. 그렇다면 영장담당판사의 처분에 대해 항고 또는 준항고는 가능한가?

II. 항고 여부

학설은, 수사기관은 구속영장을 재청구할 수 있음을 근거로 하는 부정설과, 영장재판도 법원의 결정이므로 항고 대상이 된다는 긍정설이 대립한다.

영장판사는 형소법 제402조의 수소법원에 해당하지 않고, 항고의 대상인 법원의 재판에도 해당하지 아니하므로 제402조의 항고가 불가능하다.[265]

---

263) 대판 2014. 04. 30. 선고 2012도725
264) 대판 2014. 04. 30. 선고 2012도725
265) 대결 2006. 12. 18. 자 2006모646

Ⅲ. 준항고 여부

형사소송법 제416조는 재판장 또는 수명법관의 구금, 보석 등에 관한 결정에 대하여 준항고를 규정하고 있다.

판례는 영장담당판사는 동조의 재판장 또는 수명법관이 아니므로 준항고할 수도 없다는 입장이다.[266]

Ⅳ. 입법적 재검토

판례에 따를 경우 영장담당판사의 처분에 대하여는 항고, 준항고 모두 불가능하고 다만 영장을 재청구할 수밖에 없다고 한다. 그러나 항고 또는 준항고 등 불복절차를 마련하여 사례 축적을 통한 일정한 구속기준 마련이 오히려 피의자 인권보장에도 기여할 것이다. 따라서 조건부 구속영장, 조건부 석방제도 등의 도입과 영장불복제도의 마련이 절실하다.

---

266) 대결 2006. 12. 18. 자 2006모646

증거방법과 자료			증거능력에 관한 적용법조
1. 공판준비기일, 공판기일에서의 법관작성 조서			제311조
2. 증거보전·기소전증인신문조서			제311조 후문
3. 법원의 당해사건 검증조서			제311조
4. 특히 특신상황하에서 작성된 서류			제315조 제3호
피고인의 진술	검사단계	피의자신문조서	제312조 제1항
		공범에 대한 피의자신문조서	제312조 제4항
		진술조서	제312조 제1항
		진술서	제312조 제5항, 제1항
		사진, 녹음테이프 등 기록	제312조 제1항
		조사과정에 작성된 영상녹화물	증거능력 없음, 제312조 제1항설
		조사자증언	제316조 제1항
	경찰단계	피의자신문조서	제312조 제3항
		공범에 대한 피의자신문조서	제312조 제3항, 4항설 있음
		진술조서	제312조 제3항
		진술서	제312조 제5항, 제3항
		사진, 녹음테이프등 기록	제312조 제3항
		조사과정에 작성된 영상녹화물	증거능력 없음, 제312조 제3항설
		조사자증언	제316조 제1항
	사적상황	진술서, 진술기재서면	제313조 제1항
		서류 이외 매체	동
		제3자의 증언	제316조 제1항
		컴퓨터파일, 출력물	제313조 제2항
		성폭력피해자의 조사과정에 작성된 영상녹화물	증거능력 없음
참고인	수사기관 앞 진술	진술조서	제312조 제4항
		진술서	제312조 제5항, 제4항
		서류 이외 기록매체	제312조 제4항
	그 외 사인간 진술 등	진술서, 진술기재서면	제313조 제1항
		서류 이외 매체	제313조 제1항
		컴퓨터파일, 출력물	제313조 제2항
		제3자증언	제316조 제2항
기타	검사 또는 사법경찰관의 검증조서		제312조 제6항
	검증조서에 첨부된 기록물		별도 증거능력 판단
	검증조서에 기재된 피의자의 진술(피의자 서명날인 없음)		증거능력 없음
	감정서		제313조 제2항

공무상 비밀누설, 증거위조교사, 압수수색의 관련성

형 법 총 론	증거위조 교사죄 성부
형 법 각 론	공무상 비밀누설, 부정처사후수뢰, 증거위조, 사용죄
형사소송법	압수수색의 관련성, 자백배제법칙, 주장적격, 법원에 대한 석방통지, 전문증거 여부
형사특별법	특가법(뇌물), 정보통신망법위반

설문

1. 피의자 甲은 미래창조부 정책과장으로 인터넷진흥원 조직개편과 예산을 담당하는 공무원으로서, 2013. 12. 28. 인터넷회사 직원인 피의자 丙으로부터 부탁을 받고, 부하 직원인 피의자 乙이 기안하여 보관 중인 '미래창조부 조직개편(안)'과 '2014년도 인터넷진흥원 예산(안)'을 건네받아 이메일로 송부해 주었다. 동 조직개편(안)은 공청회를 통해 알려진 것이지만 아직 확정되지 않은 내부서류이고, 예산안은 국회상임위에서 일부 수정된 정부안의 내부서류이다.

2. 피의자 甲은 그 대가로 그 무렵 전후해서 ○○골프장에서 5차례에 걸쳐 丙으로부터 골프 향응을 받았고, 평소 여러 차례 업무와 관련된 편의 제공 명목을 더해 丙에게 자신의 친구인 ○○은행 직원이 소개해 준 A명의 예금통장으로 3,000만원을 입금하라고 요구하여 丙으로부터 3,000만원을 송금받아 사용하였다.

3. 피의자 甲은 검찰에서 뇌물수수사건으로 수사가 개시되자 丙에게 '3,000만원은 차용금을 변제한 것으로 진술해 달라'고 부탁하고, 丙은 甲에게 차용증을 작성해 주었다. 이를 수사기관에 제출하였으나 실제로 甲은 丙에게 금원을 대여한 사실이 없다.

4. 검사는 피의자 甲을 긴급체포하면서 甲의 핸드폰을 압수하여 甲이 송부한 문자메시지 중 ① '챙겨줄게, 국장도 틀림없이 잘 챙겨줄 것이다' '조직개편안은

오픈할 성격은 아니다. 예산안도 대외 보안부탁' 등의 내용의 문자메시지를 사진촬영하고, 그 내용을 피의자 甲으로부터 확인을 받은 다음, 핸드폰은 돌려주었다.

5. 한편 검사는 丙에게 "뇌물을 주었다는 자백을 하면 입건하지 않겠다"는 말을 하였고, 丙은 이를 믿고 뇌물공여 사실을 자백하였다. 그 과정에서 검사는 丙으로부터 자백하는 취지의 진술서를 받고, 동인을 상대로 진술조서를 작성하였다.

6. 계속해서 丙으로부터 핸드폰을 임의제출받아 핸드폰 문자를 검색한 결과 피의자 甲 이외 당해 자료를 기안하여 보관 중인 정책과 기안담당자 乙과의 문자내역 중에서 乙에게서도 '선처 감사, 봉투 버리지 마세요'라는 내용의 문자메시지를 확보하였다.

7. 검사는 丙이 피의자 乙에게도 400만원을 주었다는 진술을 확보하고 이를 토대로 피의자 乙을 사무실에서 긴급체포하고, 체포과정에서 책상에 있던 메모철을 임의제출받았다. 丙으로부터 뇌물을 수수하였다는 2015년 3월경 작성된 메모지 중에서 ② '丙과 저녁, ○○도 참석'이라고 기재된 메모지를 압수하였다. 검사는 乙이 자백을 하자 구속영장을 청구하지 않고 석방하였다. 그 후 법원에 석방통지는 하지 않았다.

8. 법정에서 검찰 증인으로 출석한 丙는 수사과정에서의 진술을 모두 번복하면서 뇌물공여 사실을 전면 부정하였고, 피고인 乙은 丙을 그 무렵 만난 것은 인정하면서 자신의 메모지에 대해서는 성립의 진정을 인정하였다.

9. 그러자 검사는 丙의 회사직원 B를 불러 조사한 결과 "丙이 회사 경리부장인 피의자 丁을 횡령죄로 고발한다고 하자, 피의자 丁이 丙을 뇌물 준 사실로 수사당국에 찌르겠다고 한 적이 있다"는 진술을 청취하였다. 검찰에 소환된 피의자 丁은 "丙의 지시로 뇌물 금액을 마련해주었고, 뇌물을 준 것은 맞다"고 하고, 丙에게 ③ '횡령사실을 문제삼으면 나도 뇌물 준 거 고발하겠다'고 수회 전송한 자신의 핸드폰 문자메시지를 임의 제출하였다.

1. 피의자 甲, 乙, 丙, 丁의 형사책임은?(丁의 횡령죄는 제외함)

2. 검사는 피의자 丙에 대해서는 뇌물공여죄로 구약식 기소하였고, 벌금형이 선고·확정되었다. 검사는 丙을 甲에 대한 뇌물사건의 증인으로 증인신문하려 한다. 丙은 증언거부권을 행사할 수 있는가?

3. 다음 변호인들의 주장의 근거와 당부를 논하라.
   ① 피의자 甲의 변호인은 丙에 대한 진술서와 진술조서에 대해 증거능력을 부정하고 있다. 그 주장의 근거와 당부를 논하라.
   ② 피의자 乙의 변호사는, 「丙의 핸드폰 중 乙과의 문자메시지는 甲에 대한 뇌물공여 범죄사실과 관련성이 없는 것으로 증거능력이 없다」고 주장한다. 주장의 근거와 당부를 논하라.

4. 진술을 번복하는 丙에 대해 공판검사로서 조치할 수 있는 사항은 무엇인가? 만약 검사가 丙을 위증죄로 입건하여 조사하면서 작성한 피의자신문조서를 본 건 甲에 대한 뇌물수수죄의 증거로 사용할 수 있는가?

5. 뇌물공여자인 丙에 대한 조서에 대해 공동피고인인 피고인 甲은 부동의하고, 피고인 乙은 이를 동의하였다면 법원은 丙에 대한 진술서나 진술조서에 대한 증거 조사방법은 어떻게 할 것인가?

6. 다음 각 문자메시지의 증거능력은?
   ① 甲의 뇌물수수죄에 대한 甲의 핸드폰 문자메시지
   ② 乙의 뇌물수수죄에 대한 乙의 메모지
   ③ 丁의 협박에 대한 丁의 핸드폰 문자메시지

문제 1. 甲, 乙, 丙, 丁의 형사책임

I. 甲의 형사책임

1. 문제제기

甲은 피의자 乙이 기안하여 보관 중인 '미래창조부 조직개편(안)'과 '2014년도 인터넷진흥원 예산(안)'을 A에게 이메일로 송부해 주었다. 이 경우 공무상비밀누설죄로 의율할 수 있는가? 특히 위 조직개편안이나 예산안이 법령에 의한 직무상 비밀에 해당하는지 문제된다.

그 후 향응을 접대받았다면 부정처사후수뢰죄에 해당하는데, 3,000만원을 넘는다면 특정범죄가중처벌등에관한특례법위반죄가 되는지 문제가 된다.

2. '조직개편안'과 '예산안'을 유출한 행위

1) 문제제기

공무상 비밀누설죄는, 공무원이나 공무원이었던 자가 법령에 의한 직무상 비밀을 누설함으로서 성립한다(형법 제127조). 보호법익에 대해서는 공무상의 비밀과 공무소에 대한 일반인의 신뢰나 비밀엄수의 의무위반이라는 입장도 있지만 판례와 통설은 비밀누설로 인하여 위협을 받는 국가기능이라고 한다.

그렇다면 이러한 문서의 유출이 '법령에 의한 직무상 비밀'에 해당하는지가 문제된다.

2) 법령에 의한 직무상비밀누설에 해당하는지

'법령에 의한 직무상 비밀'에 대해 학설은, ① 반드시 법령에 의하여 비밀로 규정되었거나 비밀로 분류 명시된 사항에 한한다는 입장과 이에 한정되지 않고 객관적, 일반적으로 ② 외부에 알리지 않음으로써 국가에 상당한 이익이 되는 것도 포함할 것인지 대립은 있다.

> 판례[267]는, 후설에 따라 「정치, 군사, 외교, 경제, 사회적 필요에 따라 비밀로 된 사항은 물론 정부나 공무소 또는 국민이 객관적, 일반적인 입장에서 외부에 알려지지 않

는 것에 상당한 이익이 있는 사항도 포함하나, 실질적으로 그것을 비밀로서 보호할 가치가 있다고 인정할 수 있는 것이어야 한다」고 하고 있다.

[인정례]

'검찰 등 수사기관이 특정 사건에 대하여 수사를 진행하고 있는 상태에서, 수사기관이 현재 어떤 자료를 확보하였고 해당 사안이나 피의자의 죄책, 신병처리에 대하여 수사 책임자가 어떤 의견을 가지고 있는지 등의 정보는, 그것이 수사의 대상이 될 가능성이 있는 자 등 수사기관 외부로 누설될 경우 피의자 등이 아직까지 수사기관에서 확보하지 못한 자료를 인멸하거나, 수사기관에서 파악하고 있는 내용에 맞추어 증거를 조작하거나, 허위의 진술을 준비하는 등의 방법으로 수사기관의 범죄수사 기능에 장애를 초래할 위험이 있는 점에 비추어 보면, 해당 사건에 대한 종국적인 결정을 하기 전까지는 외부에 누설되어서는 안 될 수사기관 내부의 비밀에 해당한다'[268]고 한다.

[부정례]

"재산의 소유 주체에 관한 정보에 불과한 자동차 소유자에 관한 정보를 정부나 공무소 또는 국민이 객관적, 일반적인 입장에서 외부에 알려지지 않는 것에 상당한 이익이 있는 사항으로서 실질적으로 비밀로 보호할 가치가 있다거나, 그 누설에 의하여 국가의 기능이 위협받는다고 볼 수 없고, 경찰청 소속 차량으로 잠복수사에 이용되는 경우 소속이 외부에 드러나지 말아야 할 사실상의 필요성이 있다는 사정만으로 달리 볼 것이 아니다"[269]고 한다.

3) 소결

본 건 조직개편(안)은 아직 확정되지 않은 내부안건이라고 하지만 공청회를 통해 알려진 것이고, 이것이 외부에 공개되더라도 정책 로비나 인사대상자에 대한 사전 로비 등의 사실상 이익이 있을 수 있지만, 이러한 자료의 유출만으로는 정부조직의 개편이나 기능상 침해 또는 훼손이 우려된다거나 어떤 국가 기능이 위협을 받는다고 보기 어렵고, 예산(안)은 국회상임위에서 일부 수정된 정부안의 내용에 관한 내부 서류라고 하지만 이미 국회의안정보시스템을 통해 상당 부분 공개되어 있는 문서이고, 일부 외부에 드러나지 말아야 할 사실상의 필요성이 있다는 점만으로 실질

---

267) 대판 2012. 03. 15. 선고 2010도14734
268) 대판 2007. 06. 14. 선고 2004도5561
269) 대판 2012. 03. 15. 선고 2010도14734

적으로 비밀로서 보호할 가치 있는 '공무상 비밀'에 해당한다고 보기 어렵다.

결국 양자를 이메일로 송부해준 행위가 공무상비밀누설죄에 해당한다고 할 수 있다.

3. 丙으로부터 금품을 수수한 행위

1) 문제제기

뇌물수수죄에 해당한다는 데에는 문제가 없다. 그렇다면 부정처사후수뢰죄에 해당하는가? 아니면 뇌물수수죄에 그치는지가 문제가 된다. 나아가 3,000만원을 상회하는 경우로서 특가법위반이 되는지 문제된다.

2) 부정처사후수뢰죄 또는 뇌물수수죄의 성부

위와 같이 법령에 의한 직무상 비밀에는 해당하지 않는다고 하더라도 사실상 이익이 되는 자료를 비공식적으로 건네주고 그에 대한 대가로 수수한 것이라면 직무와 관련한 금품수수이므로 뇌물수수죄에 해당한다.

> 판례[270]도 '직무'에는 법령에 정하여진 직무뿐만 아니라 그와 관련 있는 직무, 과거에 담당하였거나 장래에 담당할 직무 외에 사무분장에 따라 현실적으로 담당하지 않는 직무라도 법령상 일반적인 직무권한에 속하는 직무 등 공무원이 그 직위에 따라 공무로 담당할 일체의 직무를 포함하고 있다.

그렇다면 이러한 자료를 제공해 주고 그 대가로 받은 것이라면 부정처사후수뢰죄에 해당하는가? 여기서 '부정처사'의 개념에 대해서는 적극적, 소극적으로 그 직무에 위배하는 일체의 부정한 행위를 말하며, 이로 인해 국가나 공공단체에 현실적인 손해의 야기를 요하지 않는다.

한편 직무상 '위배'는 법규위반행위는 물론이지만 직무상 의무에 위반한 재량권

---

270) 대판 2003. 06. 13. 선고 2003도1060(경찰관이 행하는 직무 중의 하나로 '범죄의 예방·진압 및 수사'를 들고 있고, 이와 같이 범죄를 예방하거나, 진압하고, 수사하여야 할 일반적 직무권한을 가지는 피고인이 도박장개설 및 도박범행을 묵인하고 편의를 봐주는 데 대한 사례비 명목으로 금품을 수수하고, 나아가 도박장개설 및 도박범행사실을 잘 알면서도 이를 단속하지 아니하였다면, 이는 경찰관으로서 직무에 위배되는 부정한 행위를 한 것이라 할 것이고, 비록 피고인이 이 사건 범행 당시 원주경찰서 교통계에 근무하고 있어 도박범행의 수사 등에 관한 구체적인 사무를 담당하고 있지 아니하였다 하여도 달리 볼 것은 아니라고 할 것이다)

의 일탈행위를 포함하는 위법한 행위이어야 한다.

> 판례[271]도 "과세 대상에 관한 규정이 명확하지 않고 그에 관한 확립된 선례도 없었
> 던 경우, 공무원이 주식회사로부터 뇌물을 받은 후 관계 법령에 대한 충분한 연구,
> 검토 없이 위 회사에 유리한 쪽으로 법령을 해석하여 감액 처분하였더라도 위 감액
> 처분이 〈위법〉하지 않으면 그 공무원이 수뢰 후 '부정한 행위'를 한 것으로서 수뢰후
> 부정처사죄를 범하였다고 볼 수는 없다"고 한다.

본 건과 같이 법령에 의해 직무상 비밀에 해당하지 않는 자료를 유출한 것이 특
별히 '위법'한 행위라고 할 수 없다면 '부정처사' 행위에 해당한다고 할 수 없다. 그
렇다면 단순 뇌물수수죄에 해당한다.

3) 특정범죄가중처벌등에관한특례법위반 여부

뇌물수수죄를 구성하고, 금액이 3,000만원을 초과한 이상 특가법상의 뇌물수수
죄에 해당한다.

> 부정처사후수뢰죄에 해당한다고 하더라도 특가법위반에 해당한다.[272]

뇌물로 수수한 금액과 골프장 접대비 상당액에 대해서는 몰수 또는 추정의 대상
이 된다.

4) 소결

피고인 甲이 丙으로부터 금품 수수한 행위는 특가법상 뇌물수수죄가 성립한다.

4. 丙에게 증거위조를 조작하도록 교사한 행위

1) 문제제기

증거위조죄에서 '위조'는 작성권한의 유무나 문서내용의 진부는 문제되지 않는
다. 그렇다면 본 건에서와 같이 丙이 자신 명의 차용증을 만들어 허위사실을 진술하

---

271) 대판 1995. 12. 12. 선고 95도2320
272) 대판 2004. 03. 26. 선고 2003도8077

기 위한 수단으로 수사기관에 제출한 경우에도 이에 해당하는가?

타인의 형사사건 또는 징계사건에 관한 증거를 인멸, 은닉, 위조 또는 변조한 증거를 사용한 자는 증거인멸의 죄에 해당한다(형법 제155조①). 따라서 피고인 甲이 자신에게 불리한 형사사건의 증거를 위조하는 행위는 증거위조죄에 해당하지 않는다. 그러나 이를 타인에게 위조하도록 교사하는 행위는 어떤가?

2) 새로운 증거의 '위조'에 해당하는가?

존재하지 아니한 증거를 이전부터 존재하고 있는 것처럼 작출하는 행위도 증거위조에 해당한다. 증거가 문서의 형식을 갖는 경우 증거위조죄에 있어서의 증거에 해당하는지 여부가 그 작성권한의 유무나 내용의 진실성에 좌우되는 것은 아니다. 다만 허위의 진술을 대신하여 진술서나 사실확인서를 작성하여 제출하는 정도에 그친 경우에는 새로운 증거의 창조에 해당하지 않는다.

> [부정례]
> 단순히 참고인이 타인의 형사사건 등에서 직접 진술 또는 증언하는 것을 대신하거나 그 진술 등에 앞서서 허위의 사실확인서나 진술서를 작성하여 수사기관 등에 제출하거나 또는 제3자에게 교부하여 제3자가 이를 제출한 것은 참고인이 수사기관에서 허위의 진술을 하는 것과 차이가 없으므로, 증거위조죄를 구성하지 않는다.[273]

> [인정례]
> 참고인의 허위 진술이 담긴 대화 내용을 녹음한 녹음파일 또는 이를 녹취한 녹취록을 만들어 내는 행위는—허위의 사실확인서 등에 비하여 수사기관 등을 그 증거가치를 판단함에 있어 오도할 위험성을 현저히 증대시킨다고 할 것이므로, 이러한 행위는 허위의 증거를 새로이 작출하는 행위로서 증거위조죄에서 말하는 '위조'에도 해당한다고 봄이 상당하다.[274]

본건에서와 같이 수사기관에서 허위의 진술을 하는 정도에 그치지 않고 이전부터 존재하지 않은 문서를 작출한 행위로서 비록 자기 명의 문서라도 위조행위에 해당하고 이를 수사기관에 제출하였으므로 위조증거사용죄가 성립한다.

---

273) 대판 2011. 07. 28. 선고 2010도2244; 동 2015. 10. 29. 선고 2015도9010
274) 대판 2013. 12. 26. 선고 2013도8085

3) 증거위조교사죄의 성부

그렇다면 이러한 丙에 대해 자신의 형사사건에 관한 증거를 위조하도록 교사한 행위에 대해서는 증거위조교사죄를 성립하는가? 이에 대해 학설은 〈긍정설〉과 〈부정설〉로 나뉜다.

> 판례[275]는 "공문 작성일자로 기재된 날에 실제 존재하지 아니한 문서를 그 당시 존재하는 것처럼 작출하는 것으로서 문서의 작성 명의, 내용의 진위 여부에 불구하고 증거위조 행위에 해당하고, 자신의 형사사건에 관하여 제3자에게 증거위조 및 위조증거의 사용을 교사한 이상 나중에 기부금 횡령 사건에 관하여 불기소처분을 받았다고 하더라도 증거위조교사죄 및 위조증거사용교사죄가 성립된다"고 하여 긍정설에 따르고 있다.

타인을 교사한 경우는 위증교사죄[276]와 같이 자기 비호의 범위를 초과하는 행위로서 증거위조와 위조증거사용죄의 교사죄가 성립된다는 긍정설이 타당하다.

II. 乙의 형사책임

乙 또한 직무와 관련하여 丙으로부터 400만원을 수수하였으므로 형법상 뇌물수수죄에 해당한다. 당연히 뇌물금액은 몰수 또는 추징의 대상이 된다.

III. 丙의 형사책임

1. 증거위조죄, 동 사용죄 성립

위에서 살펴본 바와 같이 수사기관에서 허위의 진술을 하는 정도에 그치지 않고 이전부터 존재하지 않은 문서를 작출한 행위로서 비록 자기 명의 문서라도 위조행위에 해당하고 이를 수사기관에 제출하였으므로 丙에게는 증거위조죄와 동 사용죄가 성립한다.

---

275) 대판 2011. 02. 10. 선고 2010도15986

276) 자기의 형사사건에 관하여 타인을 교사하여 위증죄를 범하게 하는 것은 이러한 방어권을 남용하는 것이라고 할 것이어서 교사범의 죄책을 부담케 함이 상당할 것이다(대판 2004. 01. 27. 선고 2003도5114)

2. 비밀누설죄의 교사죄 성부

甲에게 비밀누설죄가 성립한다면 상대방인 丙에 대해서는 비밀누설죄의 교사죄가 성립하는가? 2인 이상의 서로 대향된 행위의 존재를 필요로 하는 대향범에 대하여는 공범에 관한 형법총칙 규정이 적용될 수 없다는 것이 판례의 입장이다.

> 직무상 비밀을 누설한 행위와 그 비밀을 누설받은 행위는 대향범 관계에 있다고 할 것인데, 형법 제127조는 공무원 또는 공무원이었던 자가 법령에 의한 직무상 비밀을 누설하는 행위만을 처벌하고 있을 뿐 직무상 비밀을 누설받은 상대방을 처벌하는 규정이 없는 점에 비추어, 직무상 비밀을 누설받은 자에 대하여는 공범에 관한 형법총칙 규정이 적용될 수 없다고 봄이 상당하다.[277]

따라서 비밀누설죄의 교사범은 성립하지 않는다. 본 사안에서는 甲에게 동 죄가 성립하지 않으므로 교사죄는 문제되지 않는다.

3. 뇌물공여죄

직무와 관련하여 甲과 乙에게 뇌물을 교부하였으므로 뇌물공여죄가 성립한다.

IV. 丁의 형사책임

1. 문제제기

丁의 행위는 '자신의 횡령사실을 문제삼으면 자신도 뇌물 준 것에 대해 고발하겠다'는 내용을 고지한 것으로 협박죄를 구성하는가? 그 이외 정보통신망법위반죄와는 어떤 관계인가 문제된다.

2. 협박죄 성부

협박죄는 일반적으로 그 상대방이 된 사람으로 하여금 공포심을 일으키기에 충분한 정도의 해악을 고지하는 것으로, 그러한 해악의 고지에 해당하는지 여부는 행위자와 상대방의 성향, 고지 당시의 주변 상황, 행위자와 상대방 사이의 관계·지위,

---

277) 대판 2011. 04. 28. 선고 2009도3642

그 친숙의 정도 등 행위 전후의 여러 사정을 종합하여 판단되어야 한다.[278]

> 이러한 해악의 고지가 비록 정당한 권리의 실현 수단으로 사용된 경우라고 하여도 그 권리실현의 수단·방법이 사회통념상 허용되는 정도나 범위를 넘는다면 협박죄에 해당한다. 이를 판단함에 있어서는 추구된 목적과 선택된 수단을 전체적으로 종합하여 판단하여야 한다.[279]

따라서 본 건과 같이 비록 '뇌물죄로 고발한다'는 내용이 정당한 것이라고 하더라도 자신의 횡령사실을 '무마해 달라'는 목적과 수단을 고려하면 사회통념상 허용되는 범위를 넘는 것이어서 협박죄를 구성한다고 봄이 상당하다.

3. 정보통신망 이용촉진 및 정보보호 등에 관한 법률(이하 '정보통신망법'이라 한다)

丁은 위와 같이 정보통신망을 이용하여 공포심이나 불안감을 유발하는 문자메시지를 '반복적'으로 상대방에게 도달하게 하였으므로 정보통신방법 제74조 제1항 제3호, 제44조의7 제1항 제3호 위반이 된다.

4. 소결

수회의 협박행위는 1개의 포괄적인 협박행위와 1개의 정보통신망법위반죄에 해당하며 양죄는 기수시기와 법익이 다르므로 실체적 경합관계에 있다.

문제 2. 확정판결을 받은 자의 증언거부권 유무

1. 문제제기

누구든지 자기나 일정한 친족관계 등에 있는 자가 형사소추 또는 공소제기를 당하거나 유죄판결을 받을 사실이 발로될 염려 있는 증언을 거부할 수 있고(형사소송법 제148조), 증인이 이에 해당하는 경우에는 재판장은 신문 전에 증언을 거부할 수 있음을 설명하여야 한다(제160조).

---

278) 대판 2012. 08. 17. 선고 2011도10451
279) 대판 2013. 09. 13. 선고 2013도6809

여기서 '유죄판결을 받을 사실이 발로될 염려 있는 증언'이라 함은 비록 확정판결을 받은 자라도 추후 재심 등에 의해 구제받을 기회를 잃게 되는 경우도 포함되는가?

2. 확정판결을 받은 자

이미 유죄의 확정판결을 받은 경우에는 헌법 제13조 제1항에 정한 일사부재리의 원칙에 의해 다시 처벌받지 아니하므로 자신에 대한 유죄판결이 확정된 증인은 공범에 대한 사건에서 증언을 거부할 수 없다. 판례[280]도 같은 입장이다.

> 피고인이 마약류관리에 관한 법률 위반(향정)죄로 이미 유죄판결을 받아 확정된 후 별건으로 기소된 공범 갑에 대한 공판절차의 증인으로 출석하여 허위의 진술을 한 사안에서, 피고인에게 증언을 거부할 권리가 없으므로 증언에 앞서 증언거부권을 고지 받지 못하였더라도 증인신문절차상 잘못이 없다고 판단하여 위증죄를 인정한 원심판단을 수긍하였다.

> **[참고판례-허위자백한 공범의 경우]**
> 범행을 하지 아니한 자가 범인으로 공소제기가 되어 피고인의 지위에서 범행사실을 허위자백하고, 나아가 공범에 대한 증인의 자격에서 증언을 하면서 그 공범과 함께 범행하였다고 허위의 진술을 한 경우에도 그 증언은 자신에 대한 유죄판결의 우려를 증대시키는 것이므로 증언거부권의 대상은 된다고 볼 것이다. 다만 그 경우는 자신이 하지 아니한 범행을 오히려 했다고 진술하는 것으로서 자기부죄거부의 특권이 인정되는 본래 모습과는 상당한 차이가 있으므로, 이는 증언거부권을 고지받았으면 증언을 거부하였을지 여부, 즉 증언거부권의 행사에 사실상 장애가 초래되었다고 볼 수 있는지를 판단함에 있어 중요한 요소로 고려함이 마땅하다.[281]

3. 소결

결국 확정판결을 받은 丙은 증언거부권의 주체가 될 수 없다는 것이 판례 입장이고 타당하다.

---

280) 대판 2011. 11. 24. 선고 2011도11994
281) 대판 2012. 12. 13. 선고 2010도10028

I. 丙의 진술서와 진술조서의 증거능력

1. 문제제기

A는 검사의 '입건하지 않겠다'는 선심제공에 의해 자백을 하였으므로 임의성이 없는 자백으로 형사소송법 제309조의 자백배제법칙에 의해 자백의 증거능력은 부정되어야 한다고 주장할 수 있는가? 나아가 丙에 대한 진술서와 진술조서에는 조사과정기록조서가 첨부되지 않았다. 이러한 경우 동 서면등의 증거능력은 부정될 것인가? 이러한 丙에 대한 위법에 대해 타인인 甲이 주장적격을 가지는지도 함께 검토한다.

2. 선심제공과 임의성 없는 자백배제

1) 변호인의 주장

형사소송법 제309조는 임의성이 없는 자백에 대해서는 증거능력을 배제하고 있다. 여기서 검사가 사실대로 진술하면 뇌물공여죄로 입건하지 않겠다는 약속은 선심제공에 해당할 수 있다. 그렇다면 형사소송법 제309조에 의해 자백은 증거능력이 배제된다고 주장할 수 있다. 배제된다면 형사소송법 제317조 제1항에 의해 제3자인 甲이 자신의 뇌물수수죄에 증거로 사용할 수 없다고 주장할 수 있다.

2) 주장의 당부

형사소송법은 기소편의주의를 규정하고 있다(제247조). 검사는 범죄혐의가 인정되더라도 형사정책적인 측면에서 입건하지 않을 수 있다. 검사가 뇌물공여사실이 인정되더라도 상대방인 뇌물수수자만 입건하고 뇌물공여자는 입건하지 않을 수 있고, 그러한 합리적인 권한범위 내의 약속이라면 이를 믿고 A가 공여사실을 자백하였다고 하더라도 임의성이 없는 자백이라고 하여 증거능력을 배제할 것은 아니다.

다만 기소편의주의를 남용하는 경우에는 임의성이 배제될 수 있다.

판례[282]는, "피고인이 처음 검찰조사 시에 범행을 부인하다가 뒤에 자백을 하는 과정에서 금 200만원을 뇌물로 받은 것으로 하면 특정범죄가중처벌등에관한법률 위반으로 중형을 받게 되니 금 200만원 중 금 30만원을 술값을 갚은 것으로 조서를 허위 작성한 것이라면 이는 단순 수뢰죄의 가벼운 형으로 처벌되도록 하겠다고 약속하고 자백을 유도한 것으로 위와 같은 상황 하에서 한 자백은 그 임의성에 의심이 가고 따라서 진실성이 없다는 취지에서 이를 배척하였다 하여 자유심증주의의 한계를 벗어난 위법이 있다고는 할 수 없다"고 한다.

이는 「특별법 우선적용원칙」에 위배되는 것이고 허위 문서까지 작성한 것이라면 기소편의주의를 남용한 것으로 법률상 허용되지 않는 약속이라고 하여야 할 것이다.

3. 조사과정기록 미첨부와 위법수집증거능력

1) 변호인의 주장

형사소송법 제312조 제4항은 검사 또는 사법경찰관이 피고인이 아닌 자의 진술을 기재한 조서의 증거능력이 인정되려면 '적법한 절차와 방식에 따라 작성된 것'이어야 한다고 규정하고 있다. 제244조의4 제3항, 제1항에서 검사 또는 사법경찰관이 피의자가 아닌 자를 조사하는 경우에는 피의자를 조사하는 경우와 마찬가지로 조사장소에 도착한 시각, 조사를 시작하고 마친 시각, 그 밖에 조사과정의 진행경과를 확인하기 위하여 필요한 사항을 조서에 기록하거나 별도의 서면에 기록한 후 수사기록에 편철하여야 한다고 규정하고 있다.

그리고 형사소송법 제312조 제5항에 의해 피고인이 아닌 자가 수사과정에서 작성한 진술서의 증거능력에 관하여도 그대로 적용된다고 할 것이다.

따라서 피고인이 아닌 자가 수사과정에서 진술서를 작성하였지만 수사기관이 그에 대한 조사과정을 기록하지 아니하여 형사소송법 제244조의4 제3항, 제1항에서 정한 절차를 위반한 경우에는, 특별한 사정이 없는 한 '적법한 절차와 방식'에 따라 수사과정에서 진술서가 작성되었다 할 수 없으므로 그 증거능력을 인정할 수 없다.

2) 주장의 당부

피고인이 아닌 자가 수사과정에서 진술서를 작성하였지만 수사기관이 그에 대한 조사과정을 기록하지 아니하여 형사소송법 제244조의4 제3항, 제1항에서 정한 절차를 위반한 경우에는, 특별한 사정이 없는 한 '적법한 절차와 방식'에 따라 수사과정에서 진술서가 작성되었다 할 수 없으므로 그 증거능력을 인정할 수 없다.[283]

---

282) 대판 1984. 05. 09. 선고 83도2782
283) 대판 2015. 04. 23. 선고 2013도3790

따라서 변호인의 주장은 이유 있다.

4. 주장적격의 문제

위법수집증거의 증거배제를 주장할 수 있는 자에 대해 당해 권리를 침해당한 사람이 자신의 유죄의 증거로 사용할 수 없다는 〈제한설〉과, 누구든지 주장할 수 있다는 〈무제한설〉의 대립이 있다.

> 판례[284]는 「유흥주점 업주와 종업원인 피고인들이 이른바 '티켓영업' 형태로 성매매를 하면서 금품을 수수하였다고 하여 구 식품위생법 위반으로 기소된 사안에서, 경찰이 피고인 아닌 갑, 을을 사실상 강제 연행한 상태에서 받은 각 자술서 및 이들에 대하여 작성한 각 진술조서는 위법수사로 얻은 진술증거에 해당하여 증거능력이 없다는 이유로, 이를 피고인들에 대한 유죄 인정의 증거로 삼을 수 없다」고 하여 무제한설의 입장을 취하고 있다.

甲의 변호인은, 조사과정의 기록조서가 첨부되지 않는 丙의 진술서나 진술조서가 절차에 위배한 것이라면 자신의 범행에 대한 증거로 사용할 수 없다는 주장을 할 수 있다.

II. 핸드폰의 임의제출과 범죄 관련성 유무 판단

1. 문제제기

임의제출받은 丙의 핸드폰에 대해서는 핸드폰에 기억된 모든 내용을 증거로 사용하는 데 동의하였다고 할 것인가? 그렇지 않고 임의제출한 범죄사실과 관련 있는 증거에 한한다고 한다면 丙이 임의제출한 핸드폰에서 나온 乙에 대한 뇌물수수사건에 증거로 사용할 수 있는가?

2. 乙의 변호인의 주장과 근거

乙의 변호인은 丙의 핸드폰에서 나온 乙에 대한 뇌물공여 증거는 丙의 甲에 대한 뇌물공여와 별개의 사건으로 형사소송법 제106조 제1항이 규정하는 '피고사건' 내

---

284) 대판 2011. 06. 30. 선고 2009도6717

지 같은 법 제215조 제1항이 규정하는 '해당 사건'과 '관계가 있다고 인정할 수 있는 것'에 해당하지 않으므로 丙의 핸드폰에서 추출된 乙에 대한 뇌물공여 사실에 대한 자료는 위법하게 수집된 증거로서 형사소송법 제308조의2에 의해 乙에 대한 뇌물공여사건의 증거로 사용할 수 없다고 주장할 수 있다.

> 판례도, 피의자 甲의 공직선거법 위반 범행을 영장 범죄사실로 하여 발부받아 A의 핸드폰을 압수·수색영장의 집행 과정에서 A, 乙 사이의 대화가 녹음된 녹음파일 압수하여 A, 乙의 공직선거법 위반 혐의사실을 발견한 사안에서, 형사소송법 제106조 제1항이 규정하는 '피고사건' 내지 같은 법 제215조 제1항이 규정하는 '해당 사건'과 '관계가 있다고 인정할 수 있는 것'에 해당하지 않는 乙에 대한 공직선거법위반 사건에 대한 증거로 사용할 수 없다[285]고 하고 있다.

위 판례는, 압수수색 영장에 의한 것이지만, 본 건과 같이 丙으로부터 임의제출받은 경우에도 임의제출받은 범죄사실과 관련성이 있는 것에 한하여 증거로 사용할 수 있으며, 관련성이 없는 증거는 위법하게 수집한 것이라고 하여야 한다.

3. 변호인 주장의 당부

본 건은 丙의 대형건축물 신축, 준공과정에서 전결권자인 도시계획국장 甲에게 뇌물을 공여한 사건이고, 乙은 당해 준공과정의 결재선상에 있는 주택과장이므로 甲에 대한 뇌물공여사건과 동종 유사의 범행으로서 관련성을 부정할 수 없을 것이다.

> 판례 또한 "압수의 대상을 압수·수색영장의 범죄사실 자체와 직접적으로 연관된 물건에 한정할 것은 아니고, 압수·수색영장의 범죄사실과 기본적 사실관계가 동일한 범행 또는 동종·유사의 범행과 관련된다고 의심할 만한 상당한 이유가 있는 범위 내에서는 압수를 실시할 수 있다"[286]고 한다.

본 건에서 丙의 대형건물의 준공과정에서 도시계획국장인 피의자 甲에 대한 뇌물공여나 주택과장인 乙에 대한 뇌물공여는 기본적인 사실관계가 동일하다고 할

---

285) 대판 2014. 01. 16. 선고 2013도7101
286) 대판 2009. 07. 23. 선고 2009도2649

수는 없지만, 동종, 유사 범행이라고 판단되므로 관련성이 인정된다고 할 수 있고, 이 점에서 변호인의 주장은 이유 없다.

문제 4. 진술을 번복하는 경우 공판검사의 조치사항

I. 문제제기

피고인이 동의하지 않은 상 피의자 또는 참고인에 대한 수사기관 작성 조서에 대해 증거능력을 부여하기 위해서는 당해 진술인을 증인으로 증거조사를 신청할 수 있다. 이 경우 당해 증인이 법정에서 수사기관의 진술과 다른 진술을 하는 경우 검사의 조치내용은 무엇인가? 이에 대해 형사소송법과 형사소송규칙의 해당 조문과 공판중심주의, 이에 대한 법원의 판례동향을 검토할 필요가 있다. 만약 丙에 대해 위증죄로 입건하여 피의자신문조서를 작성하였다면 당해 조서의 증거능력은 어떠한가?

II. 진술을 번복하는 경우 검사의 조치

1. 진술조서 중 진정성립이 인정되는 부분에 대한 특정

피고인 또는 변호인이 검사작성의 피고인에 대한 피의자 신문조서에 기재된 내용이 피고인이 진술한 내용과 다르다고 진술한 경우, 피고인 또는 변호인은 당해 조서 중 피고인이 진술한 부분과 같게 기재되어 있는 부분과 다르게 기재되어 있는 부분을 구체적으로 특정하여야 한다(형사소송규칙 제134조 제3항).

> 피고인 또는 참고인이 법정에서 진술을 번복하면 수사기관 작성 조서 중 어느 부분이 진술한 대로 기재되어 있고, 어느 부분이 진술한 내용과 다른 것인지를 구체적으로 심리하여 증거능력을 따져보아야 한다.[287]

본 건과 같이 피의자가 아닌 참고인 丙의 경우에도 진술한 부분과 같게 기재되어 있는 부분과 다르게 기재되어 있는 부분을 구체적으로 특정하도록 증인 신문하여

---

287) 대판 2001. 04. 27. 선고 99도484

야 한다.

동일하게 기재되어 있다고 하는 부분은 증거능력이 인정된다.

2. 영상녹화물에 의한 성립의 진정 인정

진술인이 다르게 기재되어 있다고 하는 부분에 대해서는, 형사소송법 제312조 제4항에 의해 영상녹화물에 의해 성립의 진정을 인정받을 수 있다. 따라서 검사는 영상녹화물에 대한 증거조사신청을 할 수 있다. 형사소송규칙 또한 검사는 피의자가 아닌 자가 공판준비 또는 공판기일에서 조서가 자신이 검사 또는 사법경찰관 앞에서 진술한 내용과 동일하게 기재되어 있음을 인정하지 아니하는 경우 그 부분의 성립의 진정을 증명하기 위하여 영상녹화물의 조사를 신청할 수 있다(제134조의3)고 하고 있다.

3. 조사관의 증인신청

1) 성립의 진정 인정 여부

검사가 丙을 조사할 당시 입회한 수사관을 증인 신청하여 검사작성 조서의 성립의 진정을 인정하게 할 수 있는가? 수사관의 인증이 영상녹화물에 준하는 객관적인 자료에 해당하는지에 대해서 다툼은 있지만 부정할 이유는 없다고 판단된다.

2) 전문진술로서의 증언

나아가 조사관이 형사소송법 제316조 제2항에 의해 전문진술을 청취할 수 있다. 그러나 원진술자가 사망, 질병, 외국거주,[288] 소재불명 그 밖에 이에 준하는 사유로 인하여 진술할 수 없고, 그 진술이 특히 신빙할 수 있는 상태 하에서 행하여졌음이 증명된 때에 한하여 이를 증거로 할 수 있다. 본 건에서와 같이 증인으로 출석한 경우에는 증거로 사용할 수 있다.

---

288) 진술을 요하는 자가 외국에 거주하고 있어 공판정 출석을 거부하면서 공판정에 출석할 수 없는 사정을 밝히고 있더라도 증언 자체를 거부하는 의사가 분명한 경우가 아닌 한 거주하는 외국의 주소나 연락처 등이 파악되고, 해당 국가와 대한민국 간에 국제형사사법공조조약이 체결된 상태라면 우선 사법공조의 절차에 의하여 증인을 소환할 수 있는지를 검토해 보아야 하고, 소환을 할 수 없는 경우라도 외국의 법원에 사법공조로 증인신문을 실시하도록 요청하는 등의 절차를 거쳐야 하고, 이러한 절차를 전혀 시도해 보지도 아니한 것은 가능하고 상당한 수단을 다하더라도 진술을 요하는 자를 법정에 출석하게 할 수 없는 사정이 있는 때에 해당한다고 보기 어렵다(대판 2016. 02. 18. 선고 2015도17115).

4. 탄핵증거로 사용 여부

1) 문제제기

진술을 번복하고, 성립의 진정이 부정되는 참고인 A에 대한 검사작성 진술조서를 丙의 법정진술을 탄핵하는 증거로 사용할 수 있는가? 탄핵증거로 사용한다면 입증취지 명시의무에는 저촉되지 않는가?

2) 피고인의 진술도 탄핵 대상인지

탄핵증거에 대해 형사소송법 제318조의2는 피고인 또는 피고인 아닌 자의 진술의 증명력을 다투기 위한 증거라고 피고인의 법정진술도 탄핵의 대상이 된다. 판례[289] 도 같다. 다만 학설은 자백편중의 수사관행을 조장할 우려가 있다는 이유로 입법적 재검토를 요한다는 입장이 있다.

3) 탄핵증거의 자격

탄핵증거는 진술의 증명력을 감쇄하기 위한 증거를 말하며, 진술내용의 진위여부를 입증하기 위한 전문증거가 아니므로 전문법칙이 적용되지 않는 것이다. 따라서 전문법칙에 의해 증거능력이 부정되는 것이라도 탄핵증거로는 사용할 수 있다고 해석된다.

> 내용을 부인하여 증거능력이 부정되는 사법경찰관 작성의 피의자신문조서를 피고인의 법정에서의 진술을 탄핵하기 위한 반대증거로 사용할 수 있다.[290]

다만 모든 증거에서 진정성은 담보되어야 하므로 그것이 임의로 작성된 것이 아니라고 의심할 만한 사정이 없다는 증명, 즉 당해 조서가 편집, 왜곡되지 않은 원본이라는 입증은 있어야 한다.

4) 입증취지 명시의무 위반 여부

한편 형사소송규칙은 증거조사를 신청함에 있어서는 입증취지를 명시하도록 요구하고 있다(제132조의2). 여기서 본건 A에 대한 진술조서를 당해 공소사실을 입증

---

289) 대판 2005. 08. 19. 선고 2005도2617
290) 대판 2005. 08. 19. 선고 2005도2617

하기 위해서 증거조사 신청한 것에 대해 갑자기 탄핵증거로 사용할 수 있는가 문제
된다.

> 판례[291]는, 비록 당초 증거제출 당시 탄핵증거라는 입증취지를 명시하지 아니하였
> 지만 피고인의 법정 진술에 대한 탄핵증거로서의 증거조사절차가 대부분 이루어졌
> 다고 볼 수 있다면 탄핵증거로 사용할 수 있다고 한다. 본건에서도 서면을 제시하고
> 사실상 탄핵증거로 증거조사가 이루어졌다고 본다면 탄핵증거로 사용할 수 있다고
> 본다.

본 건에서도 서면을 제시하고 사실상 탄핵증거로 증거조사가 이루어졌다고 본다
면 탄핵증거로 사용할 수 있다고 본다.

III. 재번복하는 취지의 재조사 가능 여부

1 조사의 적법성과 조서의 증거능력

법정에서 번복하는 증인에 대해 검찰에서 재조사하는 것은 어떤가? 당사자주의
가 강조되면 법정에서 수사기관에서의 진술을 번복하는 사례가 늘고 있다.

> 재번복하는 취지로 작성한 진술조서에 대해 판례[292]의 〈다수의견〉은 공판중심주의
> 에 반한다는 이유로 증거능력을 부정하고 있다. 〈소수의견〉은 이에 대해 임의수사라
> 면 부정할 이유가 없다는 이유에서 증명력의 문제로 삼고 있다.

2. 위증죄로 조사한 피의자신문조서의 경우

공판중심주의를 강조하는 다수의견과 같이 법정에서 사실과 달리 진술을 번복하
는 사람을 위증죄로 인지하면서 피의자신문조서를 작성한 경우 당해 피의자신문조
서를 증거로 사용할 수 있는가? 즉, 새로운 위증죄 사건에서 증거능력은 별론으로
하고 현재 진행 중인 사건에서 증거능력을 갖는가?

---

291) 위 2005도2617
292) 대판 2006. 06. 15. 선고 99도1108

판례[293]는 "당사자주의·공판중심주의·직접주의를 지향하는 현행 형사소송법의 소송구조에 어긋나는 것― 피고인이 증거로 할 수 있음에 동의하지 아니하는 한 증거능력이 없고, 그 후 원진술자인 종전 증인이 다시 법정에 출석하여 증언을 하면서 그 진술조서의 성립의 진정함을 인정하고 피고인 측에 반대신문의 기회가 부여되었다고 하더라도 그 증언 자체를 유죄의 증거로 할 수 있음은 별론으로 하고 위와 같은 진술조서의 증거능력이 없다는 결론은 달리할 것이 아니다."고 하면서 "이는 검사가 공판준비 또는 공판기일에서 이미 증언을 마친 증인에게 수사기관에 출석할 것을 요구하여 그 증인을 상대로 위증의 혐의를 조사한 내용을 담은 피의자신문조서의 경우도 마찬가지이다."고 한다.

3. 소결

영미법과 같이 배심제를 전제로 증거능력을 엄격히 따지는 입법례에서는 공판중심주의 견지에서 증거능력을 부정하는 것이 상당할 것이다. 그러나 직업법관이 대다수 사건처리를 하는 현행법 하에서는 일단 증거능력을 부여하고 당해 사건에 대한 증인의 경우 법정에서 충분히 신문하고 법정의 진술을 신빙할 것인지, 수사기관 작성의 조서를 신빙할 것인지는 법관의 자유심증에 맡기는 것이 상당하다. 다수의견에 의하면 증거능력이 없게 된다.

> **[참고판례]**
> 법정의 번복진술을 신빙할 것인가? 검찰에서의 진술을 신빙할 것인가?[294]
>
> 〈다수의견〉 충분한 증명력이 있는 증거를 합리적인 근거 없이 배척하거나 반대로 객관적인 사실에 명백히 반하는 증거를 아무런 합리적인 근거 없이 채택·사용하는 등으로 논리와 경험의 법칙에 어긋나는 것이 아닌 이상, 법관은 자유심증으로 증거를 채택하여 사실을 인정할 수 있다.
>
> 〈소수의견〉 공개된 법정에서 교호신문을 거치고 위증죄의 부담을 지면서 이루어진 자유로운 진술의 신빙성을 부정하고 수사기관에서 한 진술을 증거로 삼으려면 이를 뒷받침할 객관적인 자료가 있어야 한다. 이때 단순히 추상적인 신빙성의 판단에 그

---

293) 대판 2013. 08. 14. 선고 2012도13665
294) 대판 2015. 08. 20. 선고 2013도11650 전원합의체

쳐서는 아니되고, 진술이 달라진 데 관하여 그럴 만한 뚜렷한 사유가 나타나 있지 않다면 위증죄의 부담을 지면서까지 한 법정에서의 자유로운 진술에 더 무게를 두어야 함이 원칙이다.

문제 5. 공동피고인의 상반된 증거의견과 증거조사방법

I. 문제제기

참고인 진술조서에 대해 공동피고인이 증거 인부를 달리하는 경우 즉, 한 피고인은 증거동의하고, 다른 피고인은 부동의하는 경우 동의한 피고인에게는 서면조사방식으로, 부동의한 피고인에 대해서는 증인신문방식으로 하여야 할 것인지가 문제된다.

II. 증거조사방법

동일한 조서에 대해 공동피고인이 인부를 달리하는 경우 피고인별로 각각 증거조사방식을 달리할 수 있지만, 법원은 직권으로 증거조사할 권한이 있으므로 〈증인신문방식〉으로 통일적으로 시행할 수 있다.

증거동의한 피고인이라도 직접주의 관점에서 증인신문방식으로 증거조사를 하면서 반대신문의 기회를 부여한다면 피고인에게 불이익이 없기 때문이다.

III. 변론의 분리 여부

법원은 필요하다고 인정할 때에는 직권 또는 검사나 피고인, 변호인의 신청에 의해 변론을 분리, 병합할 수 있다(형사소송법 제300조). 이와 같이 같은 진술조서에 대해 증거의 인부가 다른 경우 피고인별로 변론을 분리하여 신문할 것인지 문제된다.

각 피고인의 소송에 대한 전체적인 태도가 다르고, 심리기간에 상당한 차이가 예상되는 경우에는 피고인간의 이익과 불이익을 교량하여 법원의 합리적 재량으로 분리결정할 수 있지만 단순히 일부 증거에 대해 의견이 다르다는 것에 그친다면 변론을 분리할 것이 아니고 병합심리하는 것이 상당할 것이다.

문제 6. 각 문자메시지의 증거능력

I. 문제제기

3개의 메시지는 핸드폰이라는 정보통신망을 통해 전송된 문자메시지로서 먼저, 적법하게 수집된 것인지, 둘째, 메시지의 내용이 입증취지에 비추어 전문증거인지 여부, 셋째, 그렇다면 증거능력을 인정하기 위한 요건은 무엇인지 살펴볼 필요가 있다.

II. 甲의 뇌물수수죄에 대한 甲의 핸드폰 문자메시지

1. 적법하게 수집한 증거인지

검사는 피의자 甲을 긴급체포하면서 甲의 핸드폰의 ①문자메시지의 내용의 문서를 사진촬영하고, 그 내용을 피의자 甲으로부터 확인증을 받고, 핸드폰은 돌려주었다. 긴급체포하면서 핸드폰을 압수하였다면 형사소송법 제217조에 의해 사후영장을 발부받아야 하지만 이를 반환하면서 사후영장을 받지 않았다.

이 경우에도 그 사진 촬영물에 대해 사후영장을 받아야 하는가에 대해 논란의 여지는 있으나 형사소송법 제217조 제2항의 문언상 핸드폰을 '계속' 압수할 필요성이 없어 돌려준 것이라면 굳이 사후영장을 받을 필요가 없다는 점에서 사진은 증거로 사용할 수 있다.[295] 또한 임의제출받았다면 절차상 문제는 없다.

2. 내용이 전문증거인지 여부

문자 메시지의 내용은 "챙겨줄게, 국장도 틀림없이 잘 챙겨줄 것이다", "조직개편안은 오픈할 성격은 아니다. 예산안도 대외 보안부탁" 등으로 경험사실에 관한 내용이 아니고, 의사표시 내용이다. 따라서 전문증거가 아니다.

3. 증거능력의 요건은?

전문증거가 아니라면 진술증거이지만 증거물과 같이 진정성만 인정되면 족하다.

---

295) 다만 사진 촬영에 의해 '정보' 자체를 압수한 것이라고 하면 계속 압수할 필요성이 있으므로 사후 영장을 요한다고 할 수 있다.

이는 자유로운 증명의 대상이므로 문서가 편집, 왜곡된 것은 아닌지 여부만 따져보면 족하고, 이를 위해 甲이 A의 증언 또는 감정증인 등 자유로운 방법으로 입증할 수 있다. 사진이므로 원본과의 동일성이 입증도 필요하다.

Ⅲ. 乙의 뇌물수수죄에 대한 乙의 메모지

1. 긴급체포 후 석방하고도 법원에 석방통지를 누락한 경우

체포하는 현장에서 乙로부터 임의제출받았으므로 영치하는 과정은 문제가 없다. 그러나 긴급체포하였으나 석방하고도 형사소송법 제200조의4 법소정의 30일 이내 법원에 통지하는 규정을 위반하였으므로 사후 위법한 행위에 의해 긴급체포는 위법이 되고 그 과정에서 비록 임의제출받았더라도 메모지의 영치는 위법한 증거수집이 되는가?

> 긴급체포 당시의 상황과 경위, 긴급체포 후 조사 과정 등에 특별한 위법이 있다고 볼 수 없는 이상, 단지 사후에 석방통지가 법에 따라 이루어지지 않았다는 사정만으로 그 긴급체포에 의한 유치 중에 작성된 공소외 7에 대한 피의자신문조서들의 작성이 소급하여 위법하게 된다고 볼 수는 없다.[296]

본 사안에서 긴급체포의 요건을 갖추고 있는 한 석방 후 법원에 사후석방 통지를 하지 않았다는 이유만으로 긴급체포가 위법하다거나 그 과정에서 임의제출받은 메모지가 증거능력이 배제된다고 할 수는 없을 것이다.

2. 전문증거인지 여부

甲의 사무실을 압수수색한 결과 뇌물을 수수한 것으로 보이는 2015. 3. 경 'A와 저녁 약속, ○○도 참석'이라는 내용의 메모지를 증거로 제출하였다. 이는 A를 만나 저녁식사를 하였다는 경험사실에 대한 것으로 '만나서 식사하고, 뇌물을 주었다'는 내용을 입증하기 위한 것이므로 전문증거로서 형사소송법 제313조의 제1항에 의한 요건을 갖추어야 증거능력이 인정된다.

---

296) 대판 2014. 08. 26. 선고 2011도6035

3. 증거능력의 요건은

1) 제313조 제1항의 요건 충족 여부

메모지는 사적인 상황에서 작성한 것이므로 형사소송법 제313조 제1항의 요건을 갖추고 있어야 증거능력이 인정된다. 본 건에서 乙은 법정에서 성립의 진정을 인정하고 있으므로 메모지는 증거능력이 인정된다.[297]

2) 제315조 제3호의 문건은 아닌지

메모지는 특히 신빙할 수 있는 상태에서 작성한 문건에 해당하므로 형사소송법 제315조 제3호에 해당하는지 문제된다.

> 판례[298]는 컴퓨터에서 출력한 문건에 대해 아무런 이유 없이 적용을 부정한 바 있으나 여기서 '기타 신용할 만한 정황에 의하여 작성된 문서'는 굳이 반대신문의 기회부여 여부가 문제되지 않을 정도로 고도의 신용성의 정황적 보장이 있는 문서를 의미한다고 한다.[299]

4. 소결

메모지는 형사소송법 제313조 제1항에 의해 증거능력이 인정되고, 판례에 따르면 제315조 제3호를 적용하기는 어려울 것이다.

Ⅳ. 丁의 협박에 대한 丁의 핸드폰 문자메시지

1. 적법하게 수집한 증거인지

검사는 피의자 丁으로부터 임의제출받아 사진촬영한 것이므로 적법하게 수집한 증거가 된다.

---

297) 형사소송법 제313조 제2항의 신설로, 작성자가 성립의 진정을 부정하는 경우에도 포렌식 조사관의 증언 등 객관적 자료에 의해서도 증거능력을 인정받을 수 있도록 하였다.

298) 대판 2007. 12. 13. 선고 2007도7257

299) 대판 2015. 07. 16. 선고 2015도2625전합

2. 내용이 전문증거인지 여부

문자메시지의 내용은 "횡령사실을 문제삼으면 나도 뇌물준거 고발하겠다"는 내용으로 협박죄에 대한 수단으로 문자메시지를 전송한 것이다. 따라서 이는 경험사실에 대한 것이 아니므로 전문증거가 아니다. 만약 협박죄의 증거가 아닌 뇌물사건에 대한 증거로 제출된 것이라면 전문증거가 된다.

3. 증거능력의 요건은?

전문증거가 아니라면 진술증거이지만 증거물과 같이 진정성만 인정되면 되고, 이는 소송법적인 사실에 해당하므로 자유로운 증명의 대상이 된다.

따라서 문서가 편집, 왜곡된 것은 아닌지, 사진촬영이므로 사본과 같이 원본은 존재하는지, 원본과 동일한지에 대해 법관이 적절한 방법으로 인정하면 족하다.

교통사고처리특례법위반,
불기소사건 재기, 처벌불원

형 법 총 론	반의사불벌죄, 보호의무, 과실의 공동정범
형 법 각 론	업무상과실치사상죄
형사소송법	강제채혈의 위법성, 실황조사, 기판력과 일사부재리의 원칙, 사경작성송치의 견서, 공소장 변경 요부
형사특별법	교통사고처리특례법 위반, 특정범죄가중처벌등에관한법률 위반(위험운전치사상)

━━━━━━━━━━━━━━━ **설문** ━━━━━━━━━━━━━━━

1. 피의자 甲은 乙과 함께 술을 마신 다음 자신 소유의 승용차를 운전하여 횡단보도에 이르러 차량 정지 신호를 위반하여 진행한 과실로 마침 차량 우측에서 보행자 신호에 따라 횡단보도를 차량 우측에서 좌측으로 자전거를 타고 진행하던 피해자 Y₁(남, 28세)과 그 옆에서 뛰어가던 피해자 Y₂(여, 10세)를 차량의 앞 범퍼로 들이받았다. 그로 인하여 Y₁에게 요치 8주간의 우측 전두부의 출혈상을, Y₂에게 요치 4주간의 좌측 대퇴부 골절상을 입게 하였다. 경찰관 P₁은, 피의자가 횡설수설하고 의식이 희미한 상태이므로 병원으로 일단 후송한 다음 소식을 듣고 내려온 피의자의 부인의 동의를 받아 채혈하여 감정을 하였다. 채혈은 의사가 하였다.

2. 사법경찰관 P₂는, 현장에서 피의자 乙의 입회하에 '교통사고실황조사서'를 작성함에 있어서 사고지점, 파편의 위치, 스키드마크 등을 약도에 표시하면서 '피의자 甲이 신호를 위반하여 진행하다가 우측에서 오던 오토바이와 보행자를 들이받은 것은 사실'이라는 乙의 진술 내용을 실황조사서에 기재하였고, 乙의 서명 날인은 없었다.

3. 경찰은 피의자 甲에 대해 교통사고처리특례법위반(이하 '교특법위반'이라 한다)과 도로교통법위반(이하 '도교법위반'이라 한다)으로 기소의견을 달아 송치하였고, 피의자 乙에 대해서는 입건하지 않은 채 송치하였다. 그 이후 허용치를 초과하는 0.20%의 음주측정결과서를 추가 송부하였다. 송치를 받은 검사는 甲과 乙을 조

사하면서 음주량과 시간, 체중 등 위드마크 공식을 산출하기 위한 기초자료를 수집, 알코올 농도 0.20%에 부합하는 자료를 증거로 제출하였다.

4. 검찰은 피의자로부터 두 피해자와 모두 합의하였고, 처벌을 원하지 않는다는 합의서를 제출받았다.

문제

1. 피의자 甲과 乙에 대해 의율할 수 있는 형사책임은 무엇인가?

2. 검사로서 수사 후 종국처분의 내용은 무엇인가?(신병에 대한 처분은 불요)

3. 검사는 피의자 甲의 피해자 Y₁에 대해서는 피해자의 처벌불원의 의사표시가 있다는 이유로 공소권 없음 처분하고, 피해자 Y₂에 대한 업무상과실치상의 점에 대해서만 기소하여 확정되었다고 가정하자. 사고 후 약 10년이 경과한 때 비로소 피해자 Y₁이 사망하였다. 이 경우 검사는 피해자 Y₁의 치사의 점에 관해 새로 기소할 수 있는가?(특가법, 음주운전은 제외)

4. 경찰관 작성의 실황조사서의 법적 성격과 증거능력은 인정되는가? 이에 현장사진 등이 첨부된 경우는 어떤가?

5. 법원은 피고인 甲에 대해 신호위반이나 횡단보도상 보행자보호의무위반이 인정되지 않은 경우 공소장 변경 없이 조향장치를 조작하지 않은 과실의 점으로 유죄판결할 수 있는가? 공소장 변경이 없는 경우 법원의 판결내용은?

문제 1. 甲과 乙의 형사책임

I. 피의자 甲의 형사책임

1. 문제제기

피의자에게 교특법위반(업무상과실치상), 도교법위반(음주운전), 특정범죄가중처벌 등에관한법률위반(위험운전치사상, 이하 '특가법위반'이라 한다) 성립 여부 및 각 죄의 관계가 문제가 된다.

2. 교특법위반(업무상과실치상) 성립 여부

교통사고처리특례법

제3조(처벌의 특례) ① 차의 운전자가 교통사고로 인하여 「형법」 제268조의 죄를 범한 경우에는 5년 이하의 금고 또는 2천만원 이하의 벌금에 처한다.

② 차의 교통으로 제1항의 죄 중 업무상과실치상죄(業務上過失致傷罪) 또는 중과실치상죄(重過失致傷罪)와 「도로교통법」 제151조의 죄를 범한 운전자에 대하여는 피해자의 명시적인 의사에 반하여 공소(公訴)를 제기할 수 없다. 다만, 차의 운전자가 제1항의 죄 중 업무상과실치상죄 또는 중과실치상죄를 범하고도 피해자를 구호(救護)하는 등 「도로교통법」 제54조 제1항에 따른 조치를 하지 아니하고 도주하거나 피해자를 사고 장소로부터 옮겨 유기(遺棄)하고 도주한 경우, 같은 죄를 범하고 「도로교통법」 제44조 제2항을 위반하여 음주측정 요구에 따르지 아니한 경우(운전자가 채혈 측정을 요청하거나 동의한 경우는 제외한다)와 다음 각 호의 어느 하나에 해당하는 행위로 인하여 같은 죄를 범한 경우에는 그러하지 아니하다.

1-5
6. 「도로교통법」 제27조 제1항에 따른 횡단보도에서의 보행자 보호의무를 위반하여 운전한 경우
7. 〈 생략 〉
8. 「도로교통법」 제44조 제1항을 위반하여 술에 취한 상태에서 운전을 하거나

같은 법 제45조를 위반하여 약물의 영향으로 정상적으로 운전하지 못할 우려가 있는 상태에서 운전한 경우

도로교통법 제2조 26호

"운전"이란 도로(제44조·제45조·제54조 제1항·제148조 및 제148조의2의 경우에는 도로 외의 곳을 포함한다)에서 차마를 그 본래의 사용방법에 따라 사용하는 것(조종을 포함한다)을 말한다.

1) 교특법 예외 해당 여부

먼저, 횡단보도 상 보행자 보호의무위반 여부가 문제된다. 도로교통법 제2조 제12호에 의해 "횡단보도"란 보행자가 도로를 횡단할 수 있도록 안전표지로 표시한 도로의 부분을 말한다. 횡단보도에서의 보행자 보호의무는 그 표지 위를 보행하는 사람에 대한 보호의무를 말한다.

본 사안에서 피해자 Y_2는 신호에 따라 횡단보도상을 보행하는 보행자에 해당하지만, 자전거를 타고 가던 피해자 Y_1은 보행자라고 할 수 없어 이에 해당하지 않는다.

> 자전거를 타고 횡단하는 자, 보행자 신호가 적색인 경우 횡단하는 자는 횡단보도로서의 성격을 상실하므로 횡단보도를 통행 중인 보행자라고 할 수 없다.[300]

> 참고로 〈원동기장치자전거나 자전거나 손수레를 끌고 가는 자, 보행보호용 의자차는 보행자에 해당한다(제2조 제9호).〉

다음, 차량신호 위반 적용여부가 문제된다. 횡단보도상에 설치된 차량정지신호를 위반한 경우에도 단서 제1호 소정의 신호위반에 해당한다.

나아가, 피의자는 음주운전에 해당한다. 음주운전 사실이 입증이 되면 동조 제2항 제8호에 의해 소추할 수 있게 된다. 본 건에서는 강제채혈에 의한 감정결과서와 위드마크 공식에 의한 혈중 알코올 농도가 기준치를 초과하고 있으므로 일응 도로교통법상의 음주운전에도 해당한다. 이에 대해서는 항을 바꾸어 설명하기로 한다.

---

300) 대판 1997. 10. 10. 선고 97도1835

따라서 본 사안에서 피고인은 차량정지신호 위반, 횡단보도의 보행자 보호의무 위반, 음주운전 등 중대한 과실이 중첩되어 있다.

단서 각호는 단순한 소추조건에 불과하므로 이 경우 2개의 죄가 되지 않고, 1개의 교특법 위반만이 성립할 뿐이다.[301]

2) 소결

피의자 甲의 ① 보행자인 피해자 Y_2에 대해서는 교통사고처리특례법 제3조 제2항 제1호, 제6호, 제8호에 의해 ② 보행자가 아닌 피해자 Y_1에 대해서는 교통사고처리특례법 제3조 제2항 제1호, 제8호에 의해 비록 종합보험에 가입되어 있다거나 피해자들과 합의되어 처벌불원하고 있다고 하더라도 공소제기가 가능하다.

3. 도로교통법위반(음주운전)의 성부

1) 문제제기

피의자는 혈중 알코올 농도가 0.20%이고, 위드마크 공식에 의한 알코올 농도 또한 기준치를 초과하고 있으므로 일응 동법 제44조 제4항의 음주운전 행위에 해당한다.

그러나 피의자의 부인의 동의하에 이루어진 강제채혈은 과연 적법한가. 위드마크 공식에 의한 혈중 알코올 농도가 기준치를 초과하는 경우에도 도교법위반 중 음주운전에 해당하는지 문제된다. 음주운전 사실이 인정되면 피의자는 도교법상의 음주운전, 특가법상의 위험운전치상죄는 물론, 교특법 제3조 제2항 단서 제8호에 의해 교특법 위반의 점도 소추조건을 충족하게 된다.

2) 강제채혈의 위법성 여부

(1) 강제채혈의 필요성과 영장의 성질

도교법상의 음주운전을 인정하기 위해서는 호흡측정과 혈액측정 방법이 있으나 일반적으로 당사자의 동의하에 호흡측정을 하고 있으나 이를 거부하는 경우 비록 측정불응죄로 처벌할 수는 있으나 본 사안과 같이 의식이 희미하거나 의식불명한 자에 대해서는 강제채혈의 필요성이 인정된다.

---

301) 대판 2008. 12. 11. 선고 2008도9182

이 경우 강제처분이어서 판사의 영장이 필요로 하지만, 이러한 강제채혈 영장의 성격에 대해 〈압수·수색영장설〉, 〈압수·수색영장과 검증영장설〉, 〈감정영장설〉의 대립이 있다. 기본적으로 전문적인 지식과 경험을 가진 의학적 방법에 의하여야 한다는 점에서 압수·수색영장과 감정영장이라고 봄이 상당하다.

> 수사기관이 범죄 증거를 수집할 목적으로 피의자의 혈액을 취득·보관하는 행위는 법원으로부터 감정처분허가장을 받아 형사소송법 제221조의4 제1항, 제173조 제1항에 의한 '감정에 필요한 처분'으로도 할 수 있지만, 형사소송법 제219조, 제106조 제1항에 정한 압수의 방법으로도 할 수 있다.[302]

판례는 〈압수·수색영장〉 또는 〈감정처분허가장〉 모두 가능하다고 하며 '강제채혈'은 이를 위한 필요한 처분(형사소송법 제120조)으로 이해하고 있다.

(2) 긴급대물처분은 가능한가?

긴급한 필요성에서 피의자 본인의 동의를 받지 않은 채 영장 없이 강제채혈은 가능한가?

① 영장을 발부받지 아니한 채 피의자의 동의 없이 피의자의 신체로부터 혈액을 채취하고 사후적으로도 영장을 발부받지 아니하였다면 형사소송법상 영장주의 원칙을 위반하여 수집하거나 그에 기초한 증거로서 그 절차 위반행위가 적법절차의 실질적인 내용을 침해하는 정도에 해당한다.[303] 계속해서 피의자의 동서[304]나, 법정대리인[305]의 동의를 받은 경우도 허용하지 않고 있다.

② 다만, 교통사고를 야기한 후 피의자가 의식불명 상태에서 병원에 응급 후송된 경우, 병원 응급실 등의 장소는 형사소송법 제216조 제3항의 범죄 장소에 준한다고 하여 형사소송법 제216조 제3항 단서, 형사소송규칙 제58조, 제107조 제1항 제3호에 따라 영장 없이 강제채혈을 하고, 사후에 지체 없이 압수영장을 받아야 한다.[306]

---

302) 대판 2011. 11. 15. 선고 2011도15258
303) 대판 2011. 05. 13. 선고 2009도10871
304) 대판 2011. 04. 28. 선고 2009도2109
305) 대판 2014. 11. 13. 선고 2013도1228
306) 대판 2012. 11. 15. 선고 2011도15258

혈액은 피의자의 개인의 각종 정보원이 되고, 피고인의 '혈액정보지배권'을 보호하여야 한다는 측면에서 영장 없이는 할 수 없고, 가사 피의자 부인의 동의를 얻었다고 하더라도 피의자의 동의로 간주할 수는 없다. 다만 형사소송법 제216조 제3항과 같이 범죄현장에서 영장 없이 강제채혈할 수 있지만 이 또한 사후영장의 통제를 받아야 한다.

한편 본 건에서는 피의자가 의식이 희미한 상태이므로 현행범 체포하거나 긴급체포의 요건을 갖추었다고 보기 어렵다. 다만 범죄현장에 준해서 영장 없이 강제채혈할 수는 있지만, 형사소송법 제217조에 의한 사후영장도 없으므로 경찰관의 혈액 채취는 정당화될 수 없다.

(3) 사안의 해결

사안에서 피의자의 동의 없이 채취한 혈액은 위법하게 수집한 증거이고, 판례에 의하면 영장주의의 중대한 침해가 되므로 증거능력이 없고, 달리 혈중 알코올 농도 이상의 알코올 농도를 입증할 자료가 없다면 도교법위반(음주운전)은 성립하지 않는다.

3) 위드마크 공식에 의한 입증 여부[제2회 기록시험]

위드마크 공식은 섭취한 알코올의 양과 혈중 알코올 농도와의 상관관계를 수치화한 것으로 운전자가 마신 술의 종류와 양, 알코올 농도, 운전자의 체중과 성별 등을 감안하여 운전 당시의 혈중알코올 농도를 계산하는 간접적인 측정방식이다.

> 형사재판에 있어서 유죄의 인정은 법관으로 하여금 합리적인 의심을 할 여지가 없을 정도로 공소사실이 진실한 것이라는 확신을 가지게 할 수 있는 증명이 필요하므로, 위 각 영향요소들을 적용함에 있어 피고인이 평균인이라고 쉽게 단정하여서는 아니 되고 필요하다면 전문적인 학식이나 경험이 있는 자의 도움을 받아 객관적이고 합리적으로 혈중 알코올 농도에 영향을 줄 수 있는 요소들을 확정하여야 한다.[307)]

따라서 위드마크 공식을 적용하기 위한 이러한 기초사실은 엄격한 증명의 대상이 되며, 위드마크 계수나 시간당 알코올 분해량은 통계자료 중 가장 피고인에게 유리한 것을 대입하여 위 공식을 적용한다면 그 결과를 인정할 수 있을 것이다.

---

307) 대판 2008. 08. 21. 선고 2008도5531

4) 사안의 해결

강체채혈에 의한 감정결과서는 영장주의에 위반한 것으로 증거능력이 배제된다. 다만 위드마크 공식에 의한 수치가 0.20%라면 음주운전으로 형사처벌할 수 있다.

[참고]

도교법상의 음주운전의 경우에는 대상차량과 처벌공간이 확장되었다. 즉, 음주운전의 경우 2010. 7. 23. 도로교통법의 개정(2011. 1. 24. 시행)으로 대상차량과 처벌공간이 확장되어 "자동차 등"에는 "기타 일반건설기계"도 포함되며, 도교법상의 도로성이 불필요하게 되어 도로교통법상의 도로가 아닌 곳에서의 주취운전도 포함된다(도교법 제2조 제24호).[308] 따라서 종래의 판례[309]의 입장은 현행법상 더 이상 유지될 수 없게 되었다.

4. 「특정범죄가중처벌법」상 위험운전치상죄 성립 여부

> **특정범죄가중처벌등에관한법률**
>
> 제5조의11 (위험운전치사상) 음주 또는 약물의 영향으로 정상적인 운전이 곤란한 상태에서 자동차(원동기장치자전거를 포함한다)를 운전하여 사람을 상해에 이르게 한 사람은 10년 이하의 징역 또는 500만원 이상 3천만원 이하의 벌금에 처하고, 사망에 이르게 한 사람은 1년 이상의 유기징역에 처한다.

1) 음주의 영향으로 '정상적인 운전이 곤란한 상태'의 의미

특가법 제5조의11은 음주 또는 약물의 영향으로 정상적인 운전이 곤란한 상태를 전제로 하므로 음주상태는 도교법상의 음주운전에 해당함으로 전제로 하고 있다는 것이 다수설이다. 기본적으로 혈중 알코올 농도가 0.05% 이상임을 요한다.

'정상적인 운전이 곤란한 상태'라 함은, 음주로 인하여 운전자가 현실적으로 주의력이나 운동능력이 저하되고, 판단능력이 흐려져 운전에 필요한 주의의무를 다할 수

---

308) 도교법 제44조·제45조·제54조 제1항·제148조 및 제148조의2에 한하여 도로 외의 곳을 포함한다.

309) 대판 1996. 10. 25. 선고 96도1848(종래 판례로서, 교통사고처리특례법 소정의 교통사고는 도로교통법에서 정하는 도로에서 발생한 교통사고의 경우에만 적용되는 것이 아니고 차의 교통으로 인하여 발생한 모든 경우에 적용되지만, 위 특례법 제3조 제2항 단서 제8호의 주취운전이 도로교통법상의 도로가 아닌 곳에서의 주취운전을 포함하는 것으로 해석할 수는 없다고 하였다) 참조.

없거나 자동차의 운전에 필요한 조향 및 제동장치, 등화장치 등의 기계장치의 조작 방법 등을 준수하지 못하게 되는 경우를 말한다.[310]

2) 사안의 해결

사안의 경우 피의자가 횡설수설하고 의식이 희미한 상태였다는 점을 보아 정상적인 운전이 곤란한 상태였다고 할 수 있다. 비록 강제채혈에 의한 알코올 농도 수치는 유죄의 증거로 사용할 수 없지만 위드마크 공식에 의해 도교법상의 음주운전을 인정할 수 있다. 따라서 특가법상의 위험운전시치상죄가 성립한다.

5. 죄수

도교법위반(음주운전)이 인정된다면 교특법(업무상과실치상)위반과는 실체적 경합관계[311]이고, 교특법위반의 점은 특가법상 위험운전치상죄에 흡수되어 별죄를 구성하지 아니한다(흡수관계).[312]

6. 사안의 해결

피의자는 횡설수설하며 의식이 희미한 상태이고, 위드마크 공식에 의한 혈중 알코올 농도는 0.20%이므로 특가법위반(위험운전치상)은 일응 성립된다고 본다. 특가법위반이 인정되면 교특법위반은 이에 흡수된다고 할 수 있다.

피해자 Y_1, Y_2 두 사람에 대한 특가법위반이 성립하고, 양 죄는 상상적 경합관계이다. 도교법상의 음주운전과는 입법취지와 적용영역을 달리하므로 실체적 경합범이 된다.

II. 피의자 乙의 형사책임

1. 문제제기

음주를 같이 하고, 옆에서 동승한 피의자 乙의 경우 고의범인 도로교통법상 음주

---

310) 대판 2008. 11. 13. 선고 2008도7143
311) 대판 2008. 11. 13. 선고 2008도7143
312) 대판 2008. 12. 11. 선고 2008도9182

운전의 공범이나 교특법위반의 공범으로 처벌할 수 있는가? 특히 과실범의 공동정범을 인정할 것인지 학설상 문제된다.

2. 음주운전의 공범 여부

음주운전은 자수범의 형태이지만 키를 주면서 적극적으로 음주운전을 시킨 경우에는 음주운전의 교사범을 인정할 수 있다. 음주운전을 제지할 만한 특별한 지위에 있는 것이 아닌 한 소극적으로 제지하지 않았다는 사유만으로 음주운전의 방조범으로 처벌할 수는 없을 것이다.

3. 교특법위반의 공동정범 여부

1) 학설

과실의 공동정범을 부정하는 〈범죄공동설〉이나 〈공동의사주체설〉, 〈목적적행위지배설〉에서는 과실의 동시범으로 처벌하면 족하다고 한다. 그러나 다수설의 입장인 〈기능적행위지배설〉에 따라 기능적 행위지배가 인정되는 범위 내에서는 과실범의 공동정범도 성립할 수 있다고 봄이 상당하다.

2) 판례의 입장

종전 판례는 과실의 공동정범을 부정하였으나 최근에는 이를 인정하고 있다.

> 형법 제30조에 "공동하여 죄를 범한 때"의 "죄"라 함은 고의범이나 과실범임을 불문한다고 할 것이고, 따라서 두 사람 이상이 어떠한 과실행위를 서로의 의사연락 하에 범죄의 결과를 발생케 한 것이라면 여기에 과실범의 공동정범이 성립된다고 하였다.[313]

계속해서 과실의 공동정범을 인정하는 사례와 부정하는 사례를 소개하면 다음과 같다.

[인정사례]
① 운전병이 운전하던 짚차의 선임 탑승자는 이 운전병의 안전운행을 감독하여야

---

313) 대판 1979. 08. 21. 선고 79도1249

할 책임이 있는데 오히려 운전병을 데리고 주점에 들어가서 같이 음주한 다음 운전케 한 결과 위 운전병이 음주로 인하여 취한 탓으로 사고가 발생한 경우에는 위 선임탑승자에게도 과실범의 공동정범의 성립을 인정하였다.[314]

② 성수대교와 같은 교량이 그 수명을 유지하기 위해서는 각 단계에 관여하는 자는 전혀 과실이 없다거나 그 과실이 교량붕괴의 원인이 되지 않았다는 특별한 사정이 없는 한 붕괴에 대한 공동책임을 면할 수 없다.[315]

[부정사례]

피고인이 운전자의 부탁으로 차량의 조수석에 동승한 후, 운전자의 차량운전행위를 살펴보고 잘못된 점이 있으면 이를 지적하여 교정해 주려 했던 것에 그치고 전문적인 운전교습자가 피교습자에 대하여 차량운행에 관해 모든 지시를 하는 경우와 같이 주도적 지위에서 동 차량을 운행할 의도가 있었다거나 실제로 그 같은 운행을 하였다고 보기 어렵다면 그 같은 운행 중에 야기된 사고에 대하여 과실범의 공동정범의 책임을 물을 수 없다.[316]

4. 사안의 해결

단순히 동승하는 정도에 불과한 본 사안에서는 음주운전의 공범이나 교특법위반의 공동정범으로 처벌할 수는 없다.

문제 2. 검사로서 수사 후 종국처분의 내용

I. 문제제기

경찰이 피의자 甲을 교특법위반과 도교법위반(음주운전)으로 입건하여 모두 기소의견으로 송치하였다. 이에 대해 검사는 보완수사를 한 후 최종적인 처분을 하여야 한다. 이 경우 사법경찰관의 의견서 기재 내용의 법적 성격과 적용죄명은 어떤 효력을 갖는가?

---

314) 대판 1979. 08. 21. 선고 79도1249
315) 대판 1997. 11. 28. 선고 97도1740
316) 대판 1984. 03. 13. 선고 82도3136

II. 의견서의 법적 성격

사법경찰관은 형사소송법 제196조 제2항에 의해 수사개시, 진행권은 인정되지만 종국처분의 권한은 없고, 입건한 사건은 모두 송치하여야 한다(전건송치주의, 검사의 사법경찰관리에 대한 수사지휘 및 사법경찰관리의 수사준칙에 관한 규정 제81조). 사법경찰관이 사건을 송치할 때에는 수사 서류에 사건송치서, 압수물 총목록, 기록목록과 함께 의견서 등 필요한 서류를 첨부하여야 하고(동 규정 제82조 제1항), 동 의견서는 사법경찰관이 작성하여야 한다(동 규정 제83조 제2항).

검사는 공소제기에 대한 독점적인 권한을 가지고 있으므로(기소독점주의, 제246조) 사법경찰관의 이러한 의견서 기재 내용은 검사에 대한 단순 의견제시에 불과하고, 검사는 보완수사 후 독자적으로 기소여부를 판단하면 족하다(기소편의주의, 제247조).

다만 통지제도와 관련하여 경찰에서 입건한 죄명에 대해서는 검사가 개별적인 판단을 하여야 하지만 동일성이 인정되는 범위 내에서는 별도의 판단을 불요한다.

III. 피의자 甲에 대한 검사의 종국처분

1. 교특법위반의 점에 대해서

교특법위반의 점은 인정되지만 특가법상의 위험운전치사상에 해당하고, 위에서 살펴본 바와 같이 교특법위반은 이에 흡수된다.

따라서 검사로서는 특가법위반으로 별도의 인지를 하여 특가법위반으로 기소하면 족하고, 교특법위반의 점에 대해서는 별도의 처분을 요하지 않는다.

2. 도로교통법위반(음주운전)

피의자 甲에 대해서 도로교통법위반(음주운전)의 점에 대해서는 영장 없이 강제채혈한 것이므로 위법한 수사가 된다. 따라서 검사는 위드마크 공식을 적용하기 위하여 기초사실을 조사하여야 한다. 결국 음주운전에 대해서는 기소할 수 있다.

IV. 피의자 乙에 대한 종국처분

피의자 甲의 음주운전이나 교특법상의 공범을 인정할 자료가 없으므로 별도 인지할 필요는 없다.

V. 사안의 해결

검사는 피의자 甲에 대해 특가법상 위험운전치상죄로 인지하여 공소제기할 수 있고, 도로교통법상 음주운전에 관하여는 강제채혈에 따른 혈중 알코올 농도는 유죄의 증거로 사용할 수 없지만 위드마크 공식에 의한 알코올 농도에 의해 기소할 수 있다.

문제 3. 피해자 Y₁에 대한 추가 기소 가능 여부

I. 문제제기

피해자 Y_1과 Y_2에 대한 교특법위반의 점은 상상적 경합관계이어서 소송법상 일죄로 취급된다. 이 경우 Y_2에 대한 업무상과실치상의 점에 대해 확정판결이 있고, 그 이후 피해자 Y_1이 사망하였다면 새로 기소할 수 있는가?

II. 기판력의 의의와 객관적 범위

기판력은 일반적으로 유무죄의 재판과 면소재판이 확정된 때에 동일 사건에 대하여 다시 재판하는 것이 허용되지 않는다는 일사부재리의 효력을 말한다.

일사부재리 효력이 미치는 범위에 대해서는 공소사실과 단일하고 동일한 범위 내에 있는 사실 전부에 미친다.

이에 대해서 학설은, 잠재적 심판의 대상이 되었으므로 그 범위 내 전부에 미친다는 〈잠재적심판대상설〉, 동일성이 인정되는 범위 내에서는 이중위험이 미치기 때문이라는 〈이중위험금지설〉, 제247조 제2항을 근거로 하는 〈공소불가분원칙설〉, 검사의 동시소추의무를 전제로 하는 〈동시소추의무설〉 등의 대립이 있다.

> 동일성의 판단기준에 대해 판례[317]는 기본적 사실동일설 기초로 규범적 요소도 기본적 사실관계 동일성의 실질적 내용의 일부를 이루는 것이라고 하여 강도상해죄와 장물취득죄의 동일성을 부인하고 있다.

---

317) 대판 1994. 03. 22. 선고 93도2080 전원합의체

구체적으로는, 상습범[318)319)]과 영업범과 같은 포괄적 일죄, 상상적 경합관계[320)]에 있는 모든 범위에 미친다. 다만 일죄의 일부에 대해 고소가 없었으나 판결이 확정된 이후 고소가 제기된 경우 일사부재리의 원칙의 예외로서 보충소송을 인정하자는 의견도 있으나 명문의 근거 없이 예외를 허용하게 되면 헌법위반의 소지가 있다.

III. 사안의 해결

기판력의 객관적 범위는 공소사실이 단일하고 동일한 범위 내에 있는 사실 전부에 미치므로 포괄적 일죄, 상상적 경합관계에 있는 모든 범위에 기판력이 미친다. 본 사안에서 비록 피해자 Y_1이 추후 사망의 결과에 이르렀다고 하더라도 상상적 경합관계에 있는 피해자 Y_2에 대한 판결의 기판력은 Y_1의 사망에 대해서도 미치므로 추가 기소할 수 없다. 확정판결 이전이라면 공소장 변경절차를, 검사가 전부 공소권 없음 처분하였다면 재기하여 기소하여야 한다.

---

318) 다만 전소가 상습범으로 기소된 경우이어야 한다. 대판 2004. 09. 16. 선고 2001도3206 전원합의체 [다수의견] 전의 확정판결에서 당해 피고인이 상습범으로 기소되어 처단되지 않고, 기본 구성요건의 범죄로 처단되는 데 그친 경우에는, 가사 뒤에 기소된 사건에서 비로소 드러났거나 새로 저질러진 범죄사실과 전의 판결에서 이미 유죄로 확정된 범죄사실 등을 종합하여 비로소 그 모두가 상습범으로서의 포괄적 일죄에 해당하는 것으로 판단된다 하더라도 뒤늦게 앞서의 확정판결을 상습범의 일부에 대한 확정판결이라고 보아 그 기판력이 그 사실심판결 선고 전의 나머지 범죄에 미친다고 보아서는 아니된다.
[반대의견] 포괄일죄인 상습사기죄의 일부에 관하여 유죄의 확정판결이 있다면 단순사기죄로 처벌된 것인지, 상습사기죄로 처벌된 것인지에 따라 기판력이 미치는 범위가 달라진다고 할 수 없다.

319) 대판 2010. 01. 28. 선고 2009도13411. 특정범죄가중처벌 등에 관한 법률 제5조의4 제5항은 거기서 정하는 범죄전력 및 누범가중의 요건이 갖추어진 경우에는 상습성이 인정되지 아니하는 때에도 상습범에 관한 같은 조 제1항 내지 제4항 소정의 법정형에 의하여 처벌한다는 취지로서, 위 제5항의 범죄로 기소되어 처벌받은 경우를 상습범으로 기소되어 처벌받은 경우라고 볼 수 없다. 따라서 설사 피고인에게 절도의 습벽이 인정된다고 하더라도 위 법조항으로 처벌받은 확정판결의 기판력은 그 판결의 확정 전에 범한 다른 절도행위에 대하여는 미치지 아니한다고 봄이 상당하다.

320) 대판 2007. 02. 23. 선고 2005도10233. 확정판결의 범죄사실 중 업무방해죄와 상상적 경합관계에 있다고 보아 이미 확정된 위 확정판결의 기판력이 위 공소사실 중 명예훼손죄에 대하여도 미친다는 이유로 면소판결을 선고한 원심판결은 정당하다.

문제 4. 경찰관 작성의 실황조사서의 법적 성격과 증거능력의 인정 여부

I. 문제제기

경찰관 작성의 실황조사서의 증거능력에 관하여, 먼저, 임의적인 실황조사서를 형사소송법 제312조 6항의 검증조서로 볼 수 있는가? 둘째, 실황조사서에 기재된 관련자의 진술 부분이 재전문증거라면 현행법상 증거능력을 인정할 수 있는가? 셋째, 검증조서에 첨부된 사진은 현장사진으로서 비진술증거인 바, 검증조서의 일체로 볼 것인가, 구분하여 증거능력을 따져 보아야 하는가?

II. 실황조사서의 법적 성격과 증거능력

1. 법적 성격

형사소송법 제312조 제6항의 검증은 법원의 영장을 받아 행하여야 하므로 임의적인 실황조사는 제312조 제6항의 검증에 해당하지 않아 실황조사서를 검증조서로 볼 수 없다는 〈부정설〉, 실황조사와 검증 모두 오관의 작용으로 사물을 인식한 것이라는 점에서 유사하므로 검증조서로 보아야 한다는 〈긍정설〉이 대립한다.

> 판례[321]는 실황조사서는 원작성자의 공판기일에서의 진술에 의하여 그 성립의 진정함이 인정되었으므로 위 각 서류를 유죄 인정의 증거로 채택한 것은 적법하다고 하고 있다.

판례가 제313조의 진술서 또는 제312조 제6항의 검증조서 조항을 적용한 것인지 분명치 않다. 검증이라고 하여 모든 검증이 강제처분은 아니고, 법익의 침해가 없는 한 임의수사의 한 형태로서 인정될 수도 있는 것이어서 제312저 제6항에 의해 증거능력이 인정된다는 〈긍정설〉이 타당하다.

2. 증거능력의 요건

실황조사서를 검증조서로 보는 입장에서는 실황조사서를 작성한 수사관이 법정

---

321) 대판 1982. 09. 14. 선고 82도 1504

에 증인으로 출석하여 성립의 진정을 인정하는 경우 경찰관 작성의 실황조서의 증거능력이 인정된다(제312조 제6항).

실황조사서가 제312조 제6항의 검증조서가 아니라면 이는 수사기관 자신의 경험사실에 대한 기록이므로 제313조 제1항에 의해 증거능력 여부를 판단해야 할 것이다.

III. 실황조사서 중 진술기재 부분의 증거능력

1. 법적 성격

사법경찰관이 작성한 실황조사서에 피고인이나 피고인 아닌 자의 진술이 기재되고, 당해 진술인이 실황조사서 해당 부분에 서명날인을 한 것이라면 그 기재내용을 진술자가 인정하는 것이어서 이는 진술자의 진술서와 같이 1차적 전문증거라 할 것이다.

그러나 서명날인이 없는 때에는 재전문증거에 해당한다. 본 사안에서는 진술인의 서명날인이 없으므로 진술기재 부분은 재전문증거에 해당한다.

2. 재전문증거의 증거능력

학설은, 재전문증거는 예외에 대한 예외이므로 우리 현행법상 인정되지 않는다는 〈부정설〉과 2중의 예외요건을 충족하면 증거능력이 인정된다는 〈긍정설〉이 대립하고 있다.

판례[322]는 제316조에 의한 전문진술 또는 이를 기재한 조서 이외의 재전문증거[323]의 경우 그 증거능력을 인정하는 규정을 두고 있지 않으므로 피고인이 동의하지 않는 한 제310조의2 규정에 의해 증거를 인정할 수 없다고 하고 있다.

3. 사안의 해결

참고인 乙의 진술기재 부분은 재전문증거에 해당하고, 이를 긍정하는 입장에서

---

322) 대판 2000. 03. 10. 선고 2000도159
323) 본 사안은 피해자가 피고인들의 통화내용을 녹음한 것을 들었다는 진술

는 먼저 제312조 제4항에 따라 작성자인 경찰관 P₂가 증인으로 출석하여 성립의 진정을 인정하고, 제316조 제2항이 적용되어 乙이 사망, 질병, 외국 거주 등의 사유로 인하여 진술 할 수 없게 된 경우로서 원 진술이 특히 신빙할 수 있는 상태에서 이루어진 경우라면 증거능력이 인정될 수 있다.

판례에 의하면, 재전문증거의 증거능력을 부정하기 때문에 피고인의 동의가 없는 한 진술기재 부분은 증거로 사용할 수 없게 된다.

IV. 사진의 증거능력

1. 문제제기

본 사안에서 사진은 현장사진으로서 비진술증거에 해당하고 전문증거가 아니다. 따라서 이러한 비진술증거가 검증조서에 첨부되면 전문증거인 검증조서와 일체로 볼 것인가? 다툼이 있다.

2. 학설과 판례

학설은, 먼저 사진이 검증조서의 일부를 이루는 보조수단에 불과하므로 사진의 증거능력도 진술증거인 검증조서와 일체적으로 판단되어야 한다는 〈일체설〉[324]이 있다. 그러나 본 사안과 같이 비진술증거인 사진은 전문증거가 아니므로 그것이 전문증거인 진술서류의 일부로서 첨부되어 있다고 하여 전문증거가 되는 것은 아니다.

검증조서상의 진술기재 부분은 전문증거로서 전문법칙이 적용될 것이나 사진은 전문법칙이 적용되는 것이 아니고, 사진은 진정성만 입증되면 증거능력을 가지게 될 것이다. 이를 〈구별설〉이라고 한다.

> 사법경찰관 작성의 검증조서에 피고인이 범행을 재연하는 사진영상이 첨부되어 있는 사건에서 그 사진영상에 대해 피고인이 진정성립과 내용을 인정하여야 증거능력이 인정된다.[325]

---

324) 배/이/정, 633면; 정/백, 323면; 손동권, 643면; 신동운, 987면; 신양균, 707면; 신현주, 299면; 이재상, 595면.

325) 대판 1998. 03. 13. 선고 98도159

사진에 대해서도 별도의 전문증거로서의 요건을 갖출 것을 요구하고 있다는 점에서 판례 또한 〈구별설〉로 이해된다.

즉, 위 판례에서의 사진은 현장재연 사진으로서 경험사실에 관한 진술증거에 해당하므로 전문증거이다. 비진술증거인 현장사진과는 다르다. 이와 같이 현장재연 사진은 비록 말은 하지 않지만 재연 동작이 경험사실에 대한 진술과 같은 의미를 가질 때에는 이를 진술과 마찬가지로 취급하여 전문증거로 보아야 한다. 미국 연방 증거법도 어떤 사람의 비언어적 행동이 경험사실에 관한 주장으로 의도된 때에 이를 진술로 본다.[326]

여기서 현장재연하는 취지의 사진영상은 바로 이와 같은 전문진술을 기록한 것이기 때문에 전문증거가 되는 것이다. 그리고 사법경찰관 앞에서의 피의자의 진술이므로 이는 사법경찰관 작성 피의자신문조서와 성질이 같다. 따라서 성립의 진정 및 내용인정을 요구한 판례는 당연하다.

이와 같이 판례는 사법경찰관 작성의 검증조서에 첨부된 사진영상에 대하여는 검증조서로서의 증거능력 요건을 요구하지 않고 사진영상의 성질에 따라 피의자신문조서로서의 증거능력 요건을 요구하고 있으므로 이는 구별설의 입장이라고 할 것이다.

3. 사안의 해결

수사기관의 검증조서에 사진이 첨부되어 있는 경우 그 검증조서의 증거능력 요건충족을 위하여 검증조서의 작성자가 법정에 출석하여 그 성립의 진정에 대한 진술을 하여야 할 것이고 그 기회에 첨부된 사진의 진정성에 대한 진술도 하는 것이 일반적일 것이다.

검증조서와 일체로 볼 것은 아니라는 구별설에 의하면, 만약 작성자가 출석하지 못하여 검증조서의 진술 부분에 대한 증거능력 요건을 충족할 수 없는 경우에도 검증조서에 첨부된 사진의 증거능력은 그 사진에 관해 아는 다른 사람의 진술 기타 다양한 방법으로 진정성을 입증함으로써 인정될 수 있을 것이다.

---

326) 미국연방증거법 제801조(a).

문제 5. 공소장 변경 요부와 법원의 판결내용

I. 문제제기

검사가 교특법상의 신호위반이나 횡단보도상 보행자 보호의무 위반으로 기소하였으나 입증이 부족한 경우 법원은 어떤 조치를 할 수 있는가?

II. 공소장 변경 요부

1. 학설과 판례

교특법상의 과실유형의 변경에 대해 공소장 변경을 필요로 하는가? 이에 대해서는 〈동일벌조설〉, 〈법률구성설〉 등이 있으나 실질적으로는 피고인의 방어권 행사에 불이익을 초래하는 정도의 변경이 있는 경우에는 공소장의 변경을 요한다는 〈사실기재설〉의 입장이 통설이다.

> 판례[327]도 심리의 경과에 비추어 피고인의 방어권 행사에 실질적 불이익을 초래할 염려가 없다고 인정되는 때에는 공소장이 변경되지 않았더라도 직권으로 공소장에 기재된 공소사실과 다른 범죄사실을 인정할 수 있다고 하여 이에 따르고 있다.

2. 사안의 경우

설문과 같이 검사의 기소내용이 신호위반이나 횡단보도상 보행자 보호의무 위반이었으나 재판과정에서 이를 조향장치를 조작하지 못한 과실이 있다는 내용으로 인정할 수 있는가? 과실의 내용이 달라지면 이에 따라 피고인의 방어법도 달라질 수밖에 없을 것이다.

> 과실의 내용을 달리하는 경우 피고인의 방어권 행사에 불이익을 초래할 염려가 있는 경우이므로 공소장의 변경절차를 밟지 아니한 이상, 법원의 현실적 심판의 대상이 될 수 없다.[328]

---

327) 대판 2001. 12. 11. 선고 2001도 4013
328) 대판 1989. 10. 10. 선고 88도 1691

〈사실기재설〉이나 판례에 따르면 과실의 내용이 달라진다면 피고인의 방어권에도 실질적이 불이익 될 수 있으므로 공소장 변경 없이는 인정할 수 없다.

III. 법원의 판결 내용

1. 문제제기

피해자와 모두 합의되어 피의자의 처벌을 불요하는 경우 법원은 신호위반 등에 대한 입증부족을 이유로 무죄를 선고할 것인가? 아니면 교특법 제3조 제2항에 의해 공소기각 판결할 것인가?

2. 예외규정의 법적 성격

교통사고에 의한 업무상과실치상의 점에 대해서는, 원칙적으로 반의사 불벌죄로 하고 있다(교특법 제3조 제2항). 다만, 예외적으로, 피해자의 명시적인 처벌불원의 의사표시가 있었더라도 도주차량, 음주측정불응 등 11개 예외사유가 있으면 이러한 특례적용이 배제된다. 따라서 이러한 예외적인 사유에 해당하지 않으면 종합보험에 가입되어 있거나 피해자와 합의되어 처벌불원의 의사표시가 있다면 공소권 없음 처분하여야 한다.

이러한 예외규정의 법적 성격에 관해 〈구성요건요소설〉과 〈공소제기조건설〉이 가능하다. 판례[329]는 소추조건을 회복시켜 주는 적극적 소추조건의 입장이다.

> 피고인이 신호를 위반하여 차량을 운행한 과실이 있다는 사실로 기소되었으나 신호위반의 점이 인정되지 않고, 당시 교통사고처리특례법 제4조 제1항 본문 소정의 자동차종합보험에 가입되어 있다면, 무죄를 선고할 것이 아니라, 형사소송법 제327조의 규정에 의하여 소송조건의 흠결을 이유로 공소기각의 판결을 선고하여야 한다.[330]

판례에 따르면 소송조건의 흠결을 이유로 공소기각 판결하여야 한다.

329) 대판 2007. 04. 12. 선고 2006도4322
330) 대판 2009. 11. 26. 선고 2004도4693

다만 피고인의 이익을 위해 충분한 심리가 이루어진 경우라면 무죄를 선고하는 것도 위법하지는 않다는 최근 판결[331]도 있었다.

> 사건의 실체에 관한 심리가 이미 완료되어 교통사고처리 특례법 제3조 제2항 단서에서 정한 사유가 없는 것으로 판명되고 달리 피고인이 같은 법 제3조 제1항의 죄를 범하였다고 인정되지 않는 경우, 같은 법 제3조 제2항 본문이나 제4조 제1항 본문의 사유가 있더라도, 사실심법원이 피고인의 이익을 위하여 교통사고처리특례법 위반의 공소사실에 대하여 무죄의 실체판결을 선고하였다면, 이를 위법이라고 볼 수는 없다.

2. 사안의 해결

예외조항의 법적 성격에 대해 〈공소제기조건설〉을 취하는 판례의 입장에서는 신회위반 등이 인정되지 않으면 원칙적으로 피해자 처벌불원을 이유로 공소기각 판결함이 상당하다. 그러나 최근 판례입장에 따르면 충분한 심리가 이루어졌다면 피고인의 이익을 위해 무죄 판결하더라도 위법은 아니라는 입장이다.

---

331) 대판 2015. 05. 14. 선고 2012도11431

1. 법률규정의 성격과 문제제기

교통사고처리특례법은 차의 교통으로 인하여 형법 제268조 업무상과실치사상죄의 처벌의 특례를 규정하고 있다. 차량의 교통에 의한 피해사례가 많아 종합보험이나 피해자의 합의를 전제로 처벌하지 않겠다는 정책적 배려에서 특례를 규정한 법률이다. 동 법률은 교통사고를 조장한다는 지적이 있어 최근 각호의 예외 사유를 추가하는 경향에 있으나 결국 폐지함이 상당한 법률이다. 주의의무의 내용과 신뢰의 원칙, 과실의 공동정범, 단서 조항의 법적 성격과 해석을 둘러싼 문제 등이 다수 제기되고 있다.

2. 「일반교통에 사용되는 모든 곳」의 의미

'도로'라 함은 도로법에 의한 도로, 유료도로법에 의한 유료도로 그 밖의 일반교통에 사용되는 모든 곳을 말한다고 규정하고 있는데, 여기서 '일반교통에 사용되는 모든 곳'이라 함은 현실적으로 불특정다수의 사람 또는 차량의 통행을 위하여 공개된 장소로서 교통질서유지 등을 목적으로 하는 일반 교통경찰권이 미치는 공공성이 있는 곳을 의미한다.

① 특정인들 또는 그들과 관련된 특정한 용건이 있는 자들만이 사용할 수 있고 자주적으로 관리되는 장소는 이에 포함되지 않는다.[332]

② 아파트 단지 내 통행로와 주차구역[333]
   아파트 단지 내 통행로가 그 관리 및 이용 상황에 비추어 도로교통법상의 도로에 해당한다.

③ 대학교 구내 도로[334]
   교통사고가 발생한 장소가 일반인과 학생들의 차량출입을 엄격히 통제하는 대학 구내의 길인 경우, 도로교통법상의 도로에 해당하지 않는다.

④ 건물 주차장[335]
   빌딩 주차장은 도로법이나 유료도로법상의 도로가 아닐 뿐 아니라 일반교통에

332) 대판 2001. 07. 13. 선고 2000두6909
333) 대판 2004. 06. 25. 선고 2002도6710
334) 대판 1996. 10. 25. 선고 96도1848
335) 대판 1993. 07. 13. 선고 92누18047

사용되는 곳도 아니어서 도교법상 도로라고 볼 수 없다.

춘천시청 내 광장주차장이 시청관리자의 용인 아래 불특정다수의 사람과 차량이 통행하는 곳이며 그 곳을 통행하는 차량 등에 대하여 충분한 통제가 이루어지지 않았다면, 위 주차장은 도로교통법 제2조 제1호에서 말하는 "그 밖의 일반교통에 사용되는 곳"으로서의 도로에 해당한다.

⑤ 건물 옆 공터[336]

주차장으로 사용되는 여관 옆 공터가 일반 공중이나 차량들이 자유로이 통행할 수 있는 통행 장소가 아니라면 도로교통법상의 도로라고 할 수 없다.

3. 차의 「교통」에 의한 사고

차량의 '교통'에 인한 범죄로서, 도교법 제2조 제19호의 '운전'과는 다른 용어를 사용하고 있다. 도교법상의 운전이라 함은 도로에서 차를 그 본래의 사용 방법에 따라 사용하는 것을 말한다. 따라서 그 규정의 내용에 비추어 목적적 요소를 포함하는 것이므로 고의의 운전행위만을 의미하고 자동차 안에 있는 사람의 의지나 관여 없이 자동차가 움직인 경우에는 운전에 해당하지 않는다.

[운전행위 부정사례]

① 자동차에 문을 열고 들어가서 핸드브레이크만 내렸는데 타력으로 간 경우[337]

② 아이가 옆에 타고 있는데 기어가 1단에 있는 것을 모르고 내렸는데 아이가 핸드브레이크를 내린 경우[338]

③ 술에 취해 자동차 안에서 잠을 자다가 추위를 느껴 히터를 가동시키기 위해 시동을 걸었고, 실수로 자동차의 제동장치 등을 건드렸거나 처음 주차할 때 안전조치를 제대로 취하지 아니한 탓으로 원동기의 추진력에 의하여 자동차가 약간 경사진 길을 따라 앞으로 움직여 피해자의 차량 옆면을 충격한 경우[339]

이에 반해 교특법상의 '교통'이라 함은 이러한 운전에 한정되지 않고, 운전행위에 밀접한 관계에 일체의 행위를 포함한다고 봄이 상당하다. 따라서 위에서와 같이 비

---

336) 대판 1993. 03. 12. 선고 92도3046
337) 대판 1994. 09. 09. 선고 94도1522
338) 대판 1986. 07. 08. 선고 86도1048
339) 대판 2004. 04. 23. 선고 2004도1109

록 도교법상의 '운전'에는 해당하지 않는 경우에도 교특법상의 '교통'으로 봄이 상당하다.

4. 업무상 주의의무위반

1) 주의의무의 내용

본 죄는 업무상과실·중과실로 인하여 사람을 사상에 이르게 한 것이다. 일반적으로 '업무라' 함은 사람이 사회생활상의 지위에 기하여 계속, 반복적으로 행하는 사무를 말하며, 단 1회의 행위라도 계속, 반복할 의사로 행한 것이라도 무방하다. 다만, 업무상과실치사상죄의 경우에는, 성질상 사람의 생명·신체에 대하여 위험을 초래할 수 있는 업무를 말하며, 사람의 생명·신체의 위험을 방지하는 것을 의무내용으로 하는 업무도 포함된다. 교특법 상의 '교통' 행위는 당연히 업무에 해당하고, 1회성이라고 하더라도 업무성을 인정할 수 있다.

업무상과실이라 함은 업무상 준수하여야 할 주의의무에 위반한 것이고, 중과실이라 함은 주의의무위반의 정도가 큰 경우를 말한다. 이러한 과실의 본질적인 요소는 객관적 주의의무로서 결과발생의 가능성을 예견하고, 그 결과발생을 회피하기 위한 필요한 조치를 취할 의무라는 것이 다수설이다.

2) 신뢰원칙과의 관계

이러한 객관적 주의의무를 제한하는 원리로서 도로교통에서 신뢰의 원칙이다. 신뢰원칙은 타인의 신뢰에 반한 부적절한 행위까지 예견하여 회피조치를 취하여야 할 주의의무는 없다는 것으로 판례상 그 기준을 보면 다음과 같다.

[과실을 부인한 사례]
① 고속도로[340]

고속도로를 운행하는 자동차 운전자에게 고속도로를 무단횡단하는 보행자가 있을 것을 예견하여 운전할 주의의무가 없다. 다만 고속도로를 무단횡단하는 보행자를 충격하여 사고를 발생시킨 경우라도 운전자가 상당한 거리에서 보행자의 무단횡단을 미리 예상할 수 있는 사정이 있었고, 그에 따라 즉시 감속하거나 급제동하는 등의 조치를 취하였다면 보행자와의 충돌을 피할 수 있었다는 등의 특별한 사정이 인정되는 경우에만 자동차 운전자의 과실이 인정될 수 있다.

---

340) 대판 2000. 09. 05. 선고 2000도2671

② 자동차전용도로[341]

자동차전용도로를 운행하는 자동차의 운전자로서는 특별한 사정이 없는 한 무단 횡단하는 보행자가 나타날 경우를 미리 예상하여 감속 서행할 주의의무는 없다.

③ 교차로[342]

교차로를 거의 통과할 무렵 직진신호가 주의신호로 바뀐 경우 자동차운전자로서는 계속 진행하여 신속히 교차로를 빠져나가면 되는 것이고 반대편에서 좌회전을 하기 위해 대기하던 차량이 주의신호임에도 미리 좌회전해 올지 모른다는 것을 예상하고 이에 대한 대비조치를 강구하면서까지 운전할 업무상 주의의무는 없다고 판시하였다.

④ 육교 밑[343]

심야에 육교 밑의 편도 4차선의 대로를 주행하는 운전자에게 무단횡단자에 대비하여 운전해야 할 의무는 없다.

⑤ 반대차량에 대한 주의의무[344]

반대차선을 달리는 차가 중앙선을 넘어 진행차선으로 들어올 것을 예견하여 미리 충돌을 방지할 주의의무가 있다고는 할 수 없다. 나아가 피고인은 중앙선이 그어져 있지 않은 횡단보도를 통하여 반대차선으로 넘어간 다음 횡단보도를 지나 중앙선이 설치되어 있는 부분의 반대차선을 거쳐 왼쪽 골목길로 좌회전을 하려다가 반대차선에서 직진하여 오던 피해자의 오토바이와 횡단보도 못 미쳐 중앙선이 설치된 도로 부분에서 충돌하였다면 중앙선침범 사고에 해당한다.[345]

⑥ 후행차량에 대한 주의의무[346]

편도 2차선 도로 2차선을 진행하는 트럭 운전자가 그 2차선과 인도 사이로 추월하려는 오토바이를 위하여 정차하거나 서행하여도 오토바이를 선행토록 할 주의의무가 있다고 할 수 없다.

⑦ 횡단보도의 신호가 적색인 경우[347]

횡단보도의 신호가 적색인 상태에서 반대차선상에 정지하여 있는 차량의 뒤로 보행자가 횡단보도를 건너오지 않을 것이라고 신뢰하는 것이 당연하다.

341) 대판 1989. 02. 28. 선고 88도1689
342) 대판 1986. 08. 19. 선고 86도589
343) 대판 1988. 10. 11. 선고 88도1320
344) 대판 1987. 06. 09. 선고 87도995
345) 대판 1995. 05. 12. 선고 95도512
346) 대판 1986. 01. 21. 선고 85도1959
347) 대판 1987. 09. 08. 선고 87도1332

[과실을 인정한 사례]

① 횡단보도[348]

자동차 운전자는 보행자가 교통신호를 철저히 준수할 것이라는 신뢰만으로 자동차를 운전할 것이 아니라 좌우에서 이미 횡단보도에 진입한 보행자가 있는지 여부를 살펴보고 또한 그의 동태를 두루 살피면서 서행하는 등하여 그와 같은 상황에 있는 보행자의 안전을 위해 어느 때라도 정지할 수 있는 태세를 갖추고 자동차를 운전하여야 할 업무상의 주의의무가 있다.

② 선행차량에 대한 주의의무[349]

앞차를 뒤따라 진행하는 차량의 운전사로서는 앞차에 의하여 전방의 시야가 가리는 관계상 앞차의 어떠한 돌발적인 운전 또는 사고에 의하여서라도 자기 차량에 연쇄적인 사고가 일어나지 않도록 앞차와의 충분한 안전거리를 유지하고 진로 전방좌우를 잘 살펴 진로의 안전을 확인하면서 진행할 주의의무가 있다.

5. 교특법상의 예외조항의 인정여부

1) 각호 위반에 대한 고의, 과실 여부

11개 예외사유에 대해서는 고의 또는 과실에 의한 위반에 한정된다. 단서 각호 위반에 대한 고의, 과실 없는 경우에는 단서 각호 위반사실만으로 단서를 적용할 수 없다.[350] 따라서 불가항력적인 상황에서의 사고는 과실이 부정된다.

판례도 중앙선침범에 불가항력적인 부득이한 사유가 있는 경우에는 교특법 위반죄의 단서에 해당하지 않음을 분명히 하고 있다.

① 운행당시 객관적인 여건이 장애물을 피해야 하는 등 긴박하여 부득이 중앙선을 침범할 수밖에 없었다면 그로 인하여 중앙선을 넘어선 지점에서 교통사고를 일으켰다 하더라도 특례법 제3조 제2항 본문의 예외규정에 해당하지 아니한다.[351]

② 다만 단순히 빙판길이라고 하여 운전자가 지배할 수 없는 외부적 여건으로 중앙선침범이나 보도에 침범한 것이라고 쉽게 단정할 수는 없다.[352]

---

348) 대판 1986. 05. 27. 선고 86도549
349) 대판 2001. 12. 11. 선고 2001도5005
350) 대판 1996. 07. 09. 선고 96도1198 내리막길에서 버스의 브레이크가 작동되지 않아 인도로 돌진하여 보행자를 사망에 이르게 한 피고인에게 과실이 없다
351) 대판 1985. 09. 10. 선고 85도1407
352) 대판 1997. 05. 23. 선고 95도1232

2) 중앙선침범사고의 구체적 적용사례

[긍정사례]

① 피고인이 좌회전이 금지된 장소에서 실제로 중앙선이 그어져 있지 아니한 횡단보도 부분을 통하여 반대차선으로 넘어 들어간 경우 '01' 항의 중앙선침범사고에 해당한다.[353]

② 피고인이 운행하던 택시가 승합차를 추월하기 위해 택시의 왼쪽 일부가 중앙선을 침범한 상태가 아니라, 완전히 중앙선을 침범하였거나 적어도 택시의 차체 대부분이 중앙선을 침범하고 오른쪽 일부만이 진행차선에 걸친 상태에서—택시의 진행차로 내에서 택시의 오른쪽 후사경으로 승합차의 앞쪽으로 나와 오른쪽에서 왼쪽으로 차도를 횡단하던 피해자를 부딪쳐 땅에 넘어지게—이 사건 사고가 피고인의 중앙선 침범행위로 인하여 발생한 것임을 부인하기 어렵다고 할 것이다.[354]

[부정사례]

① 자동차 운전자가 고속도로 또는 자동차전용도로가 아닌 일반도로의 중앙선 우측차로 내에서 후진하는 행위가 중앙선을 침범하거나 도로교통법 제62조의 규정을 위반하여 횡단·유턴 또는 후진한 경우에 해당하지 않는다.[355]

② 편도 1차로를 진행하던 중 유턴을 하기 위해 황색실선을 넘어 반대차로로 유턴하며 길가에 주차 중인 차량 뒤 범퍼 부분을 들이받은 다음 다른 차량의 진행에 방해되자, 차량을 이동하기 위해 후진하는 과정에서 피해 확인을 위해 차량 밖으로 나와 있던 박씨를 친 사안에서 중앙선 침범행위가 교통사고 발생의 직접 원인이 아니라면 교통사고가 중앙선 침범 운행 중에 일어났다고 해 모두 도로교통법상 '중앙선 침범행위'에 해당한다고 볼 수 없다.[356]

③ 피고인 차량이 2차선에서 1차선으로 급차선변경하면서 1차선을 진행하던 A 차량을 들이받은 충격으로 인하여 A 차량이 중앙선을 넘어가서 이 건 사고에 이른 경우 피고인 차량이 중앙선을 침범하여 충격한 사고로 인한 것이 아니므로, 비록 위사고가 중앙선을 넘은 지점에서 발생하였다고 하더라도 위 사고의 발생에 있어서는 피고인의 중앙선 침범행위가 직접적인 원인이 되지 않았음이 명백하다.[357]

---

353) 대판 1995. 05. 12. 선고 95도512
354) 대판 2004. 03. 26. 선고 2003도8145
355) 대판 2012. 03. 15. 선고 2010도3436
356) 2016. 05. 01. 자 뉴스 참조
357) 대판 1998. 07. 28. 선고 98도832

공전자기록위작, 범인도피,
위장자수, 특가법위반(도주차량)

형법총론	상당인과관계, 기대가능성, 형의가중순서, 공범의 종속성, 친족간특례조항과 교사자의 책임, 부작위범
형법각론	업무상과실치사, 공전자기록위작, 동 행사, 범인도피교사
형사소송법	위장자수
형사특별법	교통사고처리특례법위반, 특정범죄가중처벌등에관한법률위반(위험운전치사상, 도주차량)

설문

1. 甲은, 2012. 5. 1. 시청직원으로서 부하직원인 A와 사건 현장에 나간 사실도 없음에도 함께 조사하였다는 허위의 출장복명서를 작성하여 공무소의 전자기록인 행정전산망기록에 탑재한 혐의로 조사를 받게 되자 자신은, 반드시 현장조사 시는 2인 이상이 임장하라는 내부지침이 있지만 일손이 모자라 어쩔 수 없이 그렇게 하였다고 하면서 관행처럼 '모든 직원이 다 그렇게 하고 있다'고 주장한다.

2. 甲은, 2009. 5. 31. 교통사고처리특례법위반으로 징역 1년을 선고받고 2010. 6. 2. 만기 석방된 상태이다.

3. 피의자 乙은 2013. 6. 3. 22:00경 회식을 한 후 취기가 있는 상태에서 자동차를 운전하다가 편도 2차선 도로를 시속 60km 속도로 진행 중 직각으로 굽은 내리막길에 이르러 속도를 늦추지 않은 채 평소 속도로 그대로 진행하다가 차량 우측에서 좌측으로 무단횡단하던 피해자 B를 충격하여 도로에 넘어지게 하였다. 이에 놀란 乙은 피해자를 도로 위에 그대로 방치한 채 차량을 길가에 세우고 있다가 약 5분 후 뒤늦게 진행해 오던 丙이 운전해 오던 차량에 역과하게 하여 병원에 후송하여 치료 중 같은 해 6. 30. 두개골 골절로 인해 사망케 하였다. 丙은 제한속도 이하로 진행하였고, 당시는 야간이고 주변에는 가로등이 거의 없는데다가 노면상태가 군데군데 훼손되어 역과하기 직전까지 피해자를 발견하기는

사실상 어려운 상태인 것으로 보인다.

4. 乙은 술에 취한 것이 탄로날 것이 두려운 나머지 내연의 처인 戊에게 전화를 걸어 현장으로 오게 한 다음 戊로 하여금 사고를 낸 것으로 신고하게 하였다. 신고를 받고 출동한 경찰관은 영장 없이 교통사고실황조사서를 작성하면서 범퍼가 떨어진 장소 등을 사진촬영하여 첨부하였고, '戊와 乙로부터는 술 냄새가 약간 나지만 취한 상태는 아니었다'고 기재하였다. 당시 戊는 운전한 경위와 사고경위를 적극적으로 설명하였고, 乙은 단순히 동승한 것이라고 하였다.

문제

1. 甲의 형사책임과 2013. 8. 1. 선고함에 있어서 처단형의 범위는?

2. 乙, 丙, 戊의 형사책임은? 만약 乙의 친동생 丁을 사고운전자로 허위 신고하게 한 경우 丁의 형사책임은? 만약 뒤늦게 현장에 온 戊와 함께 도주하였다면 戊도 乙과 도주차량에 대한 공동정범이 되는가?

3. 검사가 戊를 교통사고처리특례법위반으로 기소하여 공판 도중 乙의 범행으로 적발한 경우 교통사고처리특례법위반에 대한 법원의 조치는?

4. 피의자 甲은 출장보고서상의 출장자를 허위로 기재하는 것은 '관행'이라고 주장한다. 법원은 판결문의 '판단 이유'란에 이에 대한 판단을 기재하여야 하는가?

5. 검사의 수사보고서상 피해자의 피고인에 대한 처벌불원의 의사표시가 기재된 경우 그 효력을 판단하는 증거로 사용할 수 있는가?

문제 1. 甲의 형사책임과 처단형의 범위

I. 문제제기

공무원이 공전자기록위작죄와 행사죄의 성립 여부가 문제된다. 이에 따라 법정형이 정해지고, 형법 제57조(가중감경의 순서)의 순서에 따라 누범 가중 및 경합범 가중하게 된다.

II. 공전자기록위작죄 및 동 행사죄의 성부

1. 문제제기

공전자기록위작죄는 사무처리를 그르칠 목적으로 공무원 또는 공무소의 전자기록 등 특수매체를 위작 또는 변작함으로써 성립하는 범죄이다(형법 제227조의2). 여기서 '위작'의 개념 안에 무형의 위조도 포함하는지가 문제된다. 나아가 '관행'상 작성하였다는 것이 사무를 그르칠 목적이라 정당화 사유가 되는지 문제된다.

2. '위작'의 개념

학설은 전자기록의 진정에 관한 공공의 신용은 시스템 운영 주체의 의사에 따라 정당하게 만들어진 것을 전제로 하므로 권한 없이 작성하는 유형위조는 물론, 공무원이 허위내용의 전자기록을 만드는 무형위조도 포함한다는 〈긍정설〉과 명시적인 문언에 반하는 유추해석이라는 점에서 무형위조를 제외시키는 〈부정설〉이 있다.

> ① 시스템의 설치·운영 주체로부터 각자의 직무 범위에서 개개의 단위정보의 입력 권한을 부여받은 사람이 그 권한을 남용하여 허위의 정보를 입력함으로써 시스템 설치·운영 주체의 의사에 반하는 전자기록을 생성하는 경우도 형법 제227조의 2에서 말하는 전자기록의 '위작'에 포함된다.[358]
>
> ② 경찰관이 고소사건을 처리하지 아니하였음에도 경찰범죄정보시스템에 그 사건

---

358) 대판 2005. 06. 09. 선고 2004도6132

을 검찰에 송치한 것으로 허위사실을 입력한 행위가 공전자기록위작죄에서 말하는 위작에 해당한다.[359]

권한 있는 자의 무형의 위조에 관하여 특별히 공문서의 경우에는 허위공문서작성죄를 처벌하는 규정을 두고 있는 현행 문서죄의 구조와는 다르지만 처벌의 공백을 메우기 위해 무형위조도 포함한다는 판례의 입장이 타당하다(긍정설).

3. 소결

결국 허위 내용을 기재한 甲의 행위는 공전자기록위작죄와 동 행사죄가 성립하고 양자는 실체적 경합관계에 있다.

III. 누범 가중과 경합범 가중 여부

1. 문제제기

누범을 가중함에 있어서 후행범죄행위의 기준시점과 선행범죄와의 일정한 상관관계를 요구하는지 문제되고, 형법 제56조의 형의 가중순서에 따라 누범 가중과 경합범 가중의 순으로 처단형의 범위를 산정한다.

2. 누범에 해당 여부

형법 제35조 소정의 누범이 되려면 금고 이상의 형을 받아 그 집행을 종료하거나 면제를 받은 후 3년 내에 다시 금고 이상에 해당하는 죄를 범하여야 한다.
먼저, 후행범죄행위의 기준시점은 실행의 착수 시기인가?
둘째. 후행범죄는 선행행위범죄와 관련 있는 범죄에 한하는가?

> ① 다시 금고 이상에 해당하는 죄를 범하였는지 여부는 그 범죄의 실행행위를 하였는지 여부를 기준으로 결정하여야 하므로 3년의 기간 내에 실행의 착수가 있으면 족하고, 그 기간 내에 기수에까지 이르러야 되는 것은 아니다.[360]

---

359) 대판 2005. 06. 09. 선고 2004도6132
360) 대판 2006. 04. 07. 선고 2005도9858

236

② 형법 제35조가 누범에 해당하는 전과사실과 새로이 범한 범죄 사이에 일정한 상관관계가 있다고 인정되는 경우에 한하여 적용되는 것으로 제한하여 해석하여야 할 아무런 이유나 근거가 없고, 위 규정이 헌법상의 평등원칙 등에 위배되는 것도 아니다.[361]

[참고판례]
③ 포괄일죄의 일부 범행이 누범기간 내에 이루어지고 나머지 범행이 누범기간 경과 후에 이루어진 경우, 범행 전부가 누범에 해당한다.[362]

따라서 본 건은 비록 죄질이 다르지만 만기출소 후 3년 이내 본 건 공전자기록위작죄·동 행사죄 범행의 실행의 착수가 있었으므로 누범 가중 요소가 된다.

누범 가중에 해당한다. 장기의 2배를 가중하면 각 징역 1월 이상 20년 이하의 징역형에 해당한다.

3. 경합범 가중

형법 제37조, 제38조 제2호에 의해 장기형에 그 2분의 1까지 경합범 가중을 하되 합산한 형기를 초과할 수 없다.

IV. 사안의 해결

형법 제56조에 의해 누범 가중과 경합법 가중 순으로 하면, 먼저 누범 가중하면, 피고인 甲의 본 건 범행사실인 공전자기록위작죄와 동 행사죄의 법정형인 각 10년 이하의 징역형의 장기에 가중하면 각 1월 이상 20년 이하이고, 이를 경합범 가중하면 1월 이상 30년 이하의 징역형에 해당한다.

---

361) 대판 2008. 12. 24. 선고 2006도1427
362) 대판 2012. 03. 29. 선고 2011도14135

문제 2. 乙, 丙, 丁, 戊의 형사책임

I. 문제제기

乙에 대해서는 교통사고처리특례법위반, 특가법상 위험운전치사상, 도로교통법위반(음주운전), 범인도피교사가 문제되고, 丙은 교통사고처리특례법위반과 관련하여 신뢰원칙과 과실유무가 문제되며, 丁과 戊는 범인도피죄에 있어서 친족 간 범행이 문제된다. 또한 戊는 특가법상(도주차량)의 공동정범인가?

II. 乙의 형사책임

1. 교통사고처리법특례법위반죄의 성부

형법상 과실치사죄가 성립하기 위해서는 업무상과실이 있고, 결과에 대한 인과관계 또는 객관적 귀속이 인정되어야 한다. 여기서 피의자 乙의 주의의무의 내용과 후행차량에 의한 역과에 의한 사망 시 인과관계 여부가 문제된다.

본 건 피의자는 야간이고, 좁은 도로이고, 직각으로 굽은 길이므로 전방을 예의주시하고 속도를 늦추고 진행하여야 함에도 이를 게을리한 과실이 인정된다. 나아가 피해자를 5분간 도로상에 방치함으로써 후행차량에 의해 역과하게 한 행위는 과실이 인정되는가?

학설의 다수설인 〈상당인과관계설〉이나 〈합법칙적 조건설〉에 의하면 乙의 사고행위와 길에 쓰러진 피해자를 방치한 행위는 후행차량이 피해자를 역과할 수 있음을 예상할 수 있었으므로 사망과는 상당인과관계 또는 객관적 귀속을 인정할 수 있다는 입장이다.

> 피고인이 야간에 오토바이를 운전하다가 도로를 무단횡단하던 피해자를 충격하여 피해자로 하여금 위 도로상에 전도케 하고, 그로부터 약 40초 내지 60초 후에 다른 사람이 운전하던 타이탄트럭이 도로 위에 전도되어 있던 피해자를 역과하여 사망케한 경우, ─ 후속차량의 운전사들이 조금만 전방주시를 태만히 하여도 피해자를 역과할 수 있음이 당연히 예상되었던 경우라면 피고인의 과실행위는 피해자의 사망에 대한 직접적 원인을 이루는 것이어서 양자 간에는 상당인과관계가 있다.[363]

따라서 피의자 乙은 교통사고처리특례법 제3조 제1항에 의해 피해자 B의 사망사고에 대해서 책임이 있다.

2. 도로교통법위반(음주운전) 또는 특정범죄가중처벌등에관한법률위반 중 위험운전치사상죄의 성부

'정상적인 운전이 곤란한 상태'라 함은, 운전자가 술에 취하여 전방주시를 하는 것이 곤란하다거나 자신이 의도한 대로 조작의 시기 내지 정도를 조절하여 핸들 또는 브레이크를 조작하는 것이 곤란하다는 등의 심신 상태를 의미한다.

> 위와 같은 상태에 있었는지 여부는 피고인의 주취 정도, 사고의 발생 경위와 사고 위치, 피해 정도, 사고 전후 피고인의 태도(사고 전에 비정상적인 주행을 하였는지, 사고 전후 비틀거렸는지, 혀가 꼬여 제대로 말을 하지 못하였는지, 횡설수설하였는지, 사고 상황을 제대로 기억하지 못하고 있는지 여부 등) 등을 종합적으로 고려하여 판단할 수밖에 없다.[364]

본 건에서 경찰관 작성의 사고실황조사서상 피의자가 취한 것으로 보이지 않는다는 기재 내용과 달리 음주를 측정한 자료가 없는 점에 비추어 위험운전치사는 물론 도로교통법상 음중운전으로도 처벌할 수 없다.

3. 범인도피죄의 교사

범인이 자신을 위하여 내연의 처인 丁으로 하여금 허위의 자백을 하게 하여 범인도피죄를 범하게 하는 행위는 형법 제151조 제1항의 범인도피교사죄에 해당하는가?

학설은 자기비호의 연장에 불과하다는 점에서 부정설도 있지만 자기비호권의 남용으로 보아 긍정설이 타당하고, 판례[365] 또한 긍정설을 취하고 있다.

따라서 피의자 乙은 범인도피교사죄의 책임을 진다.

---

363) 대판 1990. 05. 22. 선고 90도580
364) 창원지판 2009. 05. 21. 선고 2009고정2
365) 대판 2006. 12. 07. 선고 2005도3707

III. 丙의 형사책임

굽은 내리막길에서 도로상에 누워 있는 피해자를 발견하지 못하고 역과한 것에 대해서 과실책임을 물을 수 있는가?

과실의 유무를 판단함에는 같은 업무와 직무에 종사하는 보통인의 주의 정도를 표준으로 한다.[366]

본 사안에서도 일반적으로 피해자가 도로 위에 엎어져 있을 것이라고 예상할 수 없었고, 야간이고 굽은 내리막길이어서 제한속도 이하로 진행하였고, 주변에는 가로등이 거의 없어 노면상태가 군데군데 훼손되어 있었고, 따라서 전방주시를 철저히 하였다 하여도 즉시 감속하거나 급제동하여 충돌을 면할 수 있는 안전거리에서 피해자 등을 미리 발견할 수는 있었다는 증거가 없는 한 피의자에게 과실을 인정하기가 어렵다.

IV. 戊의 형사책임

1. 범인도피죄와 위계에 의한 공무집행방해죄의 성부

1) 문제제기

범인도피죄를 구성하는지, 구성한다면 사실혼관계에 있는 戊도 친족 간의 특례조항에 해당하는지가 문제된다. 나아가 위계에 의한 공무집행방해죄를 구성하는가?

2) 범인도피죄의 성부

벌금 이상의 형에 해당하는 죄를 범한 자를 은닉 또는 도피하게 함으로써 성립하는 범죄이다(형법 제151조 제1항). 은닉 이외의 방법으로 범인에 대한 수사, 재판 및 형의 집행 등 형사사법의 작용을 곤란 또는 불가능하게 하는 일체의 행위로서 그 수단과 방법에는 아무런 제한이 없고, 또한 위험범으로서 현실적으로 형사사법의 작용을 방해하는 결과를 초래할 필요는 없다.

다만, 적어도 함께 규정되어 있는 은닉행위에 비견될 정도로 수사기관으로 하여

---

366) 대판 2011. 09. 08. 선고 2009도13959

금 범인의 발견·체포를 곤란하게 하는 행위, 즉 직접 범인을 도피시키는 행위 또는 도피를 직접적으로 용이하게 하는 행위에 한정된다고 해석함이 상당하다.

[긍정례]
① 참고인이 수사기관에서 범인에 관하여 조사를 받으면서 그가 알고 있는 사실을 묵비하거나 허위로 진술하였다고 하더라도, 그것이 적극적으로 수사기관을 기만하여 착오에 빠지게 함으로써 범인의 발견 또는 체포를 곤란 내지 불가능하게 할 정도의 것이 아니라면 범인도피죄를 구성하지 않는다고 보아야 한다.[367]
② 범인이 기소중지자임을 알고도 범인의 부탁으로 다른 사람의 명의로 대신 임대차계약을 체결해 준 경우, 비록 임대차계약서가 공시되는 것은 아니라 하더라도 수사기관이 탐문수사나 신고를 받아 범인을 발견하고 체포하는 것을 곤란하게 하여 범인도피죄에 해당한다.[368]

참고인이 수사기관에서 허위 진술을 하였다고 하여 그 자체를 처벌하거나 이를 수사방해 행위로 처벌하는 규정이 없는 이상 범인도피죄의 인정 범위를 함부로 확장해서는 안 될 것이기 때문이다.

[부정례]
게임장 등의 실제 업주가 아니라 종업원임에도 불구하고 자신이 업주라고 허위로 진술하는 것만으로는 부족하고 게임장 등의 운영 경위, 자금 출처, 게임기 등의 구입 경위, 점포의 임대차계약 체결 경위 등에 관해서까지 적극적으로 허위로 진술하거나 허위 자료를 제시하여 그 결과 수사기관이 실제 업주를 발견 또는 체포하는 것이 곤란 내지 불가능하게 될 정도에까지 이른 것으로 평가될 수 있어야 범인도피죄를 구성한다고 할 것이다.[369]

사안에서 피의자 戊가 자신이 운전자라고 사고를 신고하고, 적극적으로 운전한 경위를 설명한 점에서 범인도피죄를 인정할 수 있다.

---

367) 대판 2003. 02. 14. 선고 2002도5374
368) 대판 2004. 03. 26. 선고 2003도8226
369) 대판 2013. 01. 10. 선고 2012도13999

3) 친족 간의 특례조항 적용 여부

형법 제151조 제2항은, 친족 또는 동거의 가족이 본인을 위하여 범인도피죄를 범한 경우에는 처벌하지 아니한다고 규정하고 있다. 여기서 말하는 친족 또는 동거의 가족에 내연의 처나 사실혼관계에 있는 자도 포함하는지에 대해서 학설상 〈긍정설〉과 〈부정설〉이 있다.

> 사실혼관계에 있는 자는 민법 소정의 친족이라 할 수 없어 위 조항에서 말하는 친족에 해당하지 않는다.[370)]

내연의 관계의 범주를 사실상 확정하기 어려우므로 〈부정설〉이 타당하고, 이에 의하면 戊는 범인도피죄에 해당한다.

4) 위계에 의한 공무집행방해죄 성부

피고인의 행위를 위계에 의한 공무집행방해죄로 의율할 수 있는가?

> 판례는, 과속단속카메라에 촬영되더라도 불빛을 반사시켜 차량 번호판이 식별되지 않도록 하는 기능이 있는 제품('파워매직세이퍼')을 차량 번호판에 뿌린 상태로 차량을 운행한 행위만으로는, 교통단속 경찰공무원이 충실히 직무를 수행하더라도 통상적인 업무처리과정 하에서 사실상 적발이 어려운 위계를 사용하여 그 업무집행을 하지 못하게 한 것으로 보기 어렵다.[371)]

자신이 범인이라고 신고하는 정도만으로는 위계에 의한 공무집행방해죄라고 할수는 없다.

2. 특가법상(도주차량)의 공동정범의 성립 여부

운전자가 아닌 동승자가 교통사고 후 공모하여 도주행위에 가담하였다면 공동정범의 책임을 물을 수 있는가?

판례에 의하면 동승자에게 고실범의 공동정범의 책임을 물을 수 있는 특별한 경

---

370) 대판 2003. 12. 02. 선고 2003도4533
371) 대판 2010. 04. 15. 선고 2007도8024

우가 아닌 한 도주차량의 공동정범으로 처벌할 수 있다.[372)]

판례에 의하면 사고 후 공모한 행위만으로 도주차량의 공동정범을 인정할 수 없다.

[도주차량 주요판례]

① 〈후행사고차량운전자의 도주차량 여부〉 자동차 운전자인 피고인이 선행차량에 충격되어 도로에 쓰러져 있던 피해자를 다시 역과함으로써 사망에 이르게 하고도 필요한 조치를 취하지 않고 도주한 사안에서 피고인 운전 차량이 2차로 역과할 당시 아직 피해자가 생존해 있었다고 단정하기 어렵다는 이유로 도주차량을 부인하고 있다.[373)]

② 〈구호조치의무 수행자〉 피해자 구호조치는 반드시 본인이 직접 할 필요는 없고, 자신의 지배하에 있는 자를 통하여 하거나, 현장을 이탈하기 전에 타인이 먼저 구호조치를 하여도 무방하다. 피해자의 병원이송 및 경찰관의 사고현장 도착 이전에 사고 운전자가 사고현장을 이탈한 경우 설령 운전자가 사고현장을 이탈하기 전에 피해자의 동승자에게 자신의 신원을 알 수 있는 자료를 제공하였다고 하더라도, 피고인의 이러한 행위는 '피해자를 구호하는 등 조치를 취하지 아니하고 도주한 때'에 해당한다고 할 것이다.[374)]

③ 〈특가법 도주차량을 업무상과실치상으로 인정〉[(적극)] 특정범죄가중처벌등에관한법률위반죄로 공소가 제기된 경우 법원이 이 사건을 심리한 결과 위 범죄는 인정되지 아니하나 업무상과실치사상죄가 인정된다면 공소장변경절차 없이도 그 죄로 처단되어야 한다.[375)]

[도로교통법상 구호조치의무]

도로교통법 제54조 제1항, 제2항이 규정한 교통사고 발생 시의 구호조치의무 및 신고의무는 — 교통사고의 결과가 피해자의 구호 및 교통질서의 회복을 위한 조치가 필요한 상황인 이상 그 의무는 교통사고를 발생시킨 당해 차량의 운전자에게 그 사고 발생에 있어서 고의·과실 혹은 유책·위법의 유무에 관계없이 부과된 의무라고 해석함이 타당하고, 당해 사고의 발생에 귀책사유가 없는 경우에도 위 의무가 없다 할 수 없다.[376)]

---

372) 대판 2007. 07. 26. 선고 2007도2919

373) 대판 2014. 06. 12. 선고 2014도3163

374) 대판 2004. 03. 12. 선고 2004도250

375) 대판 1990. 12. 07. 선고 90도1283

376) 대판 2015. 10. 15. 선고 2015도12451

V. 丁의 형사책임

1. 문제제기

丁은 동거하는 친동생이므로 내연녀와는 달리 형법 제151조 제2항에 의해 처벌되지 않는다. 이 경우 '처벌하지 아니한다'의 법적 성격은 무엇인지, 공범의 종속성에 따라 교사자인 乙의 형사책임은 달라지는가?

2. 법적 성격

'처벌하지 아니한다'는 의미에 관하여 학설은 기대가능성에 의한 〈책임조각〉이라는 입장과 〈인적처벌조각사유〉라고 하는 입장이 있다.

> 판례[377]는, 명확하지 않지만 정치자금법 제45조 제1항 단서 규정은 정치자금을 기부하는 자와 받는 자 사이에 민법상 친족관계가 있는 경우에는 친족 간의 정의를 고려할 때 정치자금법에서 정한 방법으로 돈을 주고 받으리라고 기대하기 어려움을 이유로 책임이 조각되는 사유를 정한 것이라고 하고 있다.

친족 간의 특례조항은 기대가능성을 이유로 〈책임조각사유〉로 해석하는 것이 상당하다.

> [참조판례]
> 국회의원의 면책특권의 대상이 되는 행위에 관하여 공소제기가 있는 경우에는 피고인에 대하여 재판권이 없는 때에 해당하므로 형사소송법 제327조 제1호에 의하여 판결로써 공소기각의 선고를 하여야 한다.[378]

3. 공범의 종속문제

친동생 丁은 형법 제151조 제2항에 의해 무죄에 해당한다. 그렇다면 위와 같이 제151조 제2항을 책임조각사유로 본다면 교사범 乙은 교사죄가 성립하는가. 종속의 형식에 따라 극단종속형식에 의하면 교사범은 성립하지 않지만 제한종속형식에

---

377) 대판 2007. 11. 29. 선고 2007도7062
378) 서울고판 1991. 11. 14. 선고 87노1386

의하면 정범의 행위는 위법하므로 교사범이 성립할 수 있다. 반면 인적처벌조각사유설에 의하면 제한종속형식이든, 극단종속형식이든 교사범은 성립한다.

> 판례[379]는, 범인이 자신을 위하여 타인으로 하여금 허위의 자백을 하게 하여 범인도피죄를 범하게 하는 행위는 방어권의 남용으로 범인도피교사죄에 해당하는바, 이 경우 그 타인이 형법 제151조 제2항에 의하여 처벌을 받지 아니하는 친족, 호주 또는 동거 가족에 해당한다 하여 달리 볼 것은 아니라고 하고 있다.

문제 3. 위장자수가 공판도중에 발견된 경우 조치

I. 문제제기

검사는 피의자 戊가 적극적으로 신고하고, 자신이 자백을 함으로써 교특법위반에 대해 피의자 乙 대신 戊를 잘못 기소하였다. 이 경우 피고인 戊에 대해서는 사실상 혐의가 없으므로 이 경우 검찰과 법원은 어떠한 조치를 하여야 하는가?

II. 성명모용소송과 구별

1. 성명모용소송의 경우

피의자가 타인의 성명을 모용한 경우와는 다르다. 성명모용의 경우는 예를 들면, 피의자(모용자)가 타인(피모용자)의 운전면허증을 제시하고 타인 행세를 하는 바람에 검사가 피의자를 타인 명의로 기소한 경우를 말한다. 이 경우 공소제기 효력은 검사가 피고인으로 표시한 피모용자에게 미치는가〈표시설〉, 아니면 검사가 기소하려 한 모용자에게 미치는가〈의사설〉, 이외〈행위설〉, 〈실질적 표시설〉 등의 학설이 대립하고 있다.

> 판례[380]는 공소 제기의 효력은 검사가 피고인으로 지정한 자에게만 미치는 것이고,

---

379) 대판 2006. 12. 07. 선고 2005도3707
380) 대판 1997. 11. 28. 97도2215

피의자가 모용한 탓으로 공소장에 피모용자가 피고인으로 표시되어 있더라도 표시상의 착오일 뿐 검사는 모용자에 대해서 공소제기한 것이라고 하여 피모용자에게는 공소제기의 효력이 미치지 않는다고 검사의 의사를 기준으로 판단하고 있다.

위와 같이 〈의사설〉을 기준으로 하는 판례에 의하면 공소제기는 모용자에게 미치고, 타인에 대해서는 공소제기의 효력이 미치지 않으므로 법원은 피고인 표시를 모용자로 정정하면 족하고, 법원은 약식명령 정본과 함께 표시정정결정서를 첨부하여 모용자에게 고지하면 된다.

2. 위장자수한 본 사안의 경우

그러나 본 사안은 피고인 戊가 위장자수함으로써 검사가 戊를 피고인으로 오인하고 기소한 것이므로 공소제기의 효력은 戊에게 미치므로, 위와 같이 단순히 피고인의 표시를 착오한 성명모용의 경우와는 다르다.

Ⅲ. 공판도중 발견된 경우 조치

피고인 戊에 대한 검사의 기소는 실체적 진실에 반하므로 검사는 戊에 대한 공소취소를 할 수 밖에 없고, 검사가 공소취소하면 법원은 형사소송법 제328조 제1항 제1호에 의해 공소기각 결정을 하여야 한다. 다만 공소취소하지 않으면 법원은 戊에 대해 무죄선고하여야 한다.

한편 진범인 乙에 대해서는 검찰은 재수사하여 乙에 대해 교통사고처리특례법위반으로 기소하여야 할 것이다.

[참고사항]

성명모용소송의 경우 검사는 모용자를 기소하려 한 것이므로 공소제기의 효력은 모용자에게 미치므로 모용자로 표시정정하면 족하다. 다만, 약식 명령의 고지로 피모용자가 정식재판을 청구하였다면 피모용자에 대한 사실상 계류 중인 소송에 대해서는 피고인 특정위반을 이유로 형사소송법 제327조 제2호에 의해 공소기각 판결하면 된다.[381]

---

381) 대판 1997. 11. 28. 선고 92도2554

I. 문제제기

유죄판결은 피고인에게 불리한 판결이므로 유죄판결의 판결이유에는 범죄될 사실, 증거의 요지와 법령의 적용을 명시하여야 한다(제323조①). 법률상 범죄의 성립을 조각하는 이유 또는 형의 가중, 감면의 이유되는 사실의 진술이 있는 때에는 이에 대한 판단을 명시하여야 한다(동②).

당사주의의 소송구조상 당연한 판단이며 재판의 공정성을 담보하는 취지이므로 이러한 주장에 대해 판단을 누락하게 되면 판단유탈이 되어 상소이유가 된다.

> 유죄판결의 판결이유에서는 범죄사실, 증거의 요지와 법령의 적용을 명시하여야 하므로, 유죄판결을 선고하면서 판결이유에 이 중 어느 하나를 전부 누락한 경우에는 형사소송법 제383조 제1호에 정한 판결에 영향을 미친 법률위반으로서 파기사유가 된다.[382]

그렇다면 본 사안과 같이 '관행'이었다는 주장은 "죄의 성립을 조각하는 이유 또는 가중·감면의 이유가 되는 사실의 진술"이라고 할 수 있는가?

II. '관행'이라는 주장의 의미

피의자는 기재내용은 사실대로이지만 출장자만을 달리 기재한 것은 '관행'이었다고 주장하고 있다. 본 죄가 성립하기 위해서는 사무처리를 그르칠 목적이 있어야 한다. 따라서 피의자의 이러한 주장은 단순히 범의를 부인하거나 이러한 목적을 부인하는 것으로 해석할 수 있다.

> 판례[383]는 "출장보고서상 다른 기재내용은 모두 사실과 같고, 다만 출장자가 다른 것은 일반적인 관행이었다는 사정만으로는 위작의 범의를 부정할 수 없다"고 한다.

---

382) 대판 2009. 06. 25. 선고 2009도3505
383) 대판 2007. 07. 27. 선고 2007도3798

나아가 일반적인 관행이라는 변명만으로는 위법성이 없다거나 기대가능성이 없어 책임이 조각되는 것이라고 할 수도 없을 것이다.

Ⅲ. 사안의 해결

그렇다면 이러한 '관행'이라는 주장에 대해 그 판단이유를 판결이유 중에 명시할 필요는 없다.

> [참고판례]
> 공정증서원본불실기재 및 동행사죄로 공소가 제기된 경우 피고인이 시효취득으로
> 당해 등기가 실체적 권리관계에 부합하는 유효한 등기라고 주장하는 것은 공소사실
> 에 대한 적극부인에 해당할 뿐, 법률상 범죄의 성립을 조각하는 사유에 관한 주장이
> 라고는 볼 수 없으므로 반드시 그에 대한 판단을 판결이유 중에 명시하여야만 하는
> 것은 아니다.[384]

문제 5. 수사보고서의 증거능력과 증거조사방법

1. 문제제기

검사가 '피고인의 처벌을 원하지 않는다'는 진술을 청취하고 수사보고서 형태로 법원에 증거로 제출하였다면 수사보고서는 피해자의 의사표시의 효력을 판단하는 증거로 사용할 수 있는가?

2. 처벌불원의 의사표시의 증거조사방법

처벌불원의 의사표시는 순수한 소송법적인 사실로서 자유로운 증명으로 족하다. 따라서 증거능력이 없는 수사보고서상 기재라도 증거조사가 이루어진 것이라면 증거로 사용할 수 있다.

> 반의사불벌죄에서 피고인 또는 피의자의 처벌을 희망하지 않는다는 의사표시 또는

---

384) 대판 1990. 09. 28. 선고90도427

처벌희망 의사표시 철회의 유무나 그 효력 여부에 관한 사실은 엄격한 증명의 대상
이 아니라 증거능력이 없는 증거나 법률이 규정한 증거조사방법을 거치지 아니한 증
거에 의한 증명, 이른바 자유로운 증명의 대상이다.[385]

3. 사안의 해결

결국 검찰이 증거로 제출하고 상당한 방법으로 증거조사가 이루어졌다면 비록
증거능력이 없는 본 건 수사보고서라도 피해자 처벌불원의 의사표시의 효력 여부
를 판단하는 증거로 사용할 수 있다.

---

385) 대판 2010. 10. 14. 선고 2010도5610

부정수표단속법위반, 공소장의 특정, 상소심의 심판대상

형법총론	수표의 회수, 반의사불벌죄, 상습성 인정
형법각론	상습사기죄, 강제집행면탈죄, 공정증서원본불실기재죄, 동행사죄, 유가증권변조죄, 협박죄
형사소송법	공소장의 특정, 포괄적일죄의 추가기소, 석명권, 상소심의 심판대상, 법관의 제척
형사특별법	부정수표단속법위반, 특경법위반(사기, 배임)

설문

1. 피의자 甲과 乙은 공동으로 ㈜피라미드 회사를 운영하는 자들로서, 2007. 5. 경부터 2009. 5. 경까지 투자전문상담사라는 직함의 직원을 다수 고용하고, 컴퓨터 등 투자시장을 분석하는 자동화 기기 등을 갖추고, 마치 '돈을 투자하면 은행 금리보다 5배나 높은 이윤을 보장한다'는 식의 거짓말을 하여 피해자 150명으로부터 투자금 명목으로 60억원을 교부받았다.

2. 피의자 甲은 2008년도에 들어와 예상대로 회사의 적자가 누적되고, 부채가 기하급수적으로 늘어가다가 급기야 같은 해 5. 20. 사업이 부도되자 중국으로 도피하기 전에 위 회사가 丙에게 부담하고 있는 채무금은 2억원에 불과함에도 8억원을 부풀려 10억원의 약속어음을 발행해 주고, 공증인에게 신고하여 '채무변제계약공정증서'를 작성하고, 원본을 비치하게 하였다. 丙은 2008. 5. 21. 이에 근거하여 채권압류 및 추심명령을 받았다. 이외 피의자 甲이 발행한 아래수표는 부도처리되고, 지급거절증명서가 첨부되었다.

순번	수표번호	금액(만원)	발행일자	제시일자
1		500	공란	2008. 5. 9.
2		12,500	2008. 3. 31.	2008. 4. 15.
3	생략	11,000	2008. 5. 4.	2008. 5. 9.
4		22,000	2008. 5. 9.	
5		12,000	2008. 5. 9.	
6		22,000	2008. 7. 5.	

3. 피의자 甲이 도주하자 피라미드 회사의 피해자들은 丙을 상대로 피의자 甲과 짜고 회사돈을 빼돌리고, 공증어음은 허위라고 주장하면서 고소장을 제출하였다. 이를 배당받은 경찰관은 丙의 집을 압수·수색한 결과 1) 이미 경과된 지급기일을 임의로 3개월 후의 날짜로 권한 없이 변경한 피라미드 회사 어음 1매와, 2) 피라미드 회사가 부도나면 자신의 처 ○○○에게 주택회사의 지분을 양도한다는 허위내용의 자신명의 양수도약정서를 발견하고 이들을 압수하였다. 당시 丙은 상당한 재산을 보유하고 있었다.

4. 피의자 甲은 중국으로 도망가 약 1년 후에 마약소지혐의로 구속되어 징역 8년형을 선고받고 약 6년을 복역한 후 2015. 6. 20. 경 중국으로부터 강제추방되어 귀국하게 되었다.

5. 피의자 甲은 4번 수표에 대해서는 부도수표의 공범인 乙이 2010. 2. 28. 자신의 항소심 재판 과정에서 회수를 한 것이고, 6번 수표에 대해서는 처벌을 원하지 않는다는 소지자 B의 진술서를 제출하였다.

6. 소지자 B는 곧이어 경찰서에 자신은 甲의 협박을 받아 진술서를 작성하여 주었을 뿐이며, 협박하였다는 증거로 피의자 甲으로부터 받은 문자메시지 사진을 제출하였다. 내용은 "합의해 주지 않으면 좋은 일 없다. 너 죽이고 몇 년 살 수도 있다"는 것이었다. 검사는 2015. 7. 10. 피고인 甲과 丙에 대해 기소하였다.

7. 피의자 甲은 5번 수표에 대해 항소심에서 회수하였다.

문제

1. 피의자 甲, 丙의 형사책임은?

2. 피고인 甲의 피라미드 사기 사건에 대해 검사는 피해자 150명 이외 20여 명의 피해자로부터 고소장을 접수받아 수사하여 추가기소하였다면 법원의 조치는 어떤가? 만약 사건의 일부를 단순사기죄로 기소하여 확정된 이후 추후 상습사

기죄로 기소하면 어떤가?

3. 피고인 甲의 위 사기사건의 일부에 대해서는 유죄, 나머지 부분은 무죄를 선고하자 검사만이 무죄 부분에 대해 상고하였고, 대법원이 이에 대해 유죄의 취지로 파기환송하였다면 원심의 심판대상은? 만약 피고인 甲만이 유죄 부분에 대해 상고하였으나 무죄의 취지로 파기환송되었다면 원심의 심판대상은? 전의 항소심 판결에 관여한 법관은 제척대상인가?

4. 乙에 대한 부정수표단속법위반죄에 대해 2016. 8. 15. 형 선고의 효력을 상실케 하는 특별사면이 있었으나 재심결과 유죄가 인정되는 경우 재심법원의 조치는?

해설

문제 1. 피의자 甲과 丙의 형사책임

I. 피의자 甲의 단독범행

1. 문제제기

피의자 甲은 특정경제범죄가중처벌등에관한법위반(사기)과 부정수표단속법위반, 협박의 점이 문제된다. 특히 중국에 도피하여 장기간에 걸쳐 수형생활을 하였으므로 '형사처벌을 면할 목적'이 유지되는지 문제이다.

2. 국외도피의 경우 공소시효의 정지 여부

1) 문제제기

피의자가 형사처분을 면할 목적으로 국외로 도피하면 공소시효는 정지된다. 이 경우 외국의 수감시설에 장기간 수감된 경우에도 형사처분을 면할 목적은 유지되는가 문제이다.

2) '형사처분을 면할 목적'의 유지 여부

통상적으로 범인이 다른 범죄로 외국에서 수감생활을 하는 경우 그 범행에 대한 법정형이 당해 범죄의 법정형보다 월등히 높고 실제로 수형기간이 공소시효보다 현저히 장기간이고 근거지가 있는 우리나라로 돌아오려고 하였다면 도피목적은 유지되기 어려울 것이다.

> '형사처분을 면할 목적'이 있었는지 여부는 당해 범죄의 공소시효의 기간, 범인이 귀국할 수 없는 사정이 초래된 경위, 그러한 사정이 존속한 기간이 당해 범죄의 공소시효의 기간과 비교하여 도피 의사가 인정되지 않는다고 보기에 충분할 만큼 연속적인 장기의 기간인지, 귀국 의사가 수사기관이나 영사관에 통보되었는지, 피고인의 생활 근거지가 어느 곳인지 등의 제반 사정을 참작하여 판단하여야 한다.[386]

[부정한사례]

① 중국으로 출국하여 체류하다가 그곳에서 징역 14년을 선고받고 8년 이상 복역한 후 우리나라로 추방되어 부정수표단속법위반죄로 공소제기된 사안에서, "위 수감기간 동안에는 형사소송법 제253조 제3항의 '형사처분을 면할 목적'을 인정할 수 없어 공소시효의 진행이 정지되지 않는다."[387]

② 여권을 소지하지 않은 채 출국한 밀항단속법위반 사안에서 "피고인의 출국 자체가 형사처분을 면할 목적이 아니라 생업에 종사하기 위함이고, 피고인이 의도했던 국외 체류기간이나 실제 체류기간이 모두 밀항단속법 위반죄의 법정형이나 공소시효기간에 비해 매우 장기인 점, 피고인이 다시 국내로 입국하게 된 경위 등 제반 사정에 비추고 피고인이 밀항단속법 위반 범죄에 대한 형사처분을 면할 목적으로 일본에 있었다고 인정하기에 부족하여 공소시효 진행이 정지되지 않

---

386) 출국 당시 이 사건 형사고소도 없었던 점, 피고인과 공소외 1은 2001. 02. 14 입국한 후 같은 달 2. 26. 기소중지되었던 위 고소사건을 재기하여 줄 것을 신청하였고, 그 이후 수사기관에 자진출석하여 조사를 받아 왔으며, 위 재기신청 이후 공소시효 완성 시까지의 잔여기간, 피해자들의 고소 내용으로 미루어 본 수사의 난이도, 실제로 수사기관에서 행한 수사내용 등에 비추어 보아 위 재기신청 이후 바로 수사가 이루어졌다면 시효정지사유가 없는 경우의 공소시효 완성일 이전에 충분히 이 사건 기소가 이루어질 수 있었을 것으로 보여지는 사정들에 비추어 피고인이 입국 후에 이 사건 수사를 지연시켜 공소시효 기간을 경과함으로써 이 사건 형사처분을 면하려고 의도하지는 않은 것으로 여겨지는 점, 피고인은 이 사건 출국은 국내에서 하던 사업이 실패한 후 가족들이 있는 미국에서 별다른 자본 없이 할 수 있는 사업을 물색하기 위한 것이었고, 이 사건 형사처분을 피하기 위한 목적이 있었던 것은 아니라고 주장하고 있는바, 실제로 피고인은 1989. 무렵 가족들과 함께 미국으로 이민을 간 후 국내에서 사업을 하여 오다 사업에 실패한 후 이 사건 출국일 무렵에는 별달리 하는 일이 없었던 것으로 보여지는 점 등에 비추어 '형사처분을 면할 목적'이 없다고 한 사안(대판 2002. 10. 11. 선고 2002도3641 [공2002. 12. 01.(167),2782])

387) 대판 2008. 12. 11. 선고 2008도4101 [공2009상,56]

는다."[388]

3) 소결

본 사안에서는 다소 장기간인 약 6년을 중국에서 수형생활을 하였고, 비록 부정
수표단속법위반의 점은 법정형이 5년 이하이고, 공소시효도 7년 이지만 이외 특경
법위반의 점 중 사기죄의 경우 동법 제3조 제1항 제1호에 의해 무기징역도 가능하
고, 공소시효 또한 15년으로 연장될 수 있으므로 도피목적은 그대로 유지된다고 보
아야 한다. 이러한 목적이 유지되고 있다는 점에 대해서는 검사가 입증하여야 함은
물론이다.

3. 부정수표단속법 위반의 점

1) 문제제기

수표법은 어음과 달리 수표법상 민, 행정적인 제재 이외에 부정수표단속법에 의
한 형사처벌을 담보로 수표의 피지급성을 보장[389]하면서 반의사불벌죄로 규정하고
있다.

> 헌법재판소는 「어음과 수표는 다 같이 유통증권이기는 하지만 수표는 현금의 대용
> 물로서 금전지급증권이라는 수표 고유의 특성 때문에 수표의 피지급성의 보장이 어
> 음의 경우보다 더욱 강력하게 요청되는 점에서 어음과는 성질을 달리하므로 지급 거
> 절될 것을 예견하고 수표를 발행하는 행위를 처벌한다고 하여 평등의 원칙에 반한다
> 고 할 수는 없다」고 하여 합헌 결정을 하였다.[390]

이하에서 설문의 1번~6번 수표별로 부도수표에 해당하는지, 수표회수나 처벌불
원의 의사표시는 유효한 것인지에 대해 구체적으로 살펴본다.

---

388) 대판 2012. 07. 26. 선고 2011도8462
389) 부정수표단속법 제2조 제2항에서 말하는 부정수표는, 정당하게 발행된 수표가 그 후에 예금부족 또
는 거래정지처분이나 수표계약의 해제 및 해지 등의 사유로 제시기일에 지급이 거절된 수표를 뜻
한다. 부정수표단속법상 부정수표는, 부정수표의 일종이나 발행 당초부터 부정한 수표로서 지급제
시를 하면 지급이 거절된다는 것이 확실한 것으로 수표 자체가 위법하게 발행된 위법 발생수표(동
법 제2조 제1항)와는 구별된다.
390) 헌재결 2011. 07. 28. 2009헌바267

2) 1번 부도수표

범죄가 성립되기 위해서는 그 수표가 적법한 제시기간 내에 제시되어야만 한다.[391] 국내수표의 지급제시기간은 10일이다(수표법 제29조 제1항).

> 제시기간은 발행일 다음날로부터 기산되므로 발행일이 보충되지 않은 채 백지로 제시된 경우에는 지급제시기간 내에 제시되었는지 확정할 수 없다.[392]

따라서 발행일이 흠결된 수표는 본 죄를 구성하지 않으나 동 수표가 그 제시기일에 제시되지 않은 것이 공소장기재로 보아 명백하므로 형사소송법 제328조 제1항 제4호에 의해 공소기각 결정하여야 한다.

3) 2번 부도수표

지급제시기간의 기산점은 수표발행일인가, 아니면 수표발행일 익일부터 기산하는가? 이에 대해 기간은 수표법 제29조 제4항은 제시기간은 '수표에 적힌 발행일부터 기산한다'고 하고 있다. 이에 대해 동법 제61조는, "이 법에서 규정하는 기간에서 그 첫날은 산입하지 않는다"고 하여 원칙적으로 초일은 산입하지 않고 있다. 이에 대해 판례는 원칙에 따라 초일을 불 산입하고 있다.

> 수표법 제29조 제4항의 규정은 수표가 실제로 발행된 날과 수표에 발행일로 기재된 날이 서로 다른 경우에 그 수표 제시기간을 기산함에 있어서 수표에 기재된 발행일을 기준으로 한다는 원칙을 밝힌 것으로 기간의 계산은 위 수표법 제61조의 일반 원칙적 규정을 따라 수표에 발행일로 기재된 날은 초일로 산입하지 아니하고 그 다음날부터 기산한다.[393]

판례에 따르면 제시기간은 발행일의 다음날로부터 기산하며, 제시가간 중의 휴일은 제시기간에 산입되지만, 기간 말일이 휴일인 경우에는 이에 이은 제1의 기일거래일까지 연장한다(제60조 제2항). 그렇다고 하더라도 본 사안에서는 제시기간이 경과되

---

391) 대판 1982. 09. 14. 선고 82도1531

392) 대판 1983. 05. 10. 선고 83도340 (전합) 발행지기재 흠결의 경우에는 부정수표단속법 위반에 지장이 없다(다수의견). 이 경우 미완성수표이어서 부정수표단속법의 규제 대상이 아니다(소수의견).

393) 대판 1982. 04. 13. 선고 81다1000

었음이 공소사실 자체에 의하여 명백하므로 이 또한 공소기각[394] 결정하여야 한다.

4) 3번 부도수표

본 죄가 성립하려면, 먼저, 수표의 발행 또는 작성에 관한 고의가 있어야 하고[395] 다음으로 예금부족 등으로 제시기일에 지급되지 않을 것이라는 지급거절의 결과발생에 대한 고의가 요구된다. 이러한 고의의 존부 판단은 수표의 발행·작성 당시를 기준으로 한다.

[고의인정사례]

① 명의대여자인 경우[396]

피고인은 신용불량인 공소외 2의 부탁을 받고 피고인을 대표이사로 하는 수표계약의 체결을 허락한 다음 ― 피고인은 공소외 2가 발행하는 수표들이 제시일에 지급되지 않을 가능성이 있다고 예견할 수 있었다고 봄이 상당하고, 피고인이 이 사건 수표들의 발행 이전에 위 허락을 철회하여 발행을 반대하였다는 등의 특별한 사정이 없는 한 피고인은 수표의 발행에 따른 부정수표단속법 위반죄의 책임을 면할 수 없다고 할 것이다.

② 지급제시를 하지 않는다는 특약의 존재[397]

지급제시를 하지 않는다는 특약이나 수표를 발행하게 된 경위 또는 지급하지 못하게 된 경위 등에 대내적 사유가 있다는 사정만으로 부정수표 발행의 죄책을 면할 수 없으나, 발행인이 그와 같은 결과발생을 예견하지 아니하였거나 특별한 사정이 있어 수표가 지급 제시되지 않으리라고 믿고 있었고 그와 같은 믿음이 정당한 것으로 수긍되는 것이라면, 부정수표발행의 죄책을 인정할 수 없다.

[고의부정사례]

① 발행 이후 경제적인 사정변경으로 부도난 경우

금원차용이나 도급계약 또는 수표발행 이후 경제 사정의 변화로 인한 부도의 경우 고의인정의 여부의 판단에는 수표발행 당시의 자금사정이 주요한 고려요소가 된다.[398] 사채업을 정상적으로 영위하다 레미콘 업체를 인수하면서 자금사정이

---

394) 대판 1973. 12. 11. 선고 73도2173
395) 대판 2007. 05. 10. 선고 2007도1931
396) 대판 2007. 05. 10. 선고 2007도1931
397) 대판 2010. 09. 30. 선고 2010도6490, 2007. 03. 30. 선고 2007도523

악화되어 부도가 난 피고인이 차용금 또는 공사도급 대금 상당 이익을 편취하고 부정수표를 발행한 것으로 기소된 사안에 대해서, 공소사실 중 일부는 금원차용이나 도급계약 또는 수표발행 이후 경제 사정의 변화로 인하여 결과적으로 변제능력이 없어져 차용금이나 공사대금을 변제할 수 없게 되었거나 수표를 결제할 수 없게 된 것으로 볼 여지가 있다.

② 퇴임한 대표이사의 경우[399]

퇴임하는 대표이사가 자기명의의 수표가 발행되지 못하도록 제반조치를 취하지 않아, 회사임직원이 퇴임한 대표이사 명의의 수표를 발행한 경우라도, 그 퇴임한 대표이사에게 수표를 발행한 책임을 물을 수는 없다.

본 건에서는 처음부터 고이율의 배당을 예정하고 상당 부분 적자가 누적되어 있었으므로 지급거절의 결과발생에 대한 고의는 충족된 것으로 보인다.

5) 4번 부도수표

(1) 공범의 수표회수

수표를 발행하거나 작성한 자가 그 수표를 회수한 경우 또는 회수하지 못하였더라도 수표 소지인의 명시적 의사에 반하는 경우 공소제기를 제기할 수 없다(제2조 제4항). 여기서 공범이 회수한 경우에도 피고인에게 효력이 있는가?

부정수표가 공범에 의하여 회수된 경우에 그 소추조건으로서의 효력은 회수 당시 소지인의 의사와 관계없이 다른 공범자에게도 당연히 미치는 것으로 보아야 할 것이고, 부정수표를 실제로 회수한 공범이 다른 공범자의 처벌을 원한다고 하여 달리 볼 것이 아니다.[400]

판례에 의하면 공범이 부도수표를 회수하면, 부도수표를 회수하지 않은 공범에 대해서도 회수의 효력은 미친다.

---

398) 대판 1997. 04. 11. 선고 97도249

399) 대판 1984. 02. 28. 83도2565. "주식회사의 임직원이 퇴임한 대표이사 명의 당좌거래 약정을 해지하지 아니하고 그의 명판과 인감을 모용하여 수표를 발행하였다면 유가증권위조죄 또는 부정수표단속법 제2조 제2항(그 수표가 예금부족 등으로 지급거절되었을 때) 위반의 죄가 성립하고 그 퇴임한 대표이사에게 수표를 발행한 책임은 물을 수 없다고 할 것이다."

400) 대판 2009. 12. 10. 선고 2009도9939

(2) 공범의 항소심에서의 회수

공범의 항소심에서 수표회수는 제1심 판결 이후의 회수이므로 공범 본인에게는 효력이 없다. 그렇다면 피고인의 경우에도 마찬가지로 효력이 없는가?

친고죄의 경우에는 형사소송법 제233조의 고소불가분의 원칙에 따라 획일적으로 판단하여야 한다. 그러나 반의사불벌죄에서는 고소불가분원칙이 준용되지 않으므로 1심 선고 전인 피고인에게는 회수의 효력이 있다.

> 반의사불벌죄에 있어서 처벌불원의 의사표시의 부존재는 이른바 소극적 소송조건으로서 직권조사사항이다. 따라서 당사자가 항소이유로 주장하지 아니하였다고 하더라도 원심은 이를 직권으로 조사·판단하여야 한다.[401]

> **[직권조사사항]**
> ① 공범의 다른 재판에서 회수된 경우[402]
> ② 수사기관에서 이미 부도수표가 회수된 것을 확인한 것으로 보이는 경우[403]

결국 법원은 피고인에게 공범의 회수를 이유로 직권으로 조사하여 공소기각판결 하여야 한다.

6) 5번 부도수표

반의사불벌죄의 처벌불원의 의사표시는 제1심판결선고 전까지 하여야 한다(형사소송법 제232조 제3항).

> 부도수표 회수나 수표소지인의 처벌을 희망하지 아니하는 의사의 표시도 그 재심의 제1심판결선고 전까지 하면 되는 것으로 해석함이 상당하다.[404]

본 건 수표는 항소심 단계에서 회수되었으므로 그 효력은 인정되지 않아 유죄판결하여야 한다.

---

401) 대판 2001. 04. 24. 선고 2000도3172
402) 대판 2009. 12. 10. 선고 2009도9939
403) 대판 2005. 10. 07. 선고 2005도4435
404) 대판 2002. 10. 11. 선고 2002도1228

7) 6번 부도수표

(1) 선일자수표의 경우

발행일을 장래로 발행한 선일자수표는 기일도래 전이라도 언제든지 제시할 수 있다(수표법 제28조 제2항). 보통 선일자수표의 경우 당사자 간의 '발생일 이전에는 지급제시하지 않는다'는 특약이 많지만 수표의 융통성으로 이러한 특약은 효력이 없다.

> 선일자수표를 소지인이 특약에 반하여 그 발행일자 도래 전에 제시한 경우 예금부족으로 지급되지 아니하면 부도수표단속법상의 부정수표로 보아야 한다.[405]

(2) 불처벌의사의 철회

반의사불벌죄에서 처벌불원 의사표시는 다시 철회할 수 없다.

> 피해자가 일단 처벌희망의사를 철회한 경우에는 다시 처벌을 희망하는 의사를 표시할 수 없다.[406]

다만 중대한 하자 있는 의사표시의 경우 이를 취소할 수는 있을 것이다. 본 건에서 협박에 의한 것이 증명이 되었으므로 취소할 수 있고, 처벌불원 의사표시는 소급하여 무효가 된다. 따라서 부정수표단속법위반으로 처벌할 수 있다.

8) 죄수관계

당좌거래를 하는 자가 여러 장의 부도수표를 발행할 경우 그 발행수표의 수만큼 부정수표단속법 위반죄가 성립하고 각 죄는 실체적 경합범 관계에 있다.

[참고판례]
① 당좌수표를 조합이사장 명의로 배임행위로 발행하였으나 부도된, 경우 부도수표 발행죄와 더불어 그 수표를 발행하여 조합에 재산상 손해를 가하였기 때문에 업무상 배임죄가 성립하고, 이는 1개의 행위가 수개의 죄에 해당하는 경우로서 양

---

405) 대판 1974. 02. 12. 선고 73도3445
406) 서울형지판 1992. 08. 25. 선고 92노4077

자는 상상적 경합관계에 있다.[407]

② 사기의 수단으로 발행한 수표가 지급거절된 경우 부정수표단속법위반죄와 사기 죄는 그 행위의 태양과 보호법익을 달리하므로 실체적 경합범의 관계에 있다.[408]

③ 부정수표단속법 제4조는 수표금액의 지급 또는 거래정지처분을 면할 목적으로 금융기관에 거짓 신고를 한 자를 처벌하도록 규정하고 있는 허위신고죄는 타인 으로 하여금 형사처분 또는 징계처분을 받게 할 목적으로 공무소 또는 공무원에 대하여 허위의 사실을 신고하는 때에 성립하는 무고죄와는 행위자의 목적, 신고 의 상대방, 신고 내용, 범죄의 성립시기 등을 달리하는 별개의 범죄로서 서로 보 호법익이 다르고, 법률상 1개의 행위로 평가되는 경우에도 해당하지 않으므로, 두 죄는 상상적 경합관계가 아니라 실체적 경합관계로 보아야 한다.[409]

④ 어음·수표의 할인에 의한 사기죄에 있어서 피고인이 피해자로부터 수령한 현금 액이 피고인이 피해자에게 교부한 어음 등의 액면금보다 적을 경우, 피고인이 취 득한 재산상의 이익액은, 당사자가 선이자와 비용을 공제한 현금액만을 실제로 수수하면서도 선이자와 비용을 합한 금액을 대여원금으로 하기로 하고 대여이율 을 정하는 등의 소비대차특약을 한 경우 등의 특별한 사정이 없는 한, 위 어음 등 의 액면금이 아니라 피고인이 수령한 현금액이라고 할 것이다.[410]

4. 부정수표단속법 위반의 점

1) 피의자 甲의 피라미드 사기의 점

피의자는 은행금리보다 5배나 높은 이윤을 보장한다고 거짓말하여 투자명목으 로 금원을 교부받았으므로 사기죄에 해당한다.

특히 피의자는 2년 동안 피해자 약 159여 명으로부터 60억원의 투자금을 교부받 았고, 투자전문상담사라는 직함의 직원을 다수 고용하고, 컴퓨터 등 투자시장을 분 석하는 자동화기기 등을 갖추는 등으로 업무 자체의 반복성, 의존성 등에 비추어 상 습성을 인정할 수 있다.

불특정다수로부터 회원가입비 명목의 금원을 편취할 목적으로 상당한 자금을 투자 하여 성인 사이트를 개설하고 직원까지 고용하여 사기행위를 영업으로 한 경우에는

---

407) 대판 2004. 05. 13. 선고 2004도1299
408) 대판 2004. 06. 25. 선고 2004도1751
409) 대판 2014. 01. 23. 선고 2013도12064
410) 대판 2009. 07. 23. 선고 2009도2384

그 행위의 반복성이 영업이라는 면에서 행위 그 자체의 속성에서 나아가 행위자의 속성으로서 상습성을 내포하는 성질을 갖게 되고, 또한 이미 투자한 자금에 얽매여 그러한 사기행위를 쉽게 그만둘 수 없다는 자본적 또는 경제활동상의 의존성도 습벽의 내용이 될 수 있다.[411]

따라서 피의자는 형법상 상습사기죄(제351조)가 성립한다.

2) 특경법위반(사기) 성립

피해금액이 50억원을 상회하므로 특경법위반죄(동법 제3조 제1항 제1호)가 된다.

5. 협박죄

피의자가 수표소지자인 B에게 협박한 내용은 형법상 협박죄를 구성한다(형법 제283조).

Ⅱ. 피의자 甲과 丙의 형사책임

1. 강제집행면탈죄의 성부

1) 강제집행면탈죄의 성립

강제집행면탈죄는 강제집행을 당할 구체적인 위험이 있는 상태에서 재산을 은닉, 손괴, 허위양도 또는 허위의 채무를 부담하여 채권자를 해할 때 성립된다(형법 제327조).

여기서 집행을 당할 구체적인 위험이 있는 상태란 채권자가 이행청구의 소 또는 그 보전을 위한 가압류, 가처분신청을 제기하거나 제기할 태세를 보인 경우를 말한다.[412]

나아가 이와 같이 강제집행을 받을 구체적인 위험이 있는 상태에서 강제집행을 면탈할 목적으로 허위채무를 부담하는 등의 행위가 있다면 강제집행면탈죄가 성립한다.

---

411) 대판 2006. 09. 08. 선고 2006도2860
412) 대판 1999. 02. 09. 선고 96도3141

① 〈긍정사례〉 채무자에게 약간의 다른 재산이 있다 하여 채권자를 해할 우려가 없다고 할 수 없다.[413]

② 〈부정사례〉 피고인이 타인에게 채무를 부담하고 있는 양 가장하는 방편으로 피고인 소유의 부동산들에 관하여 소유권이전청구권보전을 위한 가등기를 경료하여 주었다 하더라도 그와 같은 가등기는 원래 순위보전의 효력밖에 없는 것이므로 가등기를 경료한 사실만으로는 피고인이 강제집행을 면탈할 목적으로 허위채무를 부담하여 채권자를 해한 것이라고 할 수 없다.[414]

따라서 사안에서와 같이 정산하고도 재산이 남은 경우 등 달리 특별한 사정이 없는 한 채권자를 해할 위험이 있다고 보아야 할 것이므로 8억원의 허위채무부담행위는 강제집행면탈죄가 성립한다.

참고로, 1) 타인의 재물을 보관하는 자가 그 재물을 은닉한 경우, 횡령죄를 구성하고 채권자들의 강제집행을 면탈한다고 하여 별도로 강제집행면탈죄를 구성하는 것은 아니다.[415] 2) 소유관계를 불명하게 하는 방법에 의한 경우,[416] 사업장에서 사용하는 금전등록기의 사업자 이름만을 변경한 경우에는 각각 재산의 '은닉'에 해당한다.[417]

2) 공소시효의 기산점

본 건 강제집행면탈죄의 공소시효는 범죄 완성 시점인 채권압류 및 추심명령을 받은 때부터 기산된다.

허위의 채무를 부담하는 내용의 채무변제계약 공정증서를 작성한 후 이에 기하여 채권압류 및 추심명령을 받은 때에, 강제집행면탈죄가 성립함과 동시에 그 범죄행위가 종료되어 공소시효가 진행한다.[418]

....

413) 대판 2008. 04. 24. 선고 2007도4585
414) 대판 1987. 08. 18. 선고 87도1260
415) 대판 2000. 09. 08. 2000도1447
416) 대판 2000. 07. 28. 98도4558
417) 대판 2003. 10. 09. 2003도3387
418) 대판 2009. 05. 28. 선고 2009도875

본 사안은 위에서 살펴본 바와 같이 중국에서의 수형기간 동안 '형사처분을 면할 목적'이 유지되고 있으므로 형사소송법 제253조 제3항에 의해 시효는 정지된다. 따라서 2008. 05. 21. 채권압류 및 추심명령을 받은 때로부터 기산하더라도 공소시효는 아직 도과되지 않았다.

2. 공정증서원본불실기재죄, 동 행사죄의 성부

형법 제228조 제1항이 규정하는 공정증서원본불실기재죄는 특별한 신빙성이 인정되는 공문서에 대한 공공의 신용을 보장함을 보호법익으로 하는 범죄로서 공무원 등에 대하여 진실에 반하는 허위신고를 하여 공정증서원본 또는 이와 동일한 전자기록 등 특수매체기록에 실체관계에 부합하지 아니하는 불실의 사실을 기재 또는 등록하게 함으로써 성립한다.

> 실제로는 채권·채무관계가 존재하지 아니함에도 공증인에게 허위신고를 하여 가장된 금전채권에 대하여 집행력이 있는 공정증서원본을 작성하고 이를 비치하게 한 것이라면 공정증서원본불실기재죄 및 불실기재공정증서원본행사죄의 죄책을 면할 수 없다.[419]

결국 甲과 丙은 허위의 채무변제 계약공정증서를 작성하고 이를 비치하게 하여 공정증서원본불실실기재죄와 동 행사죄가 성립한다.

3. 특정경제범죄가중처벌등에관한법률(배임)죄의 성부

피의자 甲은 회사의 대표이사로서 임무에 위배하여 의무 없는 허위채무를 부담함으로써 공범인 丙에게 이익을 주고, 회사로 하여금 동액 상당의 피해를 입게 하였고, 금액이 8억원에 이르므로 특경법 제3조 제1항 제2호에 해당한다. 丙 또한 이에 적극 가담하였으므로 공범이 된다.

4. 사안의 해결

강제집행면탈죄, 특경법(배임), 공정증서원본불실기재죄, 동 행사죄는 각 실체적 경합관계에 있다.

---

419) 대판 2007. 07. 12. 선고 2007도3005

Ⅲ. 피의자 丙의 단독범행

1. 유가증권변조죄

피의자가 유가증권인 어음의 발행일자, 액면, 지급인의 주소 등을 권한 없이 변경하는 것은 유가증권변조죄에 해당한다.

> 발행인이라도 어음들을 회수한 후 어음에 남아 있는 타인 명의 배서의 담보적 효력을 이용하기 위하여 이미 경과된 지급기일을 임의로 그 후의 날짜로 변경한 후 제3자에게 이를 교부하였다는 것이므로 원심이 이러한 피고인의 행위가 형법 제214조 제2항 소정의 유가증권변조죄에 해당한다.[420]

따라서 피의자는 유가증권변조죄가 성립한다. 다만 아직 행사에 이르지 않았다면 행사죄는 성립하지 않는다.

> [참조사항]
> ① 이러한 유가증권변조죄는 진정하게 성립된 것이어야 하므로 이미 변조된 발행일자를 재차 변경하더라도 변조죄는 성립하지 않는다.[421]
> ② 수표상 발행일자 등을 권한 없이 변경한 경우에는 부정수표단속법상 수표변조죄만이 성립한다.

2. 사문서 허위작성죄 등 여부

사문서의 내용을 허위기재하는 무형위조의 경우 과연 현행법상 처벌대상인가?

현행법상 사문서의 경우 공문서와 달리 허위내용을 기재하는 경우 허위진단서작성죄 이외 처벌규정이 없다. 따라서 설문에서와 같이 자기명의 허위의 양수도 약정서 작성행위는 범죄를 구성하지 않는다.

---

420) 대판 2003. 01. 10. 선고 2001도6553
421) 대판 2012. 09. 27. 선고 2010도15206

문제 2. 추가기소에 대한 법원의 조치

I. 문제제기

　포괄일죄의 경우 동일성이 인정되는 범위 내에서 공소제기의 효력이 미친다. 따라서 본 건과 같이 피라미드 사기사건의 피해자와 피해금액을 추가하는 취지의 기소는 이중기소에 해당한다. 이 경우 법원은 공소기각할 것인가 아니면 석명 후 공소장 변경으로 받아줄 것인가? 만약 단순사기죄로 확정판결 이후 상습사기죄로 추가기소하는 경우에는 어떤가?

II. 추가기소하는 경우 법원의 조치

　이에 대해서는 중복기소에 해당하므로 공소제기절차가 법률규정에 위반된 때에 해당하여 형사소송법 제327조 제2호에 의해 공소기각 판결할 것인가?

> 포괄적일죄를 구성하는 행위의 일부에 관하여 추가기소하는 것은 일죄를 구성하는 행위 중 누락된 부분을 추가 보충하는 취지라고 볼 것이어서 거기에 이중기소의 위법이 있다 할 수 없다.[422]

　이 경우 법원은 석명권을 행사하여 중복기소한 것이 아니라면 공소장 변경으로 받아주어 포괄하여 실체판결을 하면 족할 것이다.

> 석명에 의하여 추가기소의 공소장의 제출은 포괄일죄를 구성하는 행위로서 먼저 기소된 공소장에 누락된 것을 추가 보충하고 죄명과 적용법조를 포괄일죄의 죄명과 적용법조로 변경하는 취지의 것으로서 1개의 죄에 대하여 중복하여 공소를 제기한 것이 아님이 분명하여진 경우에는 위의 추가기소에 의하여 공소장 변경이 이루어진 것으로 보아 전후에 기소된 범죄사실 전부에 대하여 실체판단을 하여야 하고 추가기소에 대하여 공소기각판결을 할 필요는 없다.[423]

---

422)　대판 1993. 10. 22. 선고 93도2178
423)　대판 1999. 11. 26. 선고 99도3929

III. 일부 확정판결 이후에 기소하는 경우

전의 확정판결이 단순사기죄인 경우 동 죄와 추가기소 범죄사실이 상습범의 관계에 있는 경우는 어떤가? 학설은 후에 공소제기된 범죄사실이 포괄일죄의 주요 부분이라고 하더라도 동일성이 인정되므로 면소판결을 해야 한다는 입장이 있다.

> 최근 판례[424]는 「상습범이 아닌 기본 구성요건의 범죄로 처단되는 데 그친 경우에는, 가사 뒤에 기소된 사건에서 비로소 드러났거나 새로 저질러진 범죄사실과 전의 판결에서 이미 유죄로 확정된 범죄사실 등을 종합하여 비로소 그 모두가 상습범으로서의 포괄적 일죄에 해당하는 것으로 판단된다 하더라도 뒤늦게 앞서의 확정판결을 상습범의 일부에 대한 확정판결이라고 보아 그 기판력이 그 사실심판결 선고 전의 나머지 범죄에 미친다고 보아서는 아니된다」고 한다.

판례의 입장에 따르면 단순사기죄로 확정된 판결의 기판력은 상습사기죄의 추가기소에 대해서는 미치지 않으므로 법원은 실체판단을 하여야 한다.

문제 3. 파기환송심의 심판범위와 법관의 제척

I. 문제제기

피고인 甲의 위 사기사건의 일부에 대해서는 유죄, 나머지 부분은 무죄를 선고하자 검사만이 무죄 부분에 대해 상고하였고 유죄의 취지로 파기환송하였다면 원심의 심판대상은 어떤가? 반대로 피고인 甲이 유죄 부분만에 대해 상고하였으나 무죄의 취지로 파기환송되었다면 원심의 심판대상은 어떤가?

II. 일죄의 일부 상소

1. 문제제기

일부 상소한 재판의 일부에 대한 상소로서 형사소송법은 이를 인정하고 있다(제

---

424) 대판 2010. 05. 27. 선고 2010도2182

342조①). 다만 '일부에 대한 상소는 그 일부와 불가분의 관계에 있는 부분에 대하여도 효력이 미친다'(동 제2항)고 하여 상소불가분의 원칙을 규정하고 있다.

> 피고사건의 재판 가운데 몰수 또는 추징에 관한 부분만을 불복대상으로 삼아 상소가 제기되었다 하더라도, 상소심으로서는 이를 적법한 상소제기로 다루어야 하고, 그 부분에 대한 상소의 효력은 그 부분과 불가분의 관계에 있는 본안에 관한 판단 부분에까지 미쳐 그 전부가 상소심으로 이심된다.[425]

2. 포괄적 일죄의 일부 상소

포괄일죄는 소송법상 일죄이지만 실질적으로는 수죄의 성격을 가지고 있으므로 포괄적 일죄 중 일부 공소사실에 대해서는 유죄판결이 나머지에 대해서는 무죄판결이 가능하다. 이러한 경우 상소는 허용되는가? 허용된다면 상소심의 심판대상은 전부에 미치는가? 학설로서는 〈형사정책적고려설〉과 〈상소불가분의 원칙설〉이 있다.

기본적으로 포괄적 일죄에도 상소불가분의 원칙이 적용된다고 봄이 상당하다.

1) 일부 무죄에 대해서 검사만이 상소한 경우

검사가 무죄로 한 부분에 대해서만 상소하여 파기환송하는 경우 불가분관계에 있는 유죄 부분도 심판의 대상이 된다.

> 무죄 부분에 대해서 검사만이 상고한 경우 상소불가분의 원칙상 유죄 부분도 함께 심리의 대상이 된다.[426]

2 일부 유죄에 대해 피고인만이 상소한 경우

> 판례[427]는, 「환송 전 항소심에서 포괄일죄의 일부만이 유죄로 인정된 경우 그 유죄 부분에 대하여 피고인만이 상고하였을 뿐 무죄 부분에 대하여 검사가 상고를 하지 않았다면 상소불가분의 원칙에 의하여 무죄 부분도 상고심에 이심되기는 하나 그 부분은 이미 당사자 간의 공격방어의 대상으로부터 벗어나 사실상 심판대상에서도 벗어나게 되어 상고심으로서도 그 무죄 부분에까지 나아가 판단할 수 없는 것이고, 따

---

425) 대판 2008. 11. 20. 선고 2008도5596
426) 대판 1989. 04. 11. 선고 86도1629
427) 대판 1991. 03. 12. 선고 90도2820

라서 상고심으로부터 위 유죄 부분에 대한 항소심판결이 잘못되었다는 이유로 사건을 파기환송받은 항소심은 그 무죄 부분에 대하여 다시 심리판단하여 유죄를 선고할 수 없다」고 한다.

판례에 의하면 유죄 부분에 대해 피고인만이 상소한 경우에도 무죄 부분은 이심되지만 심판의 대상에서는 제외된다.

III. 법관의 제척

형사소송법 제 17조 제7호는 '법관이 사건에 관하여 전심재판 또는 그 기초되는 조사, 심리에 관여한 때'는 제척이 된다고 규정하고 있다. 설문의 경우와 같이 파기환송의 경우 전의 항소심에 관여한 법관은 제척대상인가?

여기서 '전심'이라 함은 상급심에서 바라본 하급심의 재판을 말하는 것이므로 파기 환송심은 같은 2심의 동급심에 해당하므로 '전심'이라고 할 수 없다.

> 파기환송 전의 원심재판에 관여한 법관이 환송심의 재판에 관여한 경우에는 전심재판이 아니므로 제척사유가 되지 않는다.[428]

항소심인 원심 재판에 관여한 법관이라도 파기환송 후의 재판에서 제척되지 않는다.

문제 4. 재심법원의 조치

1. 문제제기

특별사면의 효력은 일반적으로 형의 집행이 면제되지만 특별한 사정이 있을 때에는 이후 형 선고의 효력을 상실하게 할 수 있다(사면법 제5조 제1항 제2호). 이와 같이 형 선고의 효력이 상실되는 특별사면의 경우에도 재심개시의 대상이 되는가? 재심결과 유죄로 인정되는 경우 재심법원의 조치내용은?

---

428) 대판 1971. 12. 28. 선고 71도1208

2. 재심청구의 대상 유무

> 판례[429]는, 특별사면으로 형 선고의 효력이 상실된 유죄의 확정판결도 형사소송법
> 제420조의 '유죄의 확정판결'에 해당하여 재심청구의 대상이 될 수 있다고 한다.

이 경우 재심개시결정이 확정되어 재심심판절차를 진행하는 법원은 이에 대해 면소판결이 아니라 실체에 관한 유·무죄 등의 판단을 해야 한다.

3. 재심심판법원의 조치와 불이익변경금지

특별사면으로 형 선고의 효력이 상실된 유죄의 확정판결에 대하여 재심개시결정이 이루어져 재심심판법원이 심급에 따라 다시 심판한 결과 무죄로 인정되는 경우라면 '무죄'를 선고하여야 한다. 그러나 그와 달리 유죄로 인정되는 경우에는, 피고인에 대하여 다시 형을 선고하거나 피고인의 항소를 기각하여 제1심판결을 유지시키는 것은 이미 형 선고의 효력을 상실하게 하는 특별사면을 받은 피고인의 법적 지위를 해치는 결과가 되어 이익재심과 불이익변경금지의 원칙에 반하게 된다.

> 판례[430]는, 재심심판법원으로서는 '피고인에 대하여 형을 선고하지 아니한다'는 주
> 문을 선고할 수밖에 없다고 한다.

위 판례는 이익재심과 불이익변경금지원칙에 충실한 판단이지만 향후 불이익재심도 고려할 만하다.

[참조판례]
① 경합범과 재심대상의 범위[431]
경합범 관계에 있는 수개의 범죄사실을 유죄로 인정하여 한 개의 형을 선고한 불가분의 확정판결에서 그중 일부의 범죄사실에 대하여만 재심청구의 이유가 있는 것으로 인정된 경우에는—재심사유가 없는 범죄사실에 대하여는 재심개시결정의 효력이 그 부분을 형식적으로 심판의 대상에 포함시키는 데 그치므로 재심법원은 그 부분에 대하여는 이를 다시 심리하여 유죄인정을 파기할 수 없고 다만

---

429) 위 2011도1932 판결
430) 대판 2015. 10. 29. 선고 2012도2938
431) 대판 2016. 03. 24. 선고 2016도1131

그 부분에 관하여 새로이 양형을 하여야 하므로 양형을 위하여 필요한 범위에 한하여만 심리를 할 수 있을 뿐이라고 할 것이다.―심리 결과 만일 다시 유죄로 인정되는 경우에는 재심사유 없는 범죄사실과 경합범으로 처리하여 한 개의 형을 선고하여야 한다.

② 1심에 이어 항소심 불출석재판에 의한 경우에도 재심청구할 수 있는지[432]

특례 규정에 따라 진행된 제1심의 불출석 재판에 대하여 검사만 항소하고 항소심도 불출석 재판으로 진행한 후에 제1심판결을 파기하고 새로 또는 다시 유죄판결을 선고하여 유죄판결이 확정된 경우에도, 재심 규정을 유추 적용하여 귀책사유 없이 제1심과 항소심의 공판절차에 출석할 수 없었던 피고인은 재심 규정이 정한 기간 내에 항소심 법원에 유죄판결에 대한 재심을 청구할 수 있다.

③ 재판권이 없는 군사법원의 재심개시결정의 효력[433]

재심청구를 받은 군사법원이 재판권이 없음에도 재심개시결정을 한 후에 비로서 사건을 일반법원으로 이송한 경우, 사건을 이송받은 일반법원은 군사법원의 재심개시결정을 유효한 것으로 보아 후속 절차를 진행할 수 있다.

4. 사안의 해결

특별사면을 받아 형 선고의 효력이 상실된 자도 재심청구할 수 있지만 재심결과 유죄를 선고하는 경우에는 피고인에 대해 '형을 선고하지 아니한다'고 주문을 낼 수밖에 없다.

---

432) 대판 2015. 06. 25. 선고 2014도17252 전원합의체
433) 대판 2015. 05. 21. 선고 2011도1932 전원합의체

참고자료 - 부정수표단속법 주요 판례

① 과실범의 기수 시기

수표의 발행, 작성 시이며, 과실유무의 판단도 수표의 발행, 작성 당시를 기준으로 한다. 여기서 과실이라 함은 정상의 주의의무를 태만히 함으로써 수표발행 후 제시기일에 그 수표가 지급되지 아니하게 하는 원인행위(예금부족 등)가 있는 것 및 이로 말미암아 금융기관으로부터 그 수표가 지급거절되는 결과가 발생한다는 사실을 예견하고 회피하지 못한 것이다. 만일 수표의 발행·작성 시에는 고의가 존재하지 않았지만, 그 후에 일부러 당좌계약을 해지하여 제시기일에 지급되지 못하게 하였다면, 이는 수표가 제시기일에 지급되지 못하게 되는 원인행위, 즉 일부러 당좌계약을 해지하게 될 상황을 사전에 예견하고도 이를 회피하지 못하는 경우라 할 수 있을 것이다.

② 간접정범

부정수표 단속법 제4조가 '수표금액의 지급 또는 거래정지처분을 면할 목적'을 요건으로 하고, 수표금액의 지급책임을 부담하는 자 또는 거래정지처분을 당하는 자는 발행인에 국한되는 점에 비추어 볼 때, 그와 같은 발행인이 아닌 자는 부정수표 단속법 제4조 위반죄의 주체가 될 수 없고 거짓 신고의 고의 없는 발행인을 이용하여 간접정범의 형태로 그 죄를 범할 수도 없다.[434]

③ 공소장 변경 요부

부정수표 단속법 제2조 제1항 또는 제2항 위반의 공소사실을 제3항 위반의 공소사실로 변경하는 것이 가능한가.

기초사실이 동일하므로 공소장 변경은 허가되어야 하고, 이러한 공소장 변경 없이 본조 제2항 위반의 공소사실(고의범)에 대하여 본조 제3항의 죄(과실범)로 처벌할 수는 없다.[435]

④ 수표상 기재된 발행일자가 정정된 경우

법인의 대표자가 수표를 발행한 후 그 대표자가 아닌 타인이 대표자 본인의 위임이나 동의 없이 정정한 경우에는 그 타인이 정정하기 전의 발행일자로부터 기산된 지급제시기간 내에 지급제시가 이루어지지 않는 한, 그 수표를 발행한 대표자 본인을 본죄로 처벌할 수는 없다.[436]

⑤ 공소시효 기산점

부정수표단속법 제2조 제2항 위반의 범죄는 예금부족으로 인하여 제시일에 지급되지 아니할 것이라는 결과 발생을 예견하고 발행인이 수표를 발행한 때에 바로 성립하는 것이고 수표소지인이 발행일자를 보충기재하여 제시하고 그 제시일에 수표금의 지급이 거절된 때에 범죄가 성립하는 것은 아니다.[437]

---

434) 대판 2014. 01. 23. 선고 2013도13804
435) 대판 1981. 12. 08. 선고 80도2824
436) 대판 2008. 01. 31. 선고 2007도727
437) 대판 2003. 09. 26. 선고 2003도3394: 대판 2007. 03. 30. 선고 2007도523

변호사법위반, 보강증거, 성립의 진정

형법총론	실체적 경합, 상상적 경합, 필요적공범의 형법총칙 적용 여부
형법각론	사기죄, 공갈죄, 증뢰죄
형사소송법	고소의 취소, 공소장일본주의, 전문증거의 증거능력
형사특별법	특정경제범죄가중처벌등에관한법률 위반(금융기관임직원 배임수재 등), 변호사법 위반

설문

1. 피의자 甲은 지방신문 기자로서, 검찰청에 출입하는 것을 빌미로 환경범죄를 고발하거나 형사사건 등을 무마해준다는 명목으로 돈을 받은 혐의로 체포되어 조사를 받고 있다. 관련 사건으로 정화조 청소업자인 참고인 A가 정화처리를 하면서 불법 투기하였다는 혐의를 잡고 신문에 게재할 것 같은 태도를 보여 그로부터 500만원을 받은 혐의도 있다.

2. 甲의 사무실을 압수수색한 결과, 甲 필체의 컨설팅업체 사장 C에게 자신의 '장모님 명의 계좌번호 0-0-0를 보내 주어라'는 내용의 메모지를 찾아냈고, 동 메모지는 여직원 B의 책상에서 발견되었다. 이어서 참고인 C를 조사한 결과, 甲이 '서울중앙지검 특수부에서 수사하는 회사 비자금 횡령 사건을 무마해 준다고 하여 수사관에게 뇌물을 주든지 알아서 하라고 현금 5,000만원을 계좌이체 해 주었다'는 내용을 확인하였다. 그러나 甲은 원래부터 청탁할 의사나 능력이 없었다.

3. 또한 甲은 아파트재건축 조합장인 참고인 D에게 받을 채권 100만원을 면제해 줄 테니 "조합장이 가지고 있는 조합원들 100여 명에게 가지고 있는 분양대금 잔금채권 각 400만원을 자신에게 양도하면 소송을 제기하여 받아주겠다. 대신에 자기에게 30%에 해당하는 1억원을 달라"고 하여 소제기를 준비 중인 사실도 발견하였다.

4. 한편, 甲의 친구로서 위 소송을 자문해 주고 있던 법무사 乙을 조사한 결과, 乙은 사기업인 某 은행 지점장인 피의자 丙에게 '아파트보존등기와 근저당등기를 자신에게 맡겨달라'는 청탁과 함께 '직원들과 회식하라는 명목으로 금 300만원을 공여하였다'는 혐의를 추가하여 자백을 받았다. 한편 피의자 丙은 고속도로 휴게소 운영업자인 E에게 약 5억원을 대출해 주면서 심사를 완화해달라는 부탁을 받고 자신의 처제인 F에게 휴게소 판매점 영업권을 제공하여 이를 받았다.

5. 乙의 사무실을 압수수색한 결과 乙은, 변호사인 피의자 丁에게 일정한 금원을 지급하기로 하고 丁을 고용한 다음, 변호사 丁 명의로 사무실을 운영해 온 사실을 추가로 밝혀내었다. 피고인들은 법정에서 모두 자백하였고, 변론을 종결하여 선고기일이 잡힌 상태이다. 여직원 B는 법정에서 "甲이 C에게 사건을 무마해 주겠다"고 말하는 것을 들었다고 증언하였다.

문제

1. 피고인 甲, 乙, 丙, 丁의 형사책임은?

2. 피고인 甲에 대한 범죄사실에 대해 변호인 측이 '공소장에 돈을 받은 경위, 동기, 그 돈의 사용처 등을 자세히 기재함으로써 공소장일본주의에 반한 기소다'라고 주장하면서 변론의 재개신청을 한 경우 그 당부를 논하라.

3. 피고인 甲이 C에게 돈을 건넨 사건에 대해 뇌물공여죄가 성립한다면 B의 책상에서 발견된 메모지는 甲의 자백에 대한 보강증거로서 충분한가?

4. 검사가 참고인 D를 증인으로 주신문하는 과정에서 "甲은 자신을 기자이지만 법률전문가라고 소개하였지요"라고 하고, D는 "예" 하고 대답하였다. 다음 기일에서 당해 공판조서에 대해 피고인 甲은, '잘못된 기재가 없고, 이의가 없다'고 한 경우 동 신문조서의 증거능력은 어떤가?

5. 여직원 B가 "甲이 사건을 무마해 주겠다"고 한 것을 들었다는 증언이 피고인 甲에 대한 변호사법위반의 증거로 사용되는 경우 증거능력의 요건은?

해설

문제 1. 피고인 甲, 乙, 丙, 丁의 형사책임은?

I. 문제제기

최근 변호사법위반에 대한 판례가 많아지고, 사실상 사례도 많아짐에 따라 형사특별법으로 출제가능성이 높아가는 문제 중의 하나이다. 변호사법위반의 점에 대해서는 공갈죄, 사기죄 등과의 경합범 사례가 많고, 형사소송법상 전문증거인지 여부, 소송행위 하자의 치유 사례 등과 접목하여 출제될 가능성이 높은 문제이다.

> 변호사법은, 기본적으로, ① 비변호사의 법률사무 취급이나 알선 등을 처벌하고(동 제109조 제1호), ② 사건의 수임을 유인, 소개, 알선 등의 행위(동 제2호), ③ 교제 또는 청탁 명목의 금품수수 등의 행위(제110조, 제111조), ④ 권리의 양수나 가장 양수 등을 통해 소송 등으로 실행하는 것을 업으로 하는 행위(제112조 제1호) 등을 처벌하고, ⑤ 이 경우 수수한 금원이나 이익은 필요적으로 몰수·추징하도록 하고 있다(제116조).

이하에서 본 설문에 대해 살펴보면, 먼저 피고인 甲에 대해서는 변호사법위반, 공갈죄와 그 죄수론이 문제되고, 피고인 乙에 대해서는 변호사법위반, 특경법위반(배임증재), 피고인 丙에 대해서는 특경법위반(배임수재), 변호사인 피고인 丁에 대해서는 변호사법위반 중 고용의 부분과 명의대여에 대한 변호사법위반이 문제된다.

II. 피고인 甲의 형사책임

1. 피해자 A에 대한 공갈죄 성부

공갈죄의 수단으로서의 협박은 사람의 의사결정의 자유를 제한하거나 의사실행의 자유를 방해할 정도로 겁을 먹게 할 만한 해악을 고지하는 것을 말하고, 해악의 고지는 반드시 명시의 방법에 의할 것을 요하지 않고 언어나 거동에 의하여 상대방으로 하여금 어떠한 해악에 이르게 할 것이라는 인식을 가지게 하는 것이면 족하다. 이러한 해악의 고지가 비록 정당한 권리의 실현 수단으로 사용된 경우라고 하여도 그 권리실현의 수단·방법이 사회통념상 허용되는 정도나 범위를 넘는다면 공갈죄의 실행에 착수한 것으로 보아야 한다.

> 구체적으로 사회통념상 허용되는 정도나 범위를 넘는 것인지는 그 행위의 주관적인 측면과 객관적인 측면, 즉 추구된 목적과 선택된 수단을 전체적으로 종합하여 판단하여야 한다.[438]

본 건과 같이 정화조 청소업자인 피해자가 정화처리를 하면서 불법 투기하였다는 혐의를 잡고 신문에 게재할 듯한 태도를 보여 타인[439][440]의 재물인 500만원을 받은 행위는 형법 제350조의 공갈죄에 해당한다.

[참고판례]
공갈죄는 다른 사람을 공갈하여 그로 인한 하자 있는 의사에 기하여 자기 또는 제3자에게 재물을 교부하게 하거나 재산상 이익을 취득하게 함으로써 성립되는 범죄로서, 공갈의 상대방이 재산상의 피해자와 같아야 할 필요는 없고, 피공갈자의 하자 있는 의사에 기하여 이루어지는 재물의 교부 자체가 공갈죄에서의 재산상 손해에 해당하므로, 반드시 피해자의 전체 재산의 감소가 요구되는 것도 아니다.[441]
※ 울산신문

---

438) 대판 2013. 09. 13. 선고 2013도6809
439) 금전을 도난당한 경우 절도범이 절취한 금전만 소지하고 있는 때 등과 같이 구체적으로 절취된 금전을 특정할 수 있어 객관적으로 다른 금전 등과 구분됨이 명백한 예외적인 경우에는 절도 피해자에 대한 관계에서 그 금전이 절도범인 타인의 재물이라고 할 수 없다(대판 2012. 08. 30. 선고 2012도6157).
440) 자신이 받을 채권도 구체적으로 사회통념상 허용되는 정도나 범위를 넘는 경우 공갈죄를 구성한다(대판 2013. 09. 13. 선고 2013도6809).
441) 대판 2013. 04. 11. 선고 2010도13774

2. 참고인 C로부터 금원을 받은 행위

1) 변호사법위반과 사기죄 성부

공무원이 취급하는 타인[442]의 사건에 대해 청탁한다는 명목으로 금원을 수수하면 변호사법 제111조 제1항에 의한 변호사법위반이 된다. 여기서 실제로 피의자가 청탁할 의사가 없는 경우에는, 위 금품을 교부받은 것이 자기의 이득을 취하기 위한 것이라면 동 죄의 성립에는 영향이 없다.

다만 피고인이 돈이 궁하여 거짓말로 사건의 무마를 빙자하여 돈을 받아내었다면 변호사법 위반이 되고, 동시에 사기죄가 성립한다.[443]

2) 증뇌물전달죄의 경우

참고인 C가 돈을 준 것은 사건 무마 청탁 활동에 대한 경비 또는 대가 명목으로 제공한 것이어서 일응 피의자는 공무원에게 그 금원의 일부를 뇌물로 전달할 것을 용인하고 있다고 할 수 있다. 그렇다면 이 경우 피의자를 증뇌물전달죄로 문의할 수 있을까?

> 담당공무원에게 그 중 일부를 뇌물로 공여할 것인지 여부를 포함한 구체적인 사용방법은 피고인의 판단에 맡긴 것이라면 피고인에게 형법 제133조 제2항 증뇌물전달죄는 성립할 여지가 없고, 금원 중 일부가 담당공무원에게 뇌물로 공여될 가능성을 용인하였을 것이라는 이유만으로 달리 볼 것은 아니다.[444]

판례에 따르면, 피의자가 건네받은 금원의 구체적인 사용방법을 자신의 뜻대로 하기로 하였다면 청탁조로 받은 금원의 일부를 실제로 공무원에게 뇌물로 제공하였더라도 뇌물공여죄를 구성할 뿐 증뇌물전달죄가 되는 것은 아니다.

---

442) '공무원이 취급하는 사건 또는 사무'라 함은 타인을 위한 사건 또는 사무로써 자기 자신을 제외한 모든 자의 사건 또는 사무를 가리키는 것으로 해석하는 것이 상당하다(대판 2000. 09. 08. 선고 99도590).

443) 대판 2006. 03. 10. 선고 2005도9387

444) 대판 2006. 11. 24. 선고 2005도5567

3. 참고인 D에 대한 변호사법위반의 점

타인의 권리[445]를 양수하거나 양수를 가장하여 소송 등의 방법으로 그 권리를 실행함을 업으로 한 자는 변호사법 제112조 제1호에 위반이 된다.

> 피고인 甲은 비록 조합장에 대해 100만원가량의 채권이 있지만 그 금액을 훨씬 초과하는 조합장의 조합원들에 대한 거액의 채권을 양수받았고, 소송을 통해 권리를 실행하는 대가로 1억원을 받기로 함으로써 실질적으로 영리목적을 가지고 있었던 점, 계속적·반복적으로 분양채무자인 조합원들을 상대로 소송을 할 것을 예정하고 있었던 사실 등이 엿보이므로 업으로 한 행위로 보아 변호사법위반이 된다.[446]

4. 죄수론과 소결

피고인 甲의 1) 공갈죄, 2), 참고인 C 사건, 3) 참고인 D사건에 대한 각 변호사위반은 실체적 경합관계에 있다. 참고인 C 사건의 사기죄, 변호사법위반은 상상적 경합관계에 있고, 사기죄와 변호사법위반죄에 대하여 형이 더 무거운 사기죄에 정한 형으로 처벌하지만 청탁을 한다는 명목으로 받은 부분은 변호사법 제116조, 제111조에 의하여 몰수 또는 그 상당액을 추징하여야 한다.[447] 참고인 D 사건은 포괄일죄 관계에 있다. 증뇌물전달죄는 부정된다.

Ⅲ. 피고인 乙의 형사책임

1. 특정경제범죄가중처벌등에관한법률 제6조(증재 등의 죄)

금융회사 등의 임직원인 丙에게 그 직무에 관하여 금품이나 그 밖의 이익을 공여한 행위에 해당하여 특경법 제6조 위반이 된다.

---

445) 타인의 권리에는, 채권의 양도만이 아니라 물권의 경우에도 포함된다(대판 2011. 11. 24. 선고 2009도 11468, 변호사 아닌 피고인들이 공모하여 타인으로부터 도로 부지 등을 양수한 후 차임 상당의 부당이득 반환을 청구하는 소송·조정 등을 계속적·반복적으로 제기하는 방법으로 권리를 실행하였다고 하여 변호사법 위반으로 기소된 사안에서, 피고인들의 행위가 변호사법 제112조 제1호의 구성요건에 해당하고 위 규정의 '타인의 권리'에 채권만이 포함된다고 제한 해석할 이유가 없다는 등의 이유로 유죄를 인정한 원심 판단을 수긍).

446) 대판 1993. 01. 26. 선고 91도2981

447) 대판 2006. 01. 27. 선고 2005도8704

2. 변호사법 위반

변호사가 아닌 자는 변호사를 고용하여 법률사무소를 개설·운영하여서는 아니 된다. 따라서 피고인 乙은 변호사 丁을 고용한 행위에 대해서 변호사법 제109조 제2호, 제34조 제4항에 해당한다.

3. 죄수론

양죄의 관계는 실체적 경합관계에 있다.

Ⅳ. 피고인 丙의 형사책임

1. 법무사로부터 금원을 받은 행위

금융회사 등의 임직원이 그 직무에 관하여 금품이나 그 밖의 이익을 수수한 경우에 해당하므로 특경법 제5조 제1항에 해당한다. 본 건은 단순 배임수재죄에 해당하지만 부정한 청탁의 경우에는 동조 제2항에 해당한다. 수수액의 2배 이상 5배 이하의 벌금을 병과한다(제5항).

2. 대출해준 대가로 처제에게 영업권을 제공하도록 한 행위

대출 업무와 관련하여 제3자인 처제에게 재산상 이익을 제공하도록 한 사안에 대해 종래 판례는 배임수재죄의 적용을 부정[448]하였으나 형법의 개정으로 제3자로 하여금 이득을 취득하게 한 때에도 처벌이 가능하다.

본 사안의 경우에는 특경법 제5조 제2항에 의해 처벌할 수 있음은 물론이다.

---

448) 법문상 타인의 사무를 처리하는 자가 그 임무에 관하여 부정한 청탁을 받았다 하더라도 자신이 아니라 다른 사람으로 하여금 재물 또는 재산상의 이익을 취득하게 한 경우에는 위 죄가 성립하지 않음이 명백하다. 다만, 그 다른 사람이 부정한 청탁을 받은 자의 사자 또는 대리인으로서 재물 또는 재산상 이익을 취득한 경우나 그 밖에 평소 부정한 청탁을 받은 자가 그 다른 사람의 생활비 등을 부담하고 있었다거나 혹은 그 다른 사람에 대하여 채무를 부담하고 있었다는 등의 사정이 있어 그 다른 사람이 재물 또는 재산상 이익을 받음으로써 부정한 청탁을 받은 자가 그만큼 지출을 면하게 되는 경우 등 사회통념상 그 다른 사람이 재물 또는 재산상 이익을 받은 것을 부정한 청탁을 받은 자가 직접 받은 것과 동일하게 평가할 수 있는 관계가 있는 경우에는 위 죄가 성립할 수 있다(대판 2006. 12. 22. 선고 2004도2581).

3. 죄수론

위 1. 과 2. 행위의 특경법위반의 점은 경합범관계에 있고, 형법상 배임죄와는 특별관계에 있어 특경법위반만이 성립한다.

V. 피고인(변호사) 丁의 형사책임

1. 법무사에게 고용된 행위(제109조 제2호, 제34조 제4항)

변호사가 비변호사에게 고용된 행위에 대한 처벌 규정은 없다. 그렇다면 비변호사의 고용행위에 대한 공범은 성립하는가?

① 변호사가 변호사 아닌 자에게 고용되어 법률사무소의 개설·운영에 관여하는 행위는 위 범죄가 성립하는 데 당연히 예상될 뿐만 아니라 범죄의 성립에 없어서는 아니되는 것인데도 이를 처벌하는 규정이 없다.[449]

② 2인 이상의 서로 대향된 행위의 존재를 필요로 하는 범죄에 있어서는 공범에 관한 형법 총칙 규정의 적용이 있을 수 없고 따라서 변호사가 자신을 고용해 주도록 적극적으로 교사하거나 방조하였더라도 변호사법위반의 교사, 방조범으로 처벌할 수도 없다.[450]

결국 변호사 丁은 자신을 고용한 乙의 공범으로 처벌할 수는 없다.

2. 명의대여행위

변호사 丁은 비변호사인 乙에게 고용되어 자신의 명의를 이용하도록 하였으므로 변호사법 109조 제2호, 제34조 제3항에 위반한다.

---

449) 대판 2004. 10. 28. 선고 2004도3994
450) 대판 2002. 07. 22. 선고 2002도1696

문제 2. 공소장일본주의 주장의 당부

I. 문제제기

피고인 甲에 대한 범죄사실에 대해 변호인 측이 '공소장에 돈을 받은 경위, 동기, 그 돈의 사용처 등을 자세히 기재함으로써 공소장일본주의에 반한 기소다'라고 주장하고 있다. 이러한 경우 공소장일본주의에 반하는가? 그 주장시기는 어떤가?

II. 공소장일본주의의 판단기준

공소장에는 공소장 이외 사건에 관하여 법원에 예단이 생기게 할 수 있는 서류기타 물건을 첨부하거나 그 내용을 인용하여서는 아니된다(형소규칙 제118조 제2항). 이에 위반하여 공소제기된 공소는 제기절차가 법률에 위반된 것으로 형사소송법 제327조 제2호에 의해 공소기각 판결된다.

> **[다수의견]**
> 범죄사실의 실체를 파악하는 데 장애가 될 수 있는지 여부를 기준으로 구체적으로 판단하여야 한다.[451]

> **[소수의견]**
> 공소장일본주의에 위배된 것은 그 자체 이미 중대한 위법으로서, 그 위반의 정도나 경중을 가릴 것 없이 모두 위법한 공소제기라고 보는 것이 타당하다고 한다.

[다수의견]에 의하면, 공소장에 돈을 받은 경위, 동기, 그 돈의 사용처 등을 자세히 기재하는 정도에 그친 경우라면 공소장일본주의에 반한 것이라고 할 수 없다.

III. 주장시기

학설은 공소장일본주의의 주장시기에 대해 〈모두진술시설〉, 〈증거조사완료시설〉, 〈변론종결시설〉이 있으나

---

451) 대판 2009. 10. 22. 선고 2009도7436 전원합의체

위 판례의 [다수의견]은 〈증거조사완료시설〉을 취하고 있고, 소수의견은 중대한 하자로서 소송절차상 언제든지 주장할 수 있다고 한다.

IV. 변론재개 신청의 당부

변론재개 신청은 변론이 종결된 이후 추가 증거조사 등 심리를 위해 가능하지만 본건 공소장 일본주의에 위배한다는 주장은, [다수의견]에 의하면 범죄의 실체를 발견하는 데 장애가 될 만한 정도는 아니라고 보이며, 증거조사가 완료되어 이미 심증이 형성되었고, 변론이 종결된 이상 변호인의 주장은 시기를 놓친 것으로 변론재개 신청은 받아들일 수 없다.

[소수의견]에 의하면 가능할 수도 있다.

문제 3. 피의자 甲 작성의 메모지의 보강증거로서 증거능력은?

I. 문제제기

피의자 甲이 작성한 메모지는 "계좌번호를 알려주라"는 것으로 당해 입금된 금원이 뇌물로 받은 것이라면 범행의 방법을 지시하는 문구에 해당한다. 이는 피의자의 진술을 기재한 것으로 이를 자백과 달리 독립된 증거라고 할 수 있는지 문제이고, 이러한 메모지가 보강증거로 충분한가? 그렇다면 증거능력의 요건은 무엇인가 문제된다.

II. 메모지의 보강증거로서의 자격

피고인이 지출한 자금내역을 자료로 남겨두기 위하여 뇌물자금과 기타 자금을 구별하지 아니하고 그 지출 일시, 금액, 상대방 등 내역을 그때그때 계속적·기계적으로 기입한 수첩의 기재 내용에 대해서는 범죄사실에 대한 자백으로 볼 것인가?

이에 대해서 학설은 대립이 있으나 판례[452]는 별개의 독립된 증거라고 한다.

---

452) 대판 1996. 10. 17. 선고 94도2865(전합)

본 건 메모지와 같이 "계좌번호를 알려주라"는 내용의 기재는 피고인 자신의 범행수법에 대한 의사표시에 관한 진술이므로 자백과는 다른 별개의 독립된 증거라고 봄이 상당하다.

Ⅲ. 보강의 정도

학설은 〈죄체설〉, 〈신용성보장설〉 등의 대립은 있으나 판례는 후자의 입장이다.

> 자백에 대한 보강증거는 범죄사실의 전부 또는 중요 부분을 인정할 수 있는 정도가
> 되지 아니하더라도 피고인의 자백이 가공적인 것이 아닌 진실한 것임을 인정할 수
> 있는 정도만 되면 족하다.[453]

본 사안에서 "계좌번호를 알려주라"는 메모지는 피고인의 뇌물수수에 관한 자백과 어울려 전체의 뇌물수수죄 범죄사실을 인정할 수 있고, 그렇다면 보강증거로서 충분하다고 할 것이다.

Ⅳ. 증거능력의 요건

본 건 메모지의 기재내용은 "계좌번호를 알려주라"는 의사표시에 불과하여 경험사실에 대한 진술이 아니므로 전문증거가 아니다. 따라서 메모지에 대해 진정성이 인정되면 증거능력이 인정되는데, 진정성의 입증은 원래 소송법적 사실에 대한 증명이므로 원진술자인 피의자는 물론 소지자인 B의 진술 등 자유로운 방법으로 문서가 원본으로 편집 · 왜곡되지 않았음을 증명하면 충분하다.

[참고판례]
증거능력이 없는 증거는 보강증거로도 사용할 수 없음은 당연하다.[454]

---

453) 대판 2011. 09. 29. 선고 2011도8015
454) 대판 2006. 12. 08. 선고 2006도6356

V. 소결

메모지는 자백과 달리 독립된 증거로서 보강증거의 자격을 갖추고, 여직원의 진술 등으로 진정성을 인정하면 보강증거로 충분하다.

문제 4. 유도신문과 책문권의 포기

I. 문제제기

형사소송규칙 제75조 제2항은 주신문에 있어서는 증인이 주신문을 하는 자에 대하여 「적의 또는 반감을 보이는 등」 단서 각 호의 예외사유가 없는 한 유도신문을 하여서는 아니된다고 규정하고 있다. 유도신문에 해당하는 경우 책문권을 행사하여 이의를 제기하면 당해 신문내용은 증거로 사용할 수 없다. 이러한 책문권은 포기할 수 있는가?

II. 유도신문과 책문권의 포기

1. 유도신문의 의의

유도신문은 답변을 암시하는 형식의 질문을 하는 것을 말하며, 검사가 주신문을 하면서 유도신문은 허용되지 않는다(규칙 제75조). 다만 소송규칙에 의해 예외적으로 허용된다.

2. 유도신문의 허용여부

주신문에는 유도신문이 허용되지 않지만 예외적으로 1) 증인과 피고인과의 관계, 증인의 경력, 교우관계 등 실질적인 신문에 앞서 미리 밝혀둘 필요가 있는 준비적인 사항에 관한 신문의 경우, 2) 검사, 피고인 및 변호인 사이에 다툼이 없는 명백한 사항에 관한 신문의 경우, 3) 증인이 주신문을 하는 자에 대하여 적의 또는 반감을 보일 경우, 4) 증인이 종전의 진술과 상반되는 진술을 하는 때에 그 종전진술에 관한 신문의 경우, 5) 기타 유도신문을 필요로 하는 특별한 사정이 있는 경우에는 허용된다. 이러한 유도신문이 대해서는 재판장은 이를 제지하여야 하고, 제한할 수 있다(동 제3항). 반대신문에는 필요할 때 유도신문할 수 있다(규칙 제76조 제1항).

3. 책문권의 포기와 하자의 치유

증인 D에게 "자신은 기자이지만 법률전문가라고 소개하였지요."라고 희망하는 답변을 암시하는 형식의 질문을 하고 이에 대해 D가 '예'라고 답변한 것은 형사소송규칙상 허용되지 않는 유도신문에 해당한다.

> 공판조서(증인신문조서)에 대해 각 그 다음 공판기일에서 재판장이 증인신문 결과 등을 위 각 공판조서에 의하여 고지하였는데 피고인 측에서 '변경할 점과 이의할 점이 없다'고 하였다면 책문권 포기로 보아, 하자는 치유되었다고 할 수 있다.[455]

판례에 따르면 책문권의 포기에 의한 하자의 치유를 인정하고 있다.

Ⅲ. 소결

결국 본 건 공판조서 중 증인신문조서는 피고인의 책문권 포기에 의해 증거능력이 인정된다.

문제 5. 전문진술의 증거능력(요증사실)

1. 문제제기

타인의 진술을 내용으로 하는 진술이 전문증거인지 여부는 요증사실과의 관계에서 정하여 진다. 즉, 원진술의 내용의 진위여부가 요증사실인 경우에는 전문증거이지만 원진술의 존재 자체가 요증사실인 경우에는 본래증거이지 전문증거가 아니다.[456]

본 사안에서 甲의 진술 내용이 변호사법위반의 증거인 경우 과연 전문증거인가?

2. 전문증거 부정

변호사가 아니면서 수사기관에서 취급 중인 사건에 대해 청탁이나 무마한다는

---

455) 대판 2012. 07. 26 선고 2012도2937
456) 대판 2008. 11. 13. 선고 2008도8007

명목으로 금품을 수수하면 변호사법 제109조 제1호 다목에 해당한다.

본 사안에서 B의 증언 중 '사건을 무마해주겠다'는 취지 甲의 진술은 그 자체가 위 변호사법위반에 있어서 요증사실에 해당한다.

> 피고인 甲이 "사건을 무마해 주겠다"고 말하였다는 피고인의 진술을 내용으로 한 증언은 피고인 甲의 원진술의 존재 자체가 사기죄 또는 변호사법위반죄에 있어서의 요증사실이므로 전문증거가 아니라 본래증거에 해당한다.[457]

3. 사안의 해결

B의 증언은 본래 증거로서 그 자체 증거능력이 인정되고, 전문진술에 해당하는 형사소송법 제316조 제1항을 적용할 것은 아니다.

---

457) 대판 2012. 07. 26. 선고 2012도2937

조문			주체	행위방법		비고
법률 사무 취급	i 458)		비변호사	공여459)하게 하거나 약속460)	감정461), 대리462), 중재, 화해, 청탁, 법률상담, 기타 일반의 법률사건463), 법률관계문서작성, 그 밖의 법률사무464)465) 취급466)이나 알선467)	
사건 유인	109	ii	33	변호사	이익 요구, 약속	수임사건의 상대방으로부터 수수 등	
			34 ① i	제한 없음	사전 이익, 약속	특정 변호사나 사무직원에게 소개, 알선, 유인	
			ii		사후		
			② ③	변호사, 사무직원	지급, 약속	소개, 알선, 유인의 댓가(법원, 검찰직원에게 금품제공)468)	
			④	비변호사	고용	변호사를 고용하고, 월급을 주는 형태로 법률사무소 개설, 운영	변호사 공범 여부469)
			⑤		동업	변호사와 이익의 분배	
교 제	110	i		변호사, 사무직원	금품이나 이익수수	판검사, 경찰 등에게 제공하거나 교제470)한다는 명목	
		ii			선임료, 성공사례금에 명시적으로 포함	위 명목	
청 탁	금 품 수 수	111	①	제한 없음 변호사471)	금품수수 등	공무원472)이 취급하는 사건·사무에 관해 청탁, 알선473) - 피고인 자신의 사건은 제외474) - 노무대가 제외475) - 일부 변호사선임비용이나 채무변제조로 사용한 경우도 포함476) - 실제로 청탁할 의사 없이 채권을 변제받기 위하여 금원을 수수한 경우에도 성립477) - 공무원에게 단순 전달하는 행위는 제외478)	의제공무원② 특가법 알선수재 (제3조)와 관계
업행위	112			제한 없음	소송 등 권리실행	업으로 권리의 양수 또는 가장양수479)	

458) 변호사사무직원이 그 소속변호사에게 소송사건 대리를 알선하고 대가를 받은 경우(대판 2001. 07. 24. 2000도5069)

459) 금품 등의 수수와 같이 2인 이상의 서로 대향된 행위의 존재를 필요로 하는 관계에 있어서는 공범이나 방조범에 관한 형법총칙 규정의 적용이 있을 수 없다. 따라서 금품 등을 공여한 자에게 따로 처벌규정이 없는 이상, 그 공여행위는 그와 대향적 행위의 존재를 필요로 하는 상대방의 범행에 대하여 공범관계가 성립되지 아니하고(대판 1988. 04. 25. 선고 87도2451, 동 2002. 07. 22. 선고 2002도1696 등 참조), 오로지 금품 등을 공여한 자의 행위에 대하여만 관여하여 그 공여행위를 교사하거나 방조한 행위도 상대방의 범행에 대하여 공범관계가 성립되지 아니한다(대판 2014. 01. 16. 선고 2013도6969).

460) 실비변상(소극, 대판 1996. 05. 10. 선고 95도3120)

461) 법률상의 전문지식에 의한 법률적 판단이므로 법률이외의 전문지식 예를 들면 공사보수, 하자조사를 전문으로 하는 회사 직원의 하자조사보고서(대판 2007. 09. 06. 선고 2005도9521)작성 행위는 여기에 해당되지 않는다.

462) 본인이 직접하는 외양만 갖추고, 실질적으로 대리하는 경우 포함(대판 2014. 07. 24. 선고 2013다28728), 경매신청취하서 제출(대판 1996. 04. 26. 선고 95도1244), 의뢰인을 대신하여 고소장의 작성, 제출행위, 피고 중의 한 사람이 다른 피고들로부터 돈을 받기로 약속하고 그 소송사건에 대해 대리, 청탁하는 행위(대판 1983. 07. 26. 선고 83도609)

463) 손해사정인의 중재, 화해 주선행위(대판 2001. 11. 27. 선고 2000도513)(금품을 받거나 보수를 받기로 하고 교통사고의 피해자측을 대리 또는 대행하여 보험회사에 보험금을 청구하거나 피해자 측과 가해자가 가입한 자동차보험회사 등과 사이에서 이루어질 손해배상액의 결정에 관하여 중재나 화해를 하도록 주선하거나 편의를 도모하는 등으로 관여하는 행위는 일반 법률사무에 관한 화해 등에 해당)

464) 변호사의 법률사무에 한정되고, 경찰관의 조사 및 신병을 경찰서에 인도하는 업무와 관련 행위로 금원을 받은 행위는 해당하지 아니한다(대판 2010. 07. 15. 선고 2010도2527).

465) 법률사무이어야 하고(대판 1983. 03. 22. 선고 83도189), 단지 부동산등기부등본을 열람하여 등기부상에 근저당권, 전세권, 임차권, 가압류, 가처분 등이 설정되어 있는지 여부를 확인·조사하거나 그 내용을 그대로 보고서 등의 문서에 기재하는 행위는 근저당권, 전세권 등의 법적 효과나 권리 상호간의 우열관계 등에 대한 판단이 포함되어 있지 않고, 누구든지 열람이 가능한 등기부의 기재 내용을 기계적으로 옮겨 적는, 일종의 사실행위에 불과하여 이를 변호사법 제109조 제1호 소정의 법률사무 취급행위라고 볼 수는 없다(서울중앙지방법원 2006. 04. 21. 선고 2006고합88).

466) 타인으로부터 권리를 양수한 것과 같은 외관만 갖춘 뒤 자신이 권리자인 양 해당 법률사무를 취급한 경우 변호사법 제109조 제1호 의 구성요건에 해당(대판 2014. 02. 13. 선고 2013도13915)

467) 법률사건의 당사자와 변호인의 위임계약을 중개, 편의도모(대판 2006. 06. 15. 선고 98도3697)

468) 대판 2000. 06. 16. 선고 98도3697

469) 필요적 공범, 처벌규정 없어 공범으로 처벌 불가(대판 2004. 10. 28. 선고 2004도3994)

470) 공공성을 가진 법률전문직으로서 정상적인 활동이라고 보기 어려운 경우(대판 2006. 11. 23. 선고 2005도3255)

471) 대판 1989. 02. 14. 선고 87도2631, 정식으로 사건을 수임한 변호인의 경우 정상적인 활동이라고 보기 어려운 경우에 한함(대판 2013. 01. 31 선고 2012도2409), 예를 들면, 정상적인 변호사 활동이 아닌 장관 등 고위층 인사에 대한 로비를 통하여 세금을 줄여주겠다며 그 청탁 명목으로 금원을 교부받았고, 실제로 고위층 인사에 대한 로비를 통하여 세금을 줄여 줄 의사나 능력도 없었다면 사기죄와 변호사법위반을 구성한다(대판 2012. 07. 26. 선고 2012도2937).

472) '공무원'이라 함은 국가공무원법과 지방공무원법에 의한 공무원 및 다른 법률에 따라 위 규정들을 적용할 때에 공무원으로 간주되는 자 외에 법령의 근거에 기하여 국가 또는 지방자치단체 및 이에 준하는 공법인의 사무에 종사하는 자로서 그 노무의 내용이 단순한 기계적·육체적인 것에 한정되어 있지 않은 자를 말한다(대판 2011. 03. 10. 선고 2010도14394).

473) 알선수뢰죄는 공무원이 그 지위를 이용하여 다른 공무원의 직무에 속한 사항의 알선에 관하여 뇌물을 수수, 요구 또는 약속하는 것을 그 성립요건으로 하고 있고, 여기서 '공무원이 그 지위를 이용하여'라 함은 친구, 친족관계 등 사적인 관계를 이용하는 경우이거나 단순히 공무원으로서의 신분이 있다는 것만을 이용하는 경우에는 이에 해당한다고 할 수 없고, 적어도 다른 공무원이 취급하는 사무의 처리에 법률상이거나 사실상으로 영향을 줄 수 있는 관계에 있는 공무원이 그 지위를 이용하는 경우이어야 한다(대판 2010. 11. 25. 선고 2010도11460).

474) 변호사법 제90조 제1호 소정의 '공무원이 취급하는 사건 또는 사무'라 함은 타인을 위한 사건 또는 사무로써 자기 자신을 제외한 모든 자의 사건 또는 사무를 가리키는 것으로 해석하는 것이 상당하고, 피고인이 진정, 고소한 사건의 피진정인, 피고소인이 구속되도록 수사기관에 청탁한다는 명목으로 제3자로부터 금원을 수령한 경우에 비록 피고인이 진정인, 고소인, 피해자 중의 한 사람이라고 하더라도 다른 사람에게 강제수사의 불이익을 주도록 하려는 청탁일 뿐이어서 인신구속에 관한 수사 또는 재판사무에 관한 그러한 청탁을 가리켜 피고인 자신을 위한 사건 또는 사무나 피고인 자신의 사건 또는 사무라고 볼 수는 없다(대판 2000. 09. 08. 선고 99도590).

475) 노무를 제공하고, 그 대가로서 금품수수의 경우에는 청탁, 알선한다는 명목으로 교부받은 것이 아님(대판 1997. 12. 23. 선고 97도547), 청탁명목과 노무제공이 불가분의 경우 전부에 대해 변호사법위반죄 성립.

476) 대판 1997. 10. 10. 선고 97도2109(변호사 선임비용이나 채권자들에 대한 채무변제금으로서가 아니라 수사담당 공무원들에게 청탁을 한다는 명목으로 금원을 교부받은 이상, 그 금원의 일부를 변호사 선임비용 또는 채무변제금으로 사용하였다고 하더라도 변호사법 제90조 제1호에 해당하고, 동법 제94조의 추징의 대상이 된다)

477) 대판 2006. 10. 12. 선고 2006도4518

478) 대판 2007. 06. 28. 선고 2002도3600(청탁할 공무원을 구체적으로 특정하지 아니한 경우는 물론 영향력 등을 행사할 수 있는 중간인물을 통하여 청탁·알선해준다는 명목으로 금품 등을 수수한 경우에도 특정범죄 가중처벌 등에 관한 법률 제3조 혹은 구 변호사법 제90조 제1호 위반죄가 성립할 수 있으며, 금품 수수의 명목이 된 청탁·알선의 상대방은 구체적으로 특정될 필요는 없다 하더라도 최종적으로는 공무원일 것을 요하고 또 청탁·알선의 대상이 그의 직무에 속한 사항이거나 그가 취급하는 사건 또는 사무에 해당하여야 하지만, 중간인물은 반드시 공무원일 필요는 없고 공무원이라 하더라도 청탁·알선의 대상이 반드시 그의 직무에 속하여야 하는 것은 아니다)

479) 대판 1993. 01. 26. 선고 91도29817

여신전문금융업법위반 사건,
컴퓨터사용사기 등, 변론의 병합

형 법 총 론	친족상도례, 불가벌적 사후행위, 포괄적 일죄와 경합범
형 법 각 론	절도죄, 사기죄, 컴퓨터사용사기 등
형사소송법	변론의 분리와 병합, 검사의 수사지휘와 경찰의 불복, 변호인의 증언거절권, 공소장의 특정
형사특별법	여신전문금융업법, 전기통신금융사기 피해 등 특별법위반

설문

1. 피의자 甲은 친할아버지의 지갑에 있던 신용카드를 절취하여 현금자동인출기에서 100만원을 예금인출하고, 200만원을 현금서비스를 받아 자신의 계좌로 이체하였다. 카드 도난 사실을 안 할아버지 A는 카드 도난신고를 하였다.

2. 그 사실을 모른 피의자는 계속해서 자신의 친구인 피의자 乙에게 "내가 훔친 카드다. 들키면 너와 내가 현금으로 계산하자"고 말했고, 피의자 乙은 "재미있다. 그렇게 하자"고 하여 의사의 합치를 본 다음 카드 가맹점에 가서 맥주와 안주를 시켜 먹고, 절취한 카드를 제시하였다.

3. 카드는 피의자 乙이 카드 가맹점 업주인 B에게 제시하였고, 도난 카드임이 밝혀져 카드 승인이 거부되자 피의자 乙은 "우리 할아버지 카드인데 그럴 수 없다"고 하면서 태연하게 현금으로 계산하였다. 당시 매출전표는 작성하지 않았다.

4. 그 이후 피의자 甲은 현금자동인출기에서 자신의 카드를 사용하여 자신의 계좌에서 현금을 인출하려다 잠복 중이던 경찰관에게 긴급체포되었고, 경찰서에서는 피의자 甲이 범행일체를 자백하자 석방하였으나 법원에서는 석방통지를 하지 않았다.

5. 검사는 乙에 대해 신병지휘를 하는 과정에서 경찰관에게 카드 가맹점 업주인 B를 상대로 참고인 조사 후 송부하도록 지시하였고, 경찰 조사과정에서 B는 카

드를 제시받은 경위를 자세히 진술하였다. 나아가 피의자 甲의 변호사인 C가 甲을 사실상 사건알선책으로 고용하고 있다는 혐의를 잡고 C의 사무실과 컴퓨터를 압수수색하였으나 다른 증거를 찾지 못한 채 甲의 사건에 대해 甲과 면담을 하면서 작성한 것으로 보이는 법률의견서를 C의 컴퓨터로부터 출력하여 압수하였다.

6. 한편 경찰관은 B를 참고인 조사하는 과정에서 피의자 乙의 범행을 확신하고, 구속하여 검사에게 송치하였다. 송치된 피의자 乙은 검사가 소환하자 「자신은 도난 카드임을 몰랐고, 자신이 카드를 제시한 것도 아니다」고 주장하면서 검사실로 출석을 거부하고 있다.

7. 검사는 피의자 甲과 乙에 대한 사건을 송치 받아 조사하던 중 피의자 甲으로부터 인터넷 카페를 운영하는 피의자 丙으로부터 피해를 입었다는 진술을 확보하고, 丙에 대해 컴퓨터를 이용한 사기사건의 실체를 확인하고, 다음과 같은 내용으로 인지·기소하였다.

「피고인 丙은 2015. 2. 경부터 자신이 운영하는 커피숍에서 인터넷을 통해 허위의 D 은행 인터넷뱅킹 홈페이지로 접속하게 유도한 다음 甲에게 아이디, 비밀번호, 계좌번호, 공인인증번호, 이체비밀번호 등을 입력하게 하고, 보안 강화가 필요하다는 거짓말로 OTP 생성기로부터 일회용 비밀번호를 알아낸 후 피해자 甲의 계좌로부터 2,000만원을 송금하도록 하는 등 2015. 2. 경부터 같은 해 12. 20. 경 사이에 같은 방법으로 피해자 들 약 25명으로 하여금 컴퓨터 등 정보처리장치에 정보 또는 명령을 입력하게 하고 허위의 정보 또는 부정한 명령을 입력하거나 권한 없이 정보를 입력, 변경하여 정보처리하게 함으로써 총 25회에 걸쳐 8억 2,000만원의 재산상의 이득을 취득하였다.」

8. 검사는 甲, 乙, 丙을 병합하여 기소하였고, 증거로 제출한 B에 대한 참고인진술조서에 대해서는 피고인 甲은 동의하였으나 피고인 乙은 부동의하였다.

1. 피고인 甲과 乙의 형사책임은?

2. 검사가 출석을 거부하는 乙에 대해 어떤 조치를 할 수 있는가? B에 대한 참고인 진술조서에 대해서 피고인 甲과 乙의 의견이 서로 다른 본 건에서 변론을 분리하는 것이 상당한가?

3. 검사가 수사경찰관에게 B를 상대로 카드 제시 경위를 조사하고, 카드회사 내역 조회 등으로 추가 범죄사실을 조사하여 추송하라는 지휘는 가능한가? 만약 경찰이 이를 부당하다고 판단한다면 경찰의 조치는?

4. 검사는 변호인 C에게 甲의 피고사건에 대한 증인조사를 신청하였고, C는 증언대에서 증언거절권을 행사하고 있다. C는 증인적격이 있는가? C가 증언거절권을 행사한 경우 출력물이 전문증거라면 증거능력은?

5. 긴급체포 후 석방하고도 법원에 석방통지 하지 않은 것은 위법하므로 체포상태하에서의 자백은 위법수집증거에 해당한다는 변호사의 주장의 당부는?

6. 검사는 피고인 丙에 대하여 형법상의 컴퓨터이용사기죄와 「전기통신금융사기 피해방지 및 피해금 환급에 관한 특별법」(제15조의2 제1항 제1호)위반으로 공소제기하였다. 丙의 변호인은 공소장 기재가 특정되지 않았으므로 공소기각 판결함이 상당하다고 한다. 변호인 주장의 근거와 주장의 당부는? 만약 피해금액 중 약 4억원이 증명되지 않았다면 이에 대한 법원의 판단은?

> 전기통신금융사기법 제15조의2(벌칙) ① 전기통신금융사기를 목적으로 다음 각 호의 어느 하나에 해당하는 행위를 한 자는 10년 이하의 징역 또는 1억원 이하의 벌금에 처한다.
> 1. 타인으로 하여금 컴퓨터 등 정보처리장치에 정보 또는 명령을 입력하게 하는 행위

2. 취득한 타인[480]의 정보를 이용하여 컴퓨터 등 정보처리장치에 정보 또는 명령을 입력하는 행위

② 제1항의 미수범은 처벌한다.

③ 상습적으로 제1항의 죄를 범한 자는 그 죄에 대하여 정하는 형의 2분의 1까지 가중한다.

해설

문제 1. 甲과 乙의 형사책임[481]

I. 甲의 형사책임

1. 신용카드 절도행위

1) 신용카드의 재물성

카드를 절취한 행위가 절도죄에 해당하기 위해서는 카드의 재물성이 인정되어야 한다. 학설은, 현금대용 기능과 신용구매 기능을 가지고 있으므로 경제적 가치 있는 재물에 해당한다는 입장이다.

> 신용카드업자가 발행한 신용카드는 이를 소지함으로써 신용구매가 가능하고 금융의 편의를 받을 수 있다는 점에서 경제적 가치가 있다.[482]

따라서 절도죄의 객체에 해당한다.

---

480) 전기통신금융사기로 피해자의 자금이 사기이용계좌로 송금·이체된 후 계좌에서 현금을 인출하기 위하여 정보처리장치에 사기이용계좌 명의인의 정보 등을 입력하는 행위는 포함되지 않는다(다수의견). 반면 (소수의견)은 피해자의 자금이 제3자 명의 사기이용계좌로 송금·이체된 후 계좌에서 현금을 인출하기 위하여 계좌 명의인의 정보를 이용하여 정보처리장치에 정보 등을 입력하는 행위는 처벌조항 제2호의 구성요건에 해당한다고 한다.

481) 사건 진행순서별로 작성하는 것이 죄명을 빠뜨리지 않은 방식임, 공소장을 작성하는 경우 죄명표 기재방법 또한 중한죄명을 먼저 기재하는 경우도 있지만 대체적으로 사건 진행순서로 기재하고 있음

482) 대판 1999. 07. 09. 선고 99도857

2) 할아버지 신용카드의 절도

할아버지는 형법 제328조 제1항의 친족관계에 있는 자로서 할아버지의 신용카드를 절도한 행위는 형이 면제된다.

2. 현금자동인출기를 사용한 행위

1) 절도죄 성립

먼저 현금 100만원을 자동인출기에서 인출한 행위는 별도의 절도죄를 구성한다.

2) 사기죄 성립

나아가, 현금 200만원을 서비스받은 행위는, 학설은 〈절도죄설〉과 〈사기죄설〉이 대립하고 있다.

신용카드의 사용에 의해 카드회사가 가맹점에 대해 채무가 발생하므로 사기죄로 의율하는 것이 상당하고 판례도 같다.

3) 죄수론

카드 사용으로 인한 카드회사의 손해는 그것이 자동지급기에 의한 인출행위이든 가맹점을 통한 물품구입행위이든 불문하고 모두가 피해자인 카드회사의 기망당한 의사표시에 따른 카드 발급에 터잡아 이루어지는 사기의 포괄일죄이다.[483]

결국 신용카드를 이용하여 현금을 인출하고, 현금서비스를 받은 행위는 사기의 포괄일죄가 된다.

3. 카드 부정사용 행위

절취한 신용카드를 부정사용한 행위는 여신전문금융업법상 카드부정사용죄에 해당한다(제70조 제1항 제2-4호). 수개의 사용 행위는 포괄일죄의 관계에 있다.

4. 자신의 카드로 이체된 현금을 인출하려 한 행위

도난 카드를 이용하여 계좌이체한 행위는 컴퓨터등사기죄에 해당하지만[484] 본 사

---

483) 대판 1996. 04. 09. 선고 95도2466

484) 계좌이체 후 현금지급기에서 현금을 인출한 행위는 자신의 신용카드나 현금카드를 이용한 것이어서 이러한 현금인출이 현금지급기 관리자의 의사에 반한다고 볼 수 없어 절취행위에 해당하지 않으므로 절도죄를 구성하지 않는다(대판 2008. 06. 12. 선고 2008도2440).

안에서는 현금서비스를 받은 후 계좌이체한 것이므로 불가벌적 사후행위에 해당하고, 자신의 계좌로 이체된 현금을 인출하려 한 행위는 별도의 죄를 구성하지 않는다.

5. 죄수론

피의자 甲은 신용카드절도죄는 형이 면제되고, 현금인출행위와 현금서비스를 받은 행위는 사기죄의 포괄일죄이고, 수개의 카드부정사용죄 또한 포괄일죄이다. 사기죄와 카드부정사용죄는 실체적 경합범관계에 있다.[485]

각 사기죄가 실체적 경합관계에 해당한다고 하여도 신용카드부정사용죄와 사기죄는 그 보호법익이나 행위의 태양이 전혀 달라 실체적 경합관계에 있으므로 신용카드 부정사용행위를 포괄일죄로 취급하는 데 아무런 지장이 없다.[486]

II. 甲과 乙의 형사책임

1. 사기미수죄

맥주 등 안주류를 취식하고 신용카드를 제시하였으나 승인거절되었으므로 사기미수죄에 해당한다. 여기서 피해자는 가맹점인지, 신용카드회사인지가 문제되지만 종국적으로 피해자는 신용카드라고 함이 상당하다.

판례[487]는 여러 가맹점에 가서 사용한 경우 사기죄의 실체법경합으로 보므로 가맹점을 기망자 겸 피해자라고 보고 있다.

2. 카드부정사용행위

여신전문금융업법 상 카드부정사용행위의 기수시기는, 학설은 매출전표에 서명하고 가맹점에 제시한 때라고 한다.

---

485) 부정사용죄와는 상상적 경합, 실체적 경합(판례, 대판 1995. 07. 28. 선고 95도997) 카드의 공갈, 편취의 경우 공갈죄(대판 1996. 09. 20. 선고 95도1728), 사기죄(대판 2005. 09. 30. 선고 2005도5869)만 성립, 강도의 경우, 강도죄와 절도죄 성립(대판 2007. 05. 10. 선고 2007도1375)

486) 대판 1996. 07. 12. 선고 96도1181

487) 대판 1996. 07. 12. 선고 96도1181

판례[488]는 신용카드를 제시한 경우 실행의 착수가 되고, 매출전표에 서명하고 가맹점에 제시한 때에 기수에 이른다.

다만 본 사안에서는 승인이 거절되었으므로 부정사용죄의 실행의 착수는 있었지만 기수에 이르지 못한 미수에 그치고 있고, 미수범 처벌규정이 없는 이상 별도의 죄를 구성하지 않는다.

Ⅲ. 결론

甲은 사기죄와 사기미수죄, 신용카드부정사용죄가 성립하고, 乙은 사기미수죄만이 성립한다. 甲의 사기죄와 신용카드부정사용죄, 사기미수죄는 실체적 경합범관계에 있다.

문제 2. 출석거부에 대한 검사의 조치와 병합신청

I. 출석거부에 대한 검사의 조치

구속된 피의자 乙이 검사의 출석요구에 불응하고 출정을 거부하는 경우 검사는 어떤 조치가 가능한가?

구속영장은 기본적으로 공판정에의 출석이나 형의 집행을 담보하기 위한 것이지만, 구속기간의 범위 내에서 수사기관이 피의자신문의 방식으로 조사하는 등 적정한 방법으로 범죄를 수사하는 것도 예정하고 있다고 할 것이다. 구속영장의 효력은 구인과 구금의 효력이 있다. 따라서 乙에 대한 구속영장에 의해 乙을 구인할 수 있다.

판례[489]도 「구속영장 발부에 의하여 적법하게 구금된 피의자가 피의자신문을 위한 출석요구에 응하지 아니하면서 수사기관 조사실에 출석을 거부한다면 수사기관은 그 구속영장의 효력에 의하여 피의자를 조사실로 구인할 수 있다고 보아야 한다.」고 하여 이를 긍정하고 있다.

---

488) 대판 2008. 02. 14. 선고 2007도8767
489) 대결 2013. 07. 01. 자 2013모160

다만 피의자 乙에 대해서는 진술거부권이 보장되어 있고, 임의적인 조사만 가능한 것은 당연하다.

II. 증거조사방식의 차이와 변론의 분리 여부

1. 증거조사방식의 차이

1개의 증거에 대해 공범 간에 의견이 다른 경우 변론을 분리할 것인가. 수사기관 작성의 피해자에 대한 참고인 조서에 대하여, 일부 피고인이 동의하고, 일부는 부동의한 경우, 즉, 본 건에서와 같이 증거 동의한 피고인 甲에 대한 관계에서는 동 조서에 대해 서면조사방식으로, 부동의한 피고인 乙에 대한 관계에서는 피해자를 증인으로 신청하여 증인조사방식으로 증거조사를 하여야 할 것이다.

2. 변론의 분리 여부

이 경우 법원은 직권으로 증거조사를 실시할 권한이 있으므로 직접주의 관점에서 '서면조사'보다는 '증인조사' 방식으로 증거조사하는 것이 상당하다. 병합심리의 이점을 최대한 살릴 수 있고, 자백한 피고인에게 오히려 방어의 기회가 충분히 보장되고, 부당한 불이익을 초래하지도 않을 것이기 때문이다.

문제 3. 검사의 수사지휘와 경찰의 불복방법

I. 검사의 구체적 지휘의 근거

현행 형사소송법은 검사에게 모든 범죄의 수사권을 인정함과 동시에 검사를 수사의 주재자로 하고, 사법경찰관리는 모든 범죄[490]에 관하여 검사의 지휘를 받아 수사를 하도록 하고 있다(제196조①).

「검사의 사법경찰관리에 대한 수사지휘 및 사법경찰관리의 수사준칙」에 관한 규정(대통령령)은, 「지방검찰청 검사장 또는 지청장은 사법경찰관리에게 필요한 일반

---

490) 판례는 법 개정 이전의 검사의 사경에 대한 수사지휘권은 일반적·포괄적인 규정으로 풀이하고 반드시 검사의 지휘를 받아 수사를 하여야 되는 것은 아니라고 한다(대판 1982. 06. 08. 선고 82도117).

적 수사준칙 또는 지침을 마련하여 시행할 수 있고, 검사는 사법경찰관리에게 구체적 사건의 수사에 관하여 필요한 지휘를 할 수 있다(동 제3조①, ③)」고 하였다.

따라서 형사소송법 제196조 제1항, 수사준칙에 관한 규정 제3조 제3항에 의해 구체적인 사건에 대해 보완수사 및 송부명령을 할 수 있다.

II. 경찰의 불복방법

사법경찰관은 구체적 사건과 관련된 검사의 수사지휘의 적법성 또는 정당성에 이견이 있거나 지휘 내용이 명확하지 않아 이행하기 어려울 때에는 해당 검사에게 의견을 밝히고 재지휘를 건의할 수 있다(「검사의 사법경찰관리에 대한 수사지휘 및 사법경찰관리의 수사준칙에 관한 규정」 제8조①).

나아가 검사의 재지휘에 대해서 의견이 있을 때에는 해당 사법경찰관이 소속된 관서의 장이 해당 검사가 소속된 관서의 장에게 그 의견을 제시할 수 있도록 하였다(동③).

본 건 사안에서 가맹점 업주인 B를 상대로 카드 제시 경위와 추가범죄사실 유무에 관해 조사하라는 검사의 지휘는 적법하다. 그러나 카드회사에 대한 카드사용 내역을 사실조회 형식으로 조사하라는 내용은 부당하며 다만 이 경우 경찰은 압수수색영장을 받아 강제수사하여야 할 것이다.

문제 4. 변호인의 증인적격, 증언거절권

I. 문제제기

변호인은 자신의 의뢰인에 대한 사건에서 증인적격이 있는가? 변호인은 업무상 위탁을 받은 관계로 알게 된 사실로서 타인의 비밀에 관한 것은 증언을 거부할 수 있다(제149조). 만약 증언거절권을 행사한다면 변호인이 작성한 메모지의 증거능력은 어떤가?

II. 변호인의 증인적격

증인적격을 부정하는 법률 규정은 없다. 학설은 피고인의 이익 보호에 도움이 된다는 이유로 긍정하는 입장[491]과 피고인의 보호자의 입장과 증인으로서의 선서의무, 진실을 말할 의무와는 모순되는 경우가 있을 수 있으므로 부정된다는 입장[492]이 있다.

변호인은 증언을 거부할 수 있다(제149조). 이는 변호인으로서의 업무뿐만 아니라 의뢰인을 보호한다는 취지의 규정으로 본인의 승낙이 있거나 중대한 공익상 필요가 있는 때에는 예외로 하고 있다(동 단서). 물론 이러한 권리도 포기할 수 있다. 따라서 변호인은 이러한 권리를 포기하고, 업무상 위탁을 받아 처리하는 과정에서 알게 된 사항을 증인으로 출석하여 증언할 수 있다는 점에서 긍정설이 타당하다.

III. 증언거절권의 행사와 의견서의 증거능력

1. 전문증거인가?

본건에서와 같이 변호인이 의뢰인으로부터 설명을 듣고 법률 의견을 기재한 의견서는 과연 전문증거인가? 이에 대해서 [다수의견]은 전문증거라고 한다. 그렇다면 형사소송법 제313조 제1항에 의해 피고인이 동의하지 않는 한 작성자인 변호인의 법정에서 구두에 의한 성립의 진정이 인정되어야 증거능력이 생긴다. 만약 이 경우 법정에 출석한 변호인이 증언거절권을 행사하면 어떤가?

2. 제313조 제2항의 적용 여부

형사소송법 제313조 제2항은 「제1항 본문에도 불구하고 진술서의 작성자가 공판준비나 공판기일에서 그 성립의 진정을 부인하는 경우에는 과학적 분석결과에 기초한 디지털포렌식 자료, 감정 등 객관적 방법으로 성립의 진정함이 증명되는 때에는 증거로 할 수 있다. 다만, 피고인 아닌 자가 작성한 진술서는 피고인 또는 변호인이 공판준비 또는 공판기일에 그 기재 내용에 관하여 작성자를 신문할 수 있었을 것을 요한다.」고 하였다.

설문에서와 같이 작성자인 변호인이 증언거부권을 행사하면 성립의 진정을 부인하는 것으로 보아 위 조항에 의해 포렌식 조사관의 증언 등으로 성립의 진정을 인

---

491) 배/이/정/이, 488면; 백형구, 173면; 신동운, 939면; 임동규, 627면.
492) 손동권, 482면; 신양균, 590면; 이재상, 483면; 정/백, 504면.

정할 수 있을지 의문이다.

다만 설문에서의 진술서는 변호인의 증언거절권 행사로 더이상 신문할 수 없는 경우에 해당하여 동조 단서조항에 의해 증거능력이 부정될 것이다.

3. 제314조 적용여부

결국 작성자인 변호사가 증언을 거부하면 제313조 제2항 단서에 의해서도 증거 능력을 인정할 수 없게 된다. 이 경우 제314조의 '그 밖에 이에 준하는 사유로 인하여 진술할 수 없는 때'에 해당하는가?

> 변호사가 증언을 거부하면 변호인 작성의 의견서 또는 동인을 상대로 한 수사기관
> 작성의 진술조서 또한 형소법 제314조를 적용하여 증거능력을 인정할 수는 없다.[493]

판례에 의하면 결국 변호인이 자신이 작성한 의견서에 대한 증언을 거절하면 동 의견서는 증거능력이 없으므로 증거로 사용할 수 없게 된다.[494]

문제 5. 긴급체포 후 석방통지 누락

1. 석방통지 제도

수사기관에서 긴급체포 후 구속영장을 청구하지 아니하고 피의자를 석방한 때에는, 그로부터 30일 이내에 검사는 법원에 서면으로 체포 후 석방된 자의 성명, 주소 등 인적사항, 체포일시, 장소, 체포영장을 청구하지 못하고 긴급체포를 하게 된 구체적 이유, 석방일시, 장소, 사유 등을 통지하여야 한다(형사소송법 제200조의4 제4항). 긴급체포의 남용을 통제하기 위한 사후조치이다.

2. 석방통지 누락의 효과

만약 법원에 이러한 통지를 하지 않았다면 위법이지만 그렇다면 체포 하에서의

---

493) 대판 2012. 05. 17. 선고 2009도6788. 이에 대해 [소수의견]은 검사의 책임 없이 해당서류의 증거 능력을 배제하는 것은 부당하다고 한다.

494) [소수의견]에 의하면 경험사실에 대한 대체증거가 아니므로 전문증거가 아니며 따라서 진정성만 인정되면 증거로 사용할 수 있게 된다.

자백도 증거능력이 배제되는가?

> 판례는, 긴급체포 후 조사 과정 등에 특별한 위법이 있다고 볼 수 없는 이상, 단지 사
> 후에 석방통지가 법에 따라 이루어지지 않았다는 사정만으로 그 긴급체포에 의한 유
> 치 중에 작성된 피의자신문조서들의 작성이 소급하여 위법하게 된다고 볼 수는 없
> 다.[495]

판례의 입장에 따르면 긴급체포 하에서의 자백은 사후 통지 누락만에 의해 소급
해서 증거능력이 배제되는 것은 아니다.

3. 사안의 해결

긴급체포 후 석방한 경우 법원에 이를 통지하도록 하는 것은 긴급체포의 남발을
방지하기 위한 사후조치이지만 이를 결하였다고 하여 소급적으로 적법한 긴급체포
가 무효가 되는 것은 아니라는 점에서 증거능력이 부정되는 것은 아니다.

문제 6. 공소장의 특정과 피해금액의 입증책임

1. 공소장의 특정의 정도와 법원의 조치

1) 변호사의 주장

공소사실의 기재는 범죄의 일시·장소와 방법을 명시하여 사실을 특정할 수 있도록
하여야 한다(제254조 제4항). 그럼에도 본 건 사안은 피해자와 피해 일시, 구체적인 금
액 등에 대하여 구체적으로 특정되었다고 할 수 없어 방어권 행사에 지장을 초래하고
있으므로 공소기각되어야 한다.

2) 변호인 주장의 당부

(1) 공소장 특정의 정도

공소사실의 기재는 범죄의 일시·장소와 방법을 명시하여 사실을 특정할 수 있도
록 하여야 한다(제254조 제4항). 이처럼 공소사실을 특정을 규정한 취지는 심판의 대

---

495) 대판 2014. 08. 26. 선고 2011도6035

상을 한정함으로써 심판의 능률 및 신속을 꾀함과 동시에 방어의 범위를 특정하여 피고인의 방어권을 보장하기 위함이다.

공소사실의 기재는 범죄의 시일, 장소와 방법을 명시하여 사실을 특정할 수 있도록 하여야 하는 것이므로, 범죄의 일시는 이중기소나 시효에 저촉되지 않는 정도로, 장소는 토지관할을 가늠할 수 있는 정도로 기재하면 충분하다.

① 「공소사실의 특정을 요구하는 법의 취지는 피고인의 방어권 행사를 쉽게 해주기 위한 데에 있는 것이므로, 공소사실은 이러한 요소를 종합하여 구성요건 해당사실을 다른 사실과 식별할 수 있는 정도로 기재하면 족하다.」[496]

② 「공소장에 범죄의 일시, 장소 등이 구체적으로 적시되지 않았더라도 이러한 정도에 반하지 아니하고 더구나 공소범죄의 성격에 비추어 그 개괄적 표시가 부득이하며 또한 그에 대한 피고인의 방어권 행사에 지장이 없다고 보이는 경우에는 그 공소내용이 특정되었다」고 하는 것이 판례의 기본입장이다.[497]

③ 뇌물 '2억원 상당'이라는 기재도 특정되었다.[498]

④ 약속어음의 발행일자란의 기재날짜와 장소를 '2008. 05. 경부터 2009. 05. 경 사이에 서울시내 일원에서'라고 기재한 것만으로도 공소시효와 관할권을 정함에 있어서 지장이 없고, 범죄의 특성상 공소장이 특정되었다.[499]

본 사안에서 포괄적 일죄관계에 있는 본건에서는 범행의 시기와 종기가 특정되었으므로 방어권 행사에 지장이 없다고 볼 것인가? 결국 피해자의 성명, 피해금액 등에 대해 별표로 이를 명확히 하여야 함에도 이를 빠트린 것은 공소장의 특정을 결하였다고 봄이 상당하다.

(2) 불특정에 대한 법원의 조치

공소장의 특정성을 결하였다면 공소제기가 법률에 위반한 기소에 해당하므로 공소기각 판결함이 상당하다(제327조 제2호). 그러나 공소기각 판결은 기판력이 없으

---

496) 대판 2005. 12. 22. 선고 2003도3984

497) 대판 1994. 12. 09. 선고 94도1680. 동 2006. 06. 02. 선고 2006도489(유가증권위조죄의 경우 위조일시, 장소에 관해 피고인이 자백하지 않는다면 어느 정도 개괄적 표시가 부득이하다고 한다.)

498) 대판 2010. 04. 29. 선고 2010도2556

499) 대판 1994. 12. 09. 선고 94도1680. 동 2006. 06. 02. 선고 2006도489(유가증권위조죄의 경우 위조일시, 장소에 관해 피고인이 자백하지 않는다면 어느 정도 개괄적 표시가 부득이하다고 한다.)

므로 석명권을 행사하여 공소장을 특정하도록 한 후 실체 판결을 함이 상당하다. 검사는 피해자별로 구체적 피해방법과 금액에 대해 구체적으로 특정하여 공소장을 변경하여야 할 것이다.

2. 피해금액의 입증 부족에 대한 법원의 판단

1) 사기죄 피해금액의 성격

형법상 사기죄에 있어서 범죄피해 금액은 범죄의 구성요건은 아니다. 그러나 피해금액이 5억원을 상회하면 특정경제범죄가중처벌등에관한법률위반죄는 가중구성요건이 되므로 이 경우에는 피해금액이 구성요건에 해당한다.

이 경우 피해금액에 대해서는 엄격한 증명과 법관의 확신의 정도로 증명이 되어야 하는데 이러한 증명이 부족하면 무죄를 선고하여야 한다.

2) 축소사실의 인정

특정법위반 사건의 공소사실기재 중 피해 금액이 8억 2,000만원이었으나 4억원이 인정되지 않는 경우 법원은 공소장 변경 없이 형법상 사기죄로 유죄판결할 수 있는가? 방어권보장에 지장이 없는 한 공소장 변경 없이 축소사실을 인정할 수 있다는 것이 판례 입장이다.

3) 4억원 무죄에 대한 이유 명시

피해금액 중 4억원에 대해서는 무죄를 선고하여야 하지만 포괄일죄의 일부를 형법상 사기죄로 유죄판결하는 경우 나머지 무죄 부분에 대해서는 이유란에 무죄판단 이유를 기재하고, 주문에는 별도로 표시하지 않는다. 다만 이 경우에는 특경법위반으로 검사가 기소하였으므로 죄명란에 특경법위반(인정된 죄명 : 컴퓨터이용사기죄)으로 표시하면 된다.

성폭력범죄, 컴퓨터압수/수색, 관련성, 기록열람등사, 불복방법

형 법 총 론	기본범죄의 미수와 결합범의 기수, 합동범
형 법 각 론	강간치상, 무고죄
형사소송법	컴퓨터 압수수색, 영상녹화물의 증거능력, 성립의 진정, 압수 관련성, 진술거부 권고지의 확인조서, 축소사실인정
형사특별법	성폭력 범죄 특례법, 아동청소년성보호에관한법률

설문

1. 피고인 甲, 乙은 2012. 11. 5. 甲의 사무실에서 필로폰을 흡입하고 있다가 주변 놀이터에서 놀고 있던 피해자 A와 B를 강간하기로 마음먹고 승용차 뒷좌석에 태운 다음, 피고인 甲은 피해자 A가 반항을 하므로 목을 조이면서 강제로 키스를 하려다 A가 甲의 혀를 깨무는 바람에 미수에 그치고, 이어서 A는 차문을 열고 도망가다가 넘어져 요치 4주간의 쇄골골절상을 입었고, 피고인 乙은 피해자 B를 강간한 다음 B를 내려놓은 채 그대로 운전해 도망갔다.

2. 피해자 A는 1999. 10. 5.생 여성(당시 15세)이고, 피해자 B는 1980. 11. 6.생(당시 34세)으로 지능이 낮고, 최근 정신분열병에 대한 치료를 받고 있는 성전환 여성이다. 피해자 B는 중학생 때부터 남성이지만 여성의 옷을 즐겨 입거나 고무줄 놀이를 하는 등 여성으로서의 생활을 동경하고 여성으로서의 성에 귀속감을 느낀 나머지 1999년경부터 여장남자로서의 행세를 하여 오다가 2001년 성전환 수술을 하였다. 본 건 당시는 보통의 여자와 같이 남자와 성생활을 할 수 있으나 난소와 자궁이 없기 때문에 임신 및 출산은 불가능한 상태이다. 피고인들은 피해자 B가 성전환 수술하였다는 사실을 몰랐다.

3. 신고를 받고 출동한 사법경찰관은 피고인들의 신상을 파악하고, 도주한 방향으로 추격한 끝에 현장에서 약 500미터 떨어진 골목길에서 차에서 내리는 피고인들을 발견하고 다가가자 도망가려 하므로 피고인들을 현행범 체포하였다. 계속해서 피고인들이 횡설수설하고, 몸을 잘 가누지 못하므로 '마약이라도 한 것이

분명하다'고 생각한 경찰관은 피고인의 차량을 수색하기 시작하였다. 의자를 밀고 당기는 등으로 내부를 수색하다가 마침 조수석 의자 밑에 숨겨둔 흰 분말가루를 찾아내었고, 간이 실험을 해본 결과 마약임을 확인하고 압수하였다. 이에 대해서는 사후영장을 발부받지 않았으나 피고인들이 사후 법정에서 동의하였다.

4. 피고인들에 대해 마약흡입과 특수강간혐의로 구속한 다음 피고인 甲의 사무실을 영장을 발부받아 책상에 있던 컴퓨터를 압수하려 하였으나 파일을 삭제한 부분이 많고, 암호 처리된 문서가 많아 컴퓨터 1대를 통째로 압수하였다. 압수 후 경찰서에서 제1차 검색용으로 이미징하는 과정에서 피의자 甲에게 입회하도록 통지하였으나 甲은 입회 거절하였다. 검색결과, 컴퓨터 파일 중에는 아동 포르노 사진도 숨겨져 있으므로 이것도 함께 출력하여 압수하였다. 이에 대해서는 같은 달 8. 17:00경 사후영장을 청구하여 발부받았다.

5. 경찰은 피해자 A의 동의를 받아 수사과정을 모두 영상 녹화하였고, 피해자의 어머니가 동석하였다. 녹화도중 피해자 A는 자신의 피해사실을 진술서 형식으로 작성하였고, 이것도 녹화 촬영하였다. 검사는 甲, 乙, 丙을 조사하는 과정에서 진술거부권을 모두 고지하였으나 乙에 대한 조서에는 그 확인조서를 첨부하지 않았다.

6. 한편 피의자 甲은 별거 중인 부인 丙(당시 38세)을 여관으로 불러 이혼 합의금에 대해 이야기하던 중 강간한 혐의로 고소된 상태이다.

7. 피의자 丙은 피의자 甲에게 "이혼에 따른 위자료조로 5,000만원을 주지 않으면 강간으로 고소하겠다"고 하면서 협박하고, 甲이 합의할 의사가 없다고 하자 '칼을 들고 협박하기에 너무 무서워 반항을 못한 채 강간을 당하였고, 여관 밖으로 도망가다가 발을 헛디뎌 머리부위 상처를 입었으니 강간죄로 처벌해 달라'는 취지로 경찰서에 고소장을 제출한 것이었고, 경찰은 피의자 甲은 강간으로, 피의자 丙에 대해서는 피의자 甲에 대한 공갈죄로 인지하여 병합, 송치하였다.

8. 검사는 위 사건을 송치받자마자, 피의자 丙에 대해 출석을 요구하였으나 이에

불응하였다. 다만 전화로 "소리 내면 친구인 여관 주인이 알까 봐 반항을 못하였다. 강간당한 것은 사실이지만 칼은 거짓말이고 다치지는 않아서 진단서도 없다"고 진술을 번복하면서 "합의하였으니 처벌하지 말아 달라"고 하였다.

9. 검찰 수사관은 이러한 전화통화 내용을 수사보고서에 기재하고, 피의자 甲과 피해자 丙이 함께 여관에 들어가는 모습과 피해자 丙이 여관에서 주변을 둘러보면서 조심스럽게 혼자 나오는 모습이 찍힌 주변 CCTV의 동영상을 첨부하였다.

10. 법정에서 피고인 甲은 자신의 처를 반항함에도 불구하고 무리하게 강간한 것은 사실이지만 칼을 들이대고 강간한 것은 아니고, 주머니에서 압수된 다용도 포켓 나이프(칼날 길이 15cm)는 손톱깎이용을 겸해서 가지고 다녔지만 범행 당시 가지고 있었는지도 몰랐다고 주장하고 있다.

문제

1. 피고인 甲, 乙, 丙의 형사책임은?

2. 피고인들을 현행범으로 체포하고, 자동차를 수색하여 마약을 압수한 조치는 적법한가? 압수한 마약의 증거능력은?

3. 피고인 甲의 변호사의 다음 주장에 대해 당부를 논하라.
   1) 사무실에서 컴퓨터를 통째로 압수한 것은 부당하고, 나아가 수사기관 사무실에서 피압수자의 참여 없이 무분별하게 출력한 것은 위법하므로 모두 증거로 사용할 수 없다.
   2) 아동 포르노 사진은 마약사건과 '관련성'이 없으므로 증거능력이 없다.
   3) 검사작성 피의자 乙에 대한 피의자신문조서에 진술거부권의 고지에 대한 확인조서가 없으므로 피의자 甲에 대해 증거능력 없다.
   4) 피고인 甲의 피해자 C에 대한 흉기휴대 강간치상죄로 기소한 혐의에 대해서 법원은 단순 강간치상죄로 공소장 변경 요구를 하였으나 검사가 이에 불응하였으므로 강간죄로 벌할 수 없다.

4. 피고인 甲이 피해자 C에 대한 강간치상에 대해 자백을 하였다면 현출된 피해자의 진술만으로 법원은 유죄를 선고할 수 있는가?

5. 경찰은 피해자 A를 상대로 참고인 진술조서를 작성하였다. 당시 동석한 피해자의 어머니의 진술도 기재되어 있다. 피해자의 진술과 피해자 어머니의 진술의 증거와 증거능력의 요건은 무엇인가?

6. 한편 피해자에 대한 영상녹화물에 대해 변호인 측은 검사에게 열람/등사신청을 하였으나 불허하자 법원에 신청하였고, 법원의 허가명령이 있었으나 이에 대해 검사는 항고하였다. 이에 대한 법원의 판단은?

해설

문제 1. 피의자 甲과 乙의 형사책임

I. 문제제기

피의자 甲, 乙은 합동하여 피해자 A와 B를 강간하였는데, A의 경우 13세 미만은 아니지만 아동청소년에 해당하고, 강간의 기본범죄가 미수인 경우 중한 결과인 상해 발생에 대해 강간치상의 책임을 물을 수 있는가? B의 경우 성전환 수술을 받은 여성도 강간죄의 객체가 되는가? 또한 마약을 한 상태로 심신미약 등의 이유를 주장할 수 있는가?

나아가 피의자 甲은 배우자에 대한 강간은 인정되는가? 강간죄의 폭행은 인정되는가? 피의자 丙에 대해서는 정당한 위자료를 요구하는 행위가 공갈죄를 구성하는가? 허위사실을 들어 고소한 경우 무고죄에 해당하는가?

II. 피해자 A에 대한 강간미수행위

1. 문제제기

피해자 A에 대하여 강간미수에 그친 것은 사실이지만 중한 결과로 상해를 야기한 경우 강간치상죄에 해당하는지가 문제된다.

2. 몸싸움하다가 넘어져 다친 강간상해죄를 인정할 수 있는지?

강간치상죄에 있어 상해의 결과는 강간의 수단으로 사용한 폭행으로부터 발생한 경우뿐만 아니라 간음행위 그 자체로부터 발생한 경우나 강간에 수반하는 행위에서 발생한 경우도 포함된다.[500]

따라서 본 건과 같이 몸싸움하다가 물리적 충돌하거나 도망가는 과정에서 발생한 경우도 형법상 인과관계를 인정할 수 있으므로 강간미수와 상해죄를 인정할 수 있다.

3. 강간치상죄를 인정할 수 있는지?

그렇다면 강간미수행위에 의해 상해의 결과가 발생하였다면 강간치상 또는 강간상해죄로 처벌할 수 있는가?

강간이 미수에 그치거나 간음의 결과 사정을 하지 않은 경우라도 그로 인하여 피해자가 상해를 입었으면 강간치상죄가 성립한다.[501]
강간죄의 경우에는 그 자체의 미수범도 그 불법의 정도와 피해의 정도가 기수범에 비해 결코 무시할 수 없는 것이기 때문에 강간기수범과 강간미수범을 구별하지 아니하고 동일한 법정형을 규정하고 있다고 하여 결합범으로 가중처벌하는 것이 자의적인 입법이라거나 평등원칙에 어긋난다고 볼 수 없다는 것이 헌재의 입장이다.[502]

4. 적용죄명

피해자 A는 만 15세의 아동청소년성보호에관한법률(이하 '아청법'이라 한다)상 아동청소년에 해당하므로 아청법 제9조와 성폭력행위등처벌에관한법률(이하 '성폭법'이라 한다) 제8조 위반이 된다.

---

500) 대판 2003. 05. 30. 선고 2003도1256
501) 대판 1999. 04. 09. 선고 99도519
502) 헌재 2010. 03. 25. 선고 2008헌바84

III. 피해자 B에 대한 강간행위

1. 강간죄와 유사강간죄 성부

성전환 남성에 대하여 종전 강간죄의 객체인 부녀에 해당하는지에 대해 판례[503]는 부정해 오다가 최근에는 강간죄의 객체로서 인정해 오고 있다.

> 성전환자를 여성으로 인식하여 강간한 사안에서 사회통념상 여성으로 평가되는 성
> 전환자로서 강간죄의 객체인 부녀에 해당한다.[504]

현행법상으로는 '사람'이라고 하여 남자도 강간죄의 객체가 될 수 있으나 여전히 성전환 여성의 경우 유사강간죄인지, 강간죄인지 문제될 수 있다.

본 건에서와 같이 피해자가 성장기부터 남성에 대한 불일치감과 여성으로의 성 귀속감을 나타냈고, 성전환 수술로 인하여 여성으로서의 신체와 외관을 갖추었으며, 수술 이후 30여 년간 개인적·사회적으로 여성으로서의 생활을 영위해 가고 있는 점 등을 고려한다면, 사회통념상 여성으로 평가되는 성전환자의 성기에 대한 성기의 삽입은 강간죄에 해당한다고 봄이 상당하다.

2. 적용법조

피해자 B는 정신분열증 환자로서 정신적인 장애자에 해당하고 협박하여 항거 불능케 한 후 강간하였으므로 '성폭법' 제6조 제1항의 강간죄에 해당한다.

IV. 합동하여 강간한 행위에 해당하는지?

사안에서와 같이 피고인 2명이 피해자 2명을 가까운 거리에서 각각 강간한 경우 합동범에 해당하는가?

> 사전의 모의에 따라 강간할 목적으로 심야에 인가에서 멀리 떨어져 있어 쉽게 도망
> 할 수 없는 야산으로 피해자들을 유인한 다음 곧바로 암묵적인 합의에 따라 각자 마

---

503) 대판 1996. 06. 11. 선고 96도791
504) 대판 2009. 09. 10. 선고 2009도3580

318

음에 드는 피해자들을 데리고 불과 100m 이내의 거리에 있는 곳으로 흩어져 동시 또는 순차적으로 피해자들을 각각 강간하였다면, 그 각 강간의 실행행위도 시간적으로나 장소적으로 협동관계에 있었다고 보아야 할 것이므로, 피해자 3명 모두에 대한 특수강간죄 등이 성립된다.[505]

피고인 甲과 乙은 한사람씩만 특정하여 강간하였더라도 피고인들에게는 강간범행에 대한 공동가공의 의사가 있었고, 강간범행의 실행행위도 시간적으로나 장소적으로 협동관계에 있었다고 보아야 할 것이다.

V. 죄수론

피해자 A에 대해서, 강간한 행위는 성폭법 제4조 제1항 특수강간 등, 제8조의 특수강간치상죄와 아청법 제9조에 해당하고, 양자는 상상적 경합관계에 있다.

성폭력범죄법률 제10조 제1항 위반죄 구성요건이 아청법 제7조 제5항, 제2항 위반죄 구성요건의 모든 요소를 포함하는 외에 다른 요소를 구비하는 경우에 해당하지도 아니하므로, 전자가 후자에 대하여 특별법의 관계에 있다고 볼 수는 없다.[506]

피해자 B에 대한 강간행위는 성폭력법 제4조 제1항(특수강간등)과 동법 제6조 제1항(정신장애자강간) 죄가 성립하고, 양자 또한 상상적 경합관계에 있다.

VI. 피의자 甲의 피의자 丙에 대한 강간죄 성부

1. 배우자에 대한 강간죄 성립 여부

배우자가 강간죄의 객체가 될 수 있는가? 이에 대해 학설은 〈긍정설〉과 〈부정설〉의 다툼이 있다.

---

505) 대판 2004. 08. 20. 선고 2004도2870
506) 대판 2012. 08. 30. 선고 2012도6503

판례[507]의 다수의견은, 문언 해석상으로 법률상 처가 강간죄의 객체에 포함된다고 새기는 것에 아무런 제한이 없다는 〈긍정설〉의 입장이다. 반면 [소수의견]은, 강간죄는 '배우자가 아닌 사람에 의한 성관계'를 강요당한다는 침해적인 요소를 고려하여 형량을 정하였는데, 부부관계에까지 확대하는 것은 과도한 처벌이 이루어지게 된다고 하여 〈부정설〉의 입장이다.

판례의 [다수의견]에 의하면 배우자더라도 폭행과 협박에 의한 간음이라면 강간죄가 성립할 수 있다는 점에는 문제가 없으며, 본 건과 같이 별거 중인 배우자이고 이혼 합의금에 대해 이야기 하던 혼인관계가 파탄이 된 경우라면 종전 판례[508]에서도 강간죄를 인정해 왔다.

2. 강간죄의 폭행에 해당하는가?

1) 폭행, 협박의 정도

폭행, 협박의 광협에 대해 학설은 광협의 차이가 있으나 다수설은 최협의의 폭행·협박 개념인 상대방의 반항을 억압하는 경우나 현저하게 곤란하게 할 정도로 해석하는 것이 타당하다.

폭행·협박이 피해자의 항거를 불가능하게 하거나 현저히 곤란하게 할 정도의 것이었는지 여부는 그 폭행·협박의 내용과 정도는 물론, 유형력을 행사하게 된 경위, 피해자와의 관계, 성교 당시와 그 후의 정황 등 모든 사정을 종합하여 판단하여야 한다.[509]

판례도 '옆방에 친구들이 많다. 소리지르면 다 들을 것이다'고 협박한 경우이거나[510] 여관주인의 안내받아 여관에 들어간 다음 창피하다는 이유로 구조를 요청하지 않은 경우[511]에는 항거불능의 폭행을 인정하지 않고 있다.

---

507) 대판 2013. 05. 16. 선고 2012도14788 전원합의체 판결

508) 대판 2009. 02. 12. 선고 2008도8601(적어도 당사자 사이에 혼인관계가 파탄되었을 뿐만 아니라 더 이상 혼인관계를 지속할 의사가 없고 이혼의사의 합치가 있어 실질적인 부부관계가 인정될 수 없는 상태에 이르렀다면, 법률상의 배우자인 처도 강간죄의 객체가 된다.)

509) 대판 2001. 10. 30. 선고 2001도4462

510) 대판 2000. 08. 18. 선고 2000도1914

511) 대판 1990. 09. 29. 선고 90도1562

2) 사안의 해결

사안에서 특별한 폭행이나 협박이 없이 '단순히 여관주인이 알까봐 반항을 하지 못하였다'는 피해자의 진술에 비추어 피해자의 항거를 불능하게 하거나 현저히 곤란하게 할 정도에까지 이른 것이라고는 보기 어렵다. 따라서 강간죄는 성립하지 않는다.

[강제추행 중요판례]
① 11세 소녀에게 엘리베이터 안에서 〈성기노출행위〉[512]
② 피고인은 밤에 피해자를 추행하기 위해 마스크를 착용하고 뒤따라간 것으로 추행의 고의를 인정할 수 있고, 피고인이 가까이 접근하여 갑자기 뒤에서 껴안는 행위는 피해자의 성적 자유를 침해하는 행위여서 그 자체로 이른바 〈기습추행〉 행위로 볼 수 있으므로, 피고인의 팔이 갑의 몸에 닿지 않았더라도 양팔을 높이 들어 갑자기 뒤에서 껴안으려는 행위는 폭행행위에 해당하며, 그때 '기습추행'에 관한 실행의 착수가 있는데, 마침 갑이 뒤돌아보면서 소리치는 바람에 몸을 껴안는 추행의 결과에 이르지 못하고 미수에 그쳤으므로, 피고인의 행위는 아동·청소년에 대한 강제추행미수죄에 해당한다.[513]

3. 흉기휴대 행위의 형사책임

甲으로부터 압수한 포켓 나이프는 성폭법이나 폭력행위등처벌에관한법률상 '흉기' 등을 지니거나 휴대한 죄에 해당하는가?

판례는, 흉기는 살상용·파괴용으로 만들어진 것이거나 이에 준할 정도의 위험성을 가진 것으로 이에 해당하는지 여부는 그 물건의 본래의 용도, 크기와 모양, 개조 여부, 구체적 범행 과정에서 그 물건을 사용한 방법 등 제반 사정에 비추어 사회통념에 따라 객관적으로 판단할 것이다.[514] 위험한 물건의 '휴대'라 함은 범죄현장에서 사용할 의도 아래 위험한 물건을 몸 또는 몸 가까이에 소지하는 것으로, 정당한 이유 없이 폭력범죄에 공용될 우려가 있는 흉기를 휴대하고 있었다면 다른 구체적인 범죄행위가 없다 하더라도 그 휴대행위 자체에 의하여 폭력행위 등 처벌에 관한 법률 제7조에 규정한 죄의 구성요건을 충족하는 것이다.[515]

---

512) 대판 2013. 01. 16. 선고 2011도7164
513) 대판 2015. 09. 10. 선고 2015도6980, 2015모2524
514) 대판 2012. 06. 14. 선고 2012도4175
515) 대판 2007. 06. 28. 선고 2007도2439

판례의 입장에 따르면, 본 사안에서 포켓 나이프의 소지행위에 대해서는 범행과 정에서 사용되지 않았고, 손톱깎이용을 겸해서 가지고 다녔지만 범행당시 소지사실도 몰랐다고 주장하므로 법 소정의 '흉기 휴대'에 해당한다고 보기는 어려울 것이다.

이 경우 압수된 포켓 나이프는 판결의 선고로 압수가 해제된다.

VII. 피의자 丙의 형사책임

1. 정당한 권리 요구와 공갈죄 성부

1) 공갈죄 성부

사안에서와 같이 정당한 권리인 이혼 합의금이나 위자료의 지불을 요구하면서 강간죄로 고소하겠다고 한 것은 공갈죄를 구성하는가?

만약 강간죄가 성립하지 않는데 허위사실을 들어 고소장을 제출한다고 하였다면 공갈죄를 구성하는 데 문제가 없을 것이다.

> 판례[516]도 피고인이 피해자와의 동거를 정산하는 과정에서 피해자에 대하여 금전채권이 있다고 하더라도 그 권리행사를 빙자하여 사회통념상 용인되기 어려운 정도를 넘는 협박을 수단으로 사용하였다면 공갈죄가 성립한다.

2) 사안의 해결

본 건에서와 같이 丙에 대해 비록 강간죄의 폭행에 이르지 못하였더라도 의사에 반해 간음행위를 하였다면 '강간으로 고소장을 제출하겠다'는 정도의 사실의 고지만으로는 사회통념상 용인되기 어려운 정도의 협박이라고 보기는 어려울 것이다. 따라서 공갈죄는 성립하지 않는다.

2. 무고죄 성부

1) 문제제기

무고죄는 타인으로 하여금 형사처분 또는 징계처분을 받게 할 목적으로 공무소 또는 공무원에 대하여 허위의 사실을 신고하는 때에 성립한다.

---

516) 대판 1996. 09. 24. 선고 96도2151

여기서 강간죄를 구성하는 폭행이 없었음에도 강간에 해당한다고 하거나 사실과 달리 '칼을 들이대면서 협박하였다. 머리부위 상처를 입었다'고 고소한 행위는 무고죄를 구성하는가?

2) 폭행이 없었음에도 '강간죄에 해당한다'고 고소한 행위

본 사안에서와 같이 강간죄를 구성하는 폭행이 없었음에도 강간에 해당한다고 하면서 고소한 행위는 어떤가?

무고죄는 공무소 또는 공무원에 대하여 '허위의 사실'을 신고하는 때에 성립하므로 객관적인 사실을 신고하고 법률적 평가만을 달리하는 것이라면 무고죄가 성립하지 않는다.

본 건에서 강간죄의 폭행에 이르지 않았더라도 의사에 반해 간음이 이루어졌다면 이를 폭행하여 강간했다고 하는 고소 내용만으로는 무고죄가 성립된다고 할 수 있다.

3) '칼을 들이대고 협박하였다. 머리부위 상처를 입었다'는 사실의 신고행위

신고 사실이 일부 허위내용이 기재되어 있으나 범죄의 성부에 영향을 미치는 중요한 사실이 아니거나 정황을 과장하는 데 그친다면 무고죄를 구성하지 않는다.

> 신고사실의 일부에 허위의 사실이 포함되어 있다고 하더라도 그 허위 부분이 범죄의 성부에 영향을 미치는 중요한 부분이 아니고, 단지 신고한 사실을 과장한 것에 불과한 경우에는 무고죄에 해당하지 아니한다.[517]

그러나 본 건과 같이 허위사실인 '칼을 들이대고 협박하였다. 머리부위 상처를 입었다'고 신고한 것은 단순강간죄로 고소한 것과 달리 특수강간죄, 강간치상죄라는 중한 범죄의 성부에 영향을 줄 수 있는 중요한 사실에 해당한다. 따라서 무고죄를 구성한다고 함이 상당하다.

3. 소결

공갈죄와 무고죄가 성립한다면 양자는 실체적 경합관계이지만 공갈죄가 성립하지 않으므로 피의자 丙에게는 무고죄 일죄만 구성한다.

---

517) 대판 2003. 01. 24. 선고 2002도5939

① 객관적으로 고소사실에 대한 공소시효가 완성되었더라도 고소를 제기하면서 마치 공소시효가 완성되지 아니한 것처럼 고소한 경우에는 국가기관의 직무를 그르칠 염려가 있으므로 무고죄를 구성한다.[518]
② 고소인이 고소장을 접수하면서 수사기관의 고소인 출석요구에 응하지 않음으로써 고소가 각하될 것으로 의도하고 있었다고 하더라도 무고죄가 성립한다.[519]

문제 2. 준현행범 체포와 체포현장에서의 압수수색

I. 경찰관의 현행범체포 행위

1. 문제의 제기

범행으로부터 10여 분이 지나고 범행현장에서 500미터 떨어진 장소에서 체포하는 경우 피고인 甲을 과연 현행범으로 볼 수 있을까? 현행범이 아니라면 시간적 공간적 근접성은 없지만 착오에 의한 체포 우려가 없는 경우 우리 현행법상은 준현행범 규정을 두어 현행범에 준해 처리하고 있다. 그렇다면 피고인 甲은 준현행범으로서의 요건을 구비하고 있는지 여부가 문제된다.

2. 현행범과 영장주의 예외

1) 현행범 체포의 의의 및 규정 취지

형사소송법 제211조 제1항은 '범죄의 실행 중이거나 실행의 즉후인 자를 현행범인이라 한다'고 규정하고 있다. 실행의 즉후라고 함은 범행과 관련하여 시간적·공간적으로 밀착성이 있어야 한다.

현행범인은 범죄의 존재나 범인임이 명백하기 때문에 오인하여 체포할 우려가 거의 없다는 점에서 누구든지 영장 없이 체포할 수 있도록 함으로써 영장주의 예외를 규정하고 있다.

---

518) 대판 1995. 12. 05. 95도1908
519) 대판 2006. 08. 25. 선고 2006도3631

2) 현행범인의 요건

현행범으로 체포하기 위하여서는 범죄의 혐의가 명백하고(범죄의 명백성), 그 범행이 체포하려고 하는 그 범인에 의하여 실행된 것임이 명백하여야 한다(범인의 명백성).

현행범인은 시간적 단계의 개념이어서 범죄 종료 후 일정한 시간이 경과되면 범인이 현장으로부터 이탈되어 범인 이외의 자와 혼동되기 때문에 범죄 또는 범인의 명백성이 희미해지는 것이어서 이러한 공간적 밀착성도 함께 고려하여 판단하여야 한다.

현행범인의 체포에 도망이나 증거인멸의 우려 등에 대해 체포사유로서 필요로 하고 있는지에 대하여 〈적극설〉과 〈소극설〉로 나뉘어 있다.

판례는 「현행범인은 누구든지 영장 없이 체포할 수 있으므로 사인의 현행범인 체포는 법령에 의한 행위로서 위법성이 조각된다고 할 것인데, 현행범인 체포의 요건으로서는 행위의 가벌성, 범죄의 현행성·시간적 접착성, 범인·범죄의 명백성 외에 체포의 필요성 즉, 도망 또는 증거인멸의 염려가 있을 것을 요한다」고 하여 적극설의 입장[520]을 취하고 있다.

그러나 통상 체포에서도 이러한 요건을 요하지 않고 있으며, 주거 부정을 요건으로 하는 경미사건과의 균형상 현행범 체포에는 이를 요하지 않는다는 입장(소극설)이 타당하다고 볼 수 있다.

3) 준현행범인

(1) 의의

준현행범이라 함은, 비록 실행을 종료한 즉후는 아니고, 어느 정도 시간적 공간적인 근접성도 떨어져 있지만 그럼에도 범행과의 일정한 '관련성'이 명백한 자를 말한다. 이러한 준현행범은 우리 형사소송법 제211조 제2항에 의하여 현행범과 같이 누구든지 체포할 수 있도록 하고 있다.

(2) 요건

형소법은 다음 4가지 유형을 제시하고 있고, 이는 한정적 열거이어서 제한적으로

---

520) 대판 1999. 01. 26. 선고 98도3029

해석하여야 한다. ①범인이라고 호창되어 추적되고 있는 때, ②장물이나 범죄에 사용되었다고 인정함에 충분한 흉기 기타의 물건을 소지하고 있는 때, ③신체 또는 의복류에 현저한 증적이 있는 때, ④누구임을 물음에 대하여 도망하려 한 때 등을 열거하고 있다.

그러나 ①, ②, ③의 경우에는 범행과의 관련성을 쉽게 인정할 수 있지만, ④의 경우에는 누구임을 물음에 대하여 도망하려 하는 때라고 하는 것은 범행과의 관련성이 극히 약한 경우라고 할 수 있다. 따라서 이 경우에는 다른 사정을 종합하여 「죄의 실행을 마친 직후」라는 시간적 제한을 염두에 두고, 문언상으로도 이를 명백히할 필요가 있다. 입법론적인 재검토[521]를 요한다.

(3) 본건의 해결

본 사안은 동항 2호에서 '장물이나 범죄에 사용되었다고 인정함에 충분한 흉기 기타의 물건을 소지하고 있는 때'에 해당한다고 할 수 있다. 가해차량을 도주차량의 범행도구로 이해할 수 있으므로 범죄에 사용되었다고 인정될 만한 물건의 소지라고 볼 수 있다.

> 판례[522]도 「순찰 중이던 경찰관이 교통사고를 낸 차량이 도주하였다는 무전연락을 받고 주변을 수색하다가 범퍼 등의 파손상태로 보아 사고차량으로 인정되는 차량에서 내리는 사람을 발견한 경우, 형사소송법 제211조 제2항 제2호 소정의 '장물이나 범죄에 사용되었다고 인정함에 충분한 흉기 기타의 물건을 소지하고 있는 때'에 해당하므로 준현행범으로서 영장 없이 체포할 수 있다」고 보고 있다.

3. 문제의 해결

경찰관은 피해자로부터 '흰색 차량이 자신을 들이받고 도주했다. 앞 범퍼가 떨어진 것 같다'는 말을 듣고 피해자가 가르키는 방향으로 순찰하던 도중 '앞 범퍼가 떨어진 흰색 차량'을 발견하였고, 당해 차량을 위 제211조 제2항 제2호 소정의 '범죄에 사용되었다고 인정함에 충분한 흉기 기타의 물건을 소지'하고 있다고 볼 수 있기

---

521) 일본 형사소송법 제212조[현행범인] ① 생략 ② 아래 각호의 1에 해당하는 사람이 죄의 실행을 마친 직후라고 분명히 인정될 때에는 이를 현행범으로 본다. 1. 범인으로 불리며 추적되고 있는때.…(생략). 4. 누구임을 질문받고 도주하려고 하는 때.

522) 대판 2000. 07. 04. 선고 99도4341

때문에 준현행범인으로 체포한 것은 적법한 체포라고 보인다.

따라서 비록 범행으로부터 10여분이 지나고 범행현장에서 500미터 떨어진 장소로서 시간적·공간적으로 근접성은 어느 정도 결하고 있지만 준현행범으로서 요건을 구비하고 있다고 볼 수 있으므로 경찰관의 체포행위는 적법하다.

한편 현행범 체포에도 '도주 및 증거인멸 우려'의 요건을 필요로 한다는 적극설에서는, 이 경우 도주차량임을 순순히 자백하고, 마약도 압수되었으므로 도주 및 증거인멸우려가 없다고 볼 여지는 있으나 사고 후 일차 도주하였고, 마약흡입사실에 대해서는 소변채취 등 향후 증거보전의 필요성이 있으므로 적극설, 소극설 공히 본건 현행범 체포에 대해서는 적법하다고 할 수 있다.

II. 자동차 수색과 마약의 압수행위

1. 문제의 제기

경찰관이 피고인 甲을 준현행범으로서 현행범에 준하여 체포하는 경우 영장주의 예외로서 체포현장에서 압수·수색할 수 있다(제216조 제1항 제2호). 이 경우 과연 피고인이 운행한 자동차도 수색할 수 있는가? 즉, 체포현장에서 영장 없이 압수할 수 있는 범위는 어디까지인가 하는 문제가 있다.

2. 본건 압수·수색의 법적근거

1) 체포현장에서의 압수·수색

형사소송법 제216조 제1항은 '검사 또는 사법경찰관은 제200조의2(영장에 의한 체포)·제200조의3(긴급체포)·제201조(구속) 또는 제212조(현행범체포)의 규정에 의하여 피의자를 체포 또는 구속하는 경우에 필요한 때에는 영장 없이 압수, 수색, 검증을 할 수 있다(동 제2호). 이러한 영장주의 예외를 인정한 근거는 무엇인지, 그 범위는 어디까지인지에 대해 학설상 다툼이 있다.

2) 학설

영장주의의 예외를 인정하는 이유에 대하여 체포목적을 완수하기 위하여 피체포자로부터 흉기나 도주 도구 등을 빼앗음으로써 피의자의 저항을 억압하고, 도망을 방지할 필요성과 동시에 현장에서 증거물의 파괴 등을 막기 위한 긴급조치로서 인정된다는 〈긴급행위설과〉, 중한 신체구속의 형태인 체포에 의한 부수적인 처분으로서 상대적으로 경한 압수·수색을 허용한다는 〈부수처분설〉 또는 체포현장은 증거의 존재 개연성이 높기 때문에 합리적인 증거수집 수단으로서 인정된다는 〈합리성설〉이 있다.

3) 소결

체포현장에서 영장 없이도 압수·수색을 허용하는 이유를 기본적으로 체포현장에는 증거가 존재할 개연성이 높다는 점, 형사소송법은 반드시 영장을 받을 만한 시간적 여유가 없는 긴급한 상태를 요하지 않는다는 점에서 부수처분설이나 합리성설이 타당하다고 생각된다. 다만, 긴급체포한 자에 대한 긴급압수·수색을 허용하고 있는 제217조와 통일적인 해석을 하기 위해서는 우리 법은 이미 체포현장에서의 부수적인 처분이라기보다는 어엿한 합리적인 증거수집수단의 하나로서 인정한 것이라는 합리성설이 보다 충실한 해석으로 보인다.

제216조나 제217조 두 조문 모두 압수할 '필요가 있는 때'의 의미에 관하여, 「당해 범죄사실의 구체적인 내용과 성질, 압수하고자 하는 물건의 형상·성질, 당해 범죄사실과의 관련 정도와 증거가치, 인멸의 우려는 물론 압수로 인하여 발생하는 불이익의 정도 등 압수 당시의 여러 사정을 종합적으로 고려하여 객관적으로 판단」한다는 점에서는 동일하기 때문이다.

3. 압수·수색의 허용 범위

1) 장소적 허용범위

합리성설에 따르면 체포현장에서 가능한 압수·수색을 인정하는 이유는 체포현장에는 증거가 존재할 개연성이 높기 때문이라고 하고 있다. 따라서 이 설에서는 관리권이 미치는 범위 내로서 영장을 청구하면 허용될 수 있는 정도로 관련성의 범위를 넓게 인정하고 있다. 긴급행위설에 따르면 도망 또는 증거 인명 우려가 있는 즉각적인 지배 가능한 범위로 매우 한정적으로 이해하고 있다.

2) 압수대상물의 사건관련성 유무

제216조 제1항은, 「'필요한 때'에는 영장 없이 다음 처분을 할 수 있다」고 하여 그 범위에 대해서는 아무런 제한이 없다. 그러나 압수·수색은 강제처분으로서 필요한 최소한의 범위 내에 한정된다. 따라서 체포의 사유가 된 범죄사실 수사에 필요한

최소한의 범위 내에서 「당해 범죄사실과 관련된」 증거물 또는 몰수할 것으로 판단되는 피의자의 소유, 소지 또는 보관하는 물건에 한해 압수할 수 있을 뿐이다.

한편 체포사실과 일정한 관련성을 가진 범죄사실에 대한 증거는 어떤가.

> 판례는, 경찰관이 이른바 전화사기죄 범행의 혐의자를 긴급체포하면서 그가 보관하고 있던 다른 사람의 주민등록증, 운전면허증 등을 압수한 사안에서 「어떤 물건이 긴급체포의 사유가 된 범죄사실 수사에 필요한 최소한의 범위 내의 것으로서 압수의 대상이 되는 것인지는 당해 범죄사실의 구체적인 내용과 성질, 압수하고자 하는 물건의 형상·성질, 당해 범죄사실과의 관련 정도와 증거가치, 인멸의 우려는 물론 압수로 인하여 발생하는 불이익의 정도 등 압수 당시의 여러 사정을 종합적으로 고려하여 객관적으로 판단하여야 한다,」[523]고 하여 압수를 정당하다고 하고 있다.

본 판례에서 타인의 주민등록증 소지혐의(점유이탈물횡령죄)는 체포범죄사실인 사기죄와는 별개의 사건인 것이다.

그럼에도 판례는, 관련성을 논함에 있어서는 본건 체포범죄사실과의 관련성 있는 증거만이 아니라 이와 관련된 범죄사실에 대한 증거도 압수할 수 있다는 것으로 보인다.

이러한 양 범죄사실 간의 관련성으로서는, 1) 체포범죄사실 그 자체와 관련된 증거만이 아니라, 2) 체포사실과 같은 태양 내지 공통의 동기인 범죄사실(판례와 같이 사기의사로 여러 사람의 주민등록을 소지한 경우, 실연당한 화풀이로 연속해서 저지른 범행)과 관련된 증거, 3) 체포범죄사실과 수단, 원인과 결과관계에 있는 범죄(살인사건과 그 사체의 유기사건)와 관련된 증거, 4) 체포범죄사실의 고의성, 해악성 등을 해명함에 있어서 상당히 영향을 미치는 범죄와 관련된 증거도 포함하고 있다.

본건의 준현행범의 체포사실은 도주차량이지만 마약흡입사실이 적발될 것을 두려워한 나머지 도주한 것으로 보이고, 그렇다면 도주차량의 원인이나 동기, 또는 체포범죄사실의 고의성이나 해악성 등의 해명에 상당한 영향을 주는 마약흡입 범죄사실은 체포범죄사실과 밀접한 관련성이 인정된다고 할 수 있다. 따라서 본건 마약의 압수행위는 본건 도주차량에 대한 체포현장에서 압수·수색의 범위 내에 있다고 판단된다.

---

523) 대판 2008. 07. 10. 선고 2008도2245

4. 사안의 해결

경찰관이 피고인 甲의 자동차를 수색한 것은 체포현장에서 한 압수수색으로, 합리성설에 따라 체포현장에서 음주·마약을 한 것이 아닌지에 대한 증거물을 찾기 위하여 자동차를 수색하는 것은 관리권이 미치는 범위 내이고, 압수물인 마약은 도주차량인 본건 범행의 동기, 원인관계에 있으므로 마약의 압수 또한 사건과의 관련성이 인정되므로 경찰관의 압수·수색행위는 허용범위 내에 있는 행위로 적법하다.

Ⅲ. 압수한 마약의 증거능력 유무

1. 문제제기

형사소송법 제308조의 2는 '적법한 절차에 따르지 아니하고 수집한 증거는 증거로 할 수 없다'고 규정하여 위법수집증거배제법칙을 선언하고 있다. 이는 위법수사의 억지차원에서 증거능력을 제한하고 있는 규정으로 수사기관이 위법하게 수집한 증거는 원칙적으로 법정에서 증거로 사용할 수 없다. 그런데 본문은, 체포현장에서 적법하게 압수한 마약이지만 사후 영장을 받지 않은 경우 동 압수물에 대한 증거능력은 인정되는가 문제된다.

2. 압수한 이후 사후 영장청구 누락

형사소송법 제217조 제2항은 '검사 또는 사법경찰관은 제1항 또는 제216조 제1항 제2호에 따라 압수한 물건을 계속 압수할 필요가 있는 경우에는 지체 없이 압수수색영장을 청구하여야 한다. 이 경우 압수수색영장의 청구는 체포한 때부터 48시간 이내에 하여야 한다'고 규정하고 있다. 따라서 압수한 마약을 증거물로 제출하기 위하여 계속 압수할 필요가 있는 경우에는 체포한 때부터 48시간 이내에 영장을 청구하여 압수를 하여야 한다. 그럼에도 본건에서는 이러한 사후 압수영장을 받지 않았다.

3. 위법수집증거의 증거능력

1) 사후영장을 발부받지 않은 마약의 경우 증거능력

(1) 법적 근거

형사소송법 제216조 제1항 제2호, 제217조 제2항, 제3항은 사법경찰관은 형사소송법 제200조의3(긴급체포)의 규정에 의하여 피의자를 체포하는 경우에 필요한 때에는 영장 없이 체포현장에서 압수·수색을 할 수 있고, 압수한 물건을 계속 압수할 필요가 있는 경우에는 지체 없이 압수수색영장을 청구하여야 하며, 청구한 압수수색영장을 발부받지 못한 때에는 압수한 물건을 즉시 반환하여야 한다고 규정하고 있다.

이에 대해 우리 법 제308조의2는 '위법하게 수집한 증거는 증거로 사용할 수 없다'고 일반원칙을 천명하고 있다. 여기서 과연 적법하게 수집한 증거이지만 사후영장을 받지 않은 채 돌려주지 않은 마약에 대해서 법정에 증거로 제출할 수 있는지 문제된다. 이 경우 학설은 사후영장을 받도록 하는 영장주의 원칙에 정면에 반하는 것으로 증거로 사용할 수 없다는 입장이 다수이다.

(2) 판례의 기준

판례는 종래 압수절차가 위법한 경우 압수물의 증거능력에 대하여 기존에는 대법원이 위법하게 수집한 증거라도 '판례 자체의 성질, 형상에 변경을 가져오는 것은 아니다'라고 하면서 증거능력을 인정하여 오다가,[524] 최근 「헌법과 형사소송법이 정한 절차에 따르지 아니하고 수집한 증거는 기본적 인권 보장을 위해 마련된 적법한 절차에 따르지 않은 것으로서 원칙적으로 유죄 인정의 증거로 삼을 수 없다」[525]고 하여 원칙적으로 증거능력을 부정하고 있다.

다만 예외적으로 ① 위반행위가 적법절차의 실질적 내용을 침해하지 않을 것, ② 증거를 배제하는 것이 적법절차 원칙과 실체적 진실규명의 조화를 도모하여 형사사법의 정의를 실현하려 한 취지에 반할 것이라는 조건이 충족된다면 증거능력을 인정할 수 있다는 것이다.[526]

2) 동의에 의한 경우 증거능력 유무

(1) 물건에 대한 증거동의

이상과 같이 비록 위법하게 수집한 증거로서 증거능력은 부정되지만 당사자가 증거로 사용함에 동의하였다. 이 경우 동 마약의 증거능력은 인정되는가?

형사소송법 제316조는 '동의한 서류 또는 물건은 진정한 것으로 인정한 때에는

---

524) 대결 1996. 05. 14. 자 96초88, 대판 1994. 02. 08. 선고 93도3318

525) 대판 2007. 11. 25. 선고 2007도3061

526) 위 2007도3061

증거로 할 수 있다'고 하고 있다. 여기서 서류와 달리 물건에 대해서도 동의를 인정하는 것은 입법상 오류라고 하는 입장도 있다. 그러나 여기서 물건에 대한 동의는 전문법칙과 관계없이 그 진정성을 다투지 않는다는 의미를 가진다고 해석함이 상당하다. 예컨대 살인 사건에서 검사가 살해용도로 사용된 칼을 증거로 제출한 경우 피고인이 이에 대해 부동의한다면 이는 진정성에 대해 다투는 것이므로 이를 증명하라는 주장이 된다. 따라서 검사는 그 진정성, 즉 이 경우 칼이 살해용도로 사용된 바로 그 칼이라는 점을 입증해야 하며 이는 칼이 압수된 때의 상황, 압수한 이후의 보관상황 등에 대해 입증함으로서 인정될 수 있을 것이다. 그런데 이에 대해 피고인이 동의하면 검사가 그러한 진정성 입증을 하지 않아도 된다. 그렇다면 법원은 적절한 방법으로 진정성을 인정하면 된다.

(2) 증거동의 효력

위법수집절차에 의해 수집된 증거도 동의의 대상이 되는가. 증거동의는 증거능력 요건을 다투지 않겠다는 의사표시로서 제한적으로 처분권을 부여하는 정도에 불과하다. 나아가 위법수집증거배제는 기본권 침해를 방지하고 이를 보호하고자 하는 제도로서 각각 별개의 원리에 따라 판단하는 제도이다. 그러므로 기본권 침해의 정도가 중대하여 사적인 처분권을 인정할 수 없는 경우에는 증거동의가 허용되지 않는다고 할 것이다.

> 판례[527]는 「형사소송법 제217조 제2항, 제3항에 위반하여 압수수색영장을 청구하여 이를 발부받지 아니하고도 즉시 반환하지 아니한 압수물은 이를 유죄 인정의 증거로 사용할 수 없는 것이고, 헌법과 형사소송법이 선언한 영장주의의 중요성에 비추어 볼 때 피고인이나 변호인이 이를 증거로 함에 동의하였다고 하더라도 달리 볼 것은 아니다」고 판시하고 있다.

3) 소결

따라서 본건과 같이 사후에 영장을 청구하지 않은 경우에는 중대한 위법이 있고 증거능력을 인정하는 것은 영장주의에 대한 중대한 침해에 해당하므로 당사자의 동의가 있다고 하여도 증거능력을 인정할 수 없다. 판례의 입장은 타당하다.

---

527) 대판 2009. 12. 24. 선고 2009도11401

4. 사안의 해결

경찰은 피고인 甲을 현행범으로 체포한 후 피고인의 차량을 수색하여 마약을 발견하였다. 따라서 경찰관이 체포현장에서 甲의 관리지배 범위 내에 있는 자동차를 수색하여 마약을 압수한 것은 정당하지만 마약을 계속 압수할 필요가 있는 경우 체포부터 48시간 이내에 압수수색영장을 청구하여 발부받아야 법정에 증거로 제출할 수 있다. 그러나 본건에서는 사후영장을 신청하지 않았기 때문에 이는 중대한 절차위법이 있고, 따라서 당사자가 증거로 사용함에 동의한 경우라도 마약의 증거능력은 없다.

문제 3. 변호인 주장의 당부

I. 컴퓨터를 통째로 압수한 행위의 적법성 여부

1. 변호인 주장 및 근거

먼저, 변호인은 컴퓨터 등 정보저장매체를 압수를 하는 경우 원칙적으로 선별 압수하여야 함에도 매체 전부를 압수한 것은 형사소송법 제106조 제3항에 위반한다고 주장한다.

> 판례[528]도 ① 원칙적으로 문서 출력물로 수집하거나 수사기관이 휴대한 저장매체에 해당 파일을 복사하는 방식으로 이루어져야 하고, ② 집행이 불가능하거나 현저히 곤란한 부득이한 사정이 존재하더라도 저장매체 자체를 직접 혹은 하드카피나 이미징 등 형태로 수사기관 사무실 등 외부로 반출하여 해당 파일을 압수·수색할 수 있다고 한다.

둘째, 피압수자의 참여 없이 수사기관에서 영장범죄사실과 다른 정보를 무분별하게 출력하거나 이미징한 것은 모두 위법하다고 주장한다.

---

528) 대결 2011. 05. 26. 자 2009모1190

2. 변호인 주장의 당부

1) 매체 자체의 압수

본 사안의 경우피의자 甲의 컴퓨터를 압수·수색하기 위해서 열어보았으나 삭제한 흔적이 많고, 암호가 걸린 부분이 많아 현장에서 이를 수색하기에는 현저히 곤란하다고 할 수 있어서 예외적으로 매체 자체를 압수할 수 있다(제106조 제1항).

따라서 이 점을 지적하는 변호인의 주장은 이유 없다.

2) 피압수자의 참여와 출력범위

압수한 매체 원본을 훼손할 우려가 있으므로 이를 검색하기 위해서 피압수자인 피의자에게 참여할 것을 통지하였으나 피의자가 참여를 거절한 경우 피의자의 참여 없이 이미징을 작성할 수 있지만 그 이후에도 현장에 준해서 기억된 정보의 범위를 정하여 출력하거나 복사하여야 한다. 만약 피의자의 참여 없이 제2차 이미징을 작성하거나 문서 전체를 무분별하게 출력한 것이라면 위법하다,

> 판결의 [다수의견]은[529) 수사기관 사무실로 저장매체에 기억된 전자적 정보를 피처분자의 참여 하에 이미징을 하였으나(제1처분), 피처분자의 참여 없이 검사가 하드디스크에 재복사하거나 이를 무분별하게 출력한 제2, 3처분의 위법을 이유로 소급하여 적법하게 이루어진 제1처분마저 위법하다는 것이다.

3) 소결

본 사안에서는 수사기관이 현장에서 압수·수색하기가 현저히 곤란하여 매체 자체를 압수한 것은 정당하고, 그 이후 피의자에게 참여 통지하였으나 참여를 거절하므로 수사기관 사무실에서 검색용 제1차 이미징을 한 것 또한 정당하다. 다만 변호인의 주장과 같이 무분별하게 출력하였거나 제2차 이미징을 작성하였다면 중대한 위법이 있어 소급해서 전체를 취소할 수 있겠지만 본 사안은 이에 해당하지 않는다. 따라서 변호인의 주장은 이유 없다.

---

529) 대결 2015. 07. 16. 자 2011모1839 전원합의체([소수의견] 하나의 압수·수색영장에 기한 압수·수색이 외형상으로는 1개만 존재한다고 하더라도 관념적으로는 대상별로 수개의 압수·수색이 존재하고, 하나의 압수·수색만이 존재하는 것으로 보아야 한다 하더라도 압수 대상 전자정보별로 가분적인 것이다. 따라서 압수·수색의 적법성은 '대상별'로 전체적으로 판단되어야 한다.)

II. 포르노 사진의 압수

1. 변호인의 주장과 근거

변호인은 아동포르노 사진은 마약사건과 '관련성'이 없으므로 형사소송법 제106조 제1항, 제215조 제2항에 위반한 위법한 압수·수색에 해당하여 증거능력이 없다고 주장한다.

2. 주장의 당부

압수의 대상은 영장범죄사실과 '관련성'을 가지는 경우에 한하고, 여기서 관련성은 압수·수색 영장의 범죄사실 자체와 직접적으로 연관된 물건에 한정할 것은 아니다.

> 판례는 압수·수색 영장의 범죄사실과 ① 기본적 사실관계가 동일한 범행 또는 ② 동종유사의 범행과 관련된다고 의심할만한 상당한 이유가 있는 범위 내에서 압수할 수 있다고 한다.[530]

본 사안에서 피의자 甲에 대한 마약범죄사실과 특수강간 범죄사실로 체포하면서 체포현장에서 포르노 사진을 압수한 것은 일응 영장주의에 위반한 절차위법이 있다고 할 수 있다. 그러나 포르노 사진을 불법소지한 행위는 본 건 아동청소년에 대한 강간범행의 동기를 추론케 하는 증거가 될 수 있으므로 관련성이 있다고 할 여지가 있다. 따라서 이 건 포르노 사진의 압수는 적법하고, 증거능력이 없다고 하는 변호인의 주장은 이유 없다.

III. 진술거부권 확인조서가 없는 공범인 乙에 대한 피신조서

1. 변호인 주장과 근거

변호인은 검사작성 피의자 乙에 대한 피의자신문조서에 진술거부권의 고지에 대한 확인조서가 없으므로 형사소송법 제244조의3 제2항에 위반한 것으로 증거능력

---

530) 대판 2015. 01. 16. 선고 2013도710

없고, 피의자 甲에 대해서도 증거로 사용할 수 없다고 주장한다.

2. 적법한 절차와 형식 위반 여부

피의자에게는 진술거부권을 고지하고, 피의자로 하여금 「진술거부권 및 변호인 조력권 고지 등 확인」란에 자필로 기재하게 하거나 검사 또는 사법경찰관이 피의자의 답변을 기재한 부분에 기명날인 또는 서명하게 하여야 한다(제244조의3②).

> 피의자의 답변이 자필로 기재되거나 그 답변 부분에 피의자의 기명날인 또는 서명이
> 되어 있지 않으면 '적법한 절차와 방식'에 따라 작성된 조서라 할 수 없다.[531]

따라서 진술거부권의 고지여부에 대한 확인조서가 없는 경우에는 적법한 절차와 형식을 갖춘 피의자신문조서라고 할 수 없고, 따라서 이 점에서 변호인의 주장은 이유 있다.

3. 주장적격의 문제

1) 문제제기

위법수집증거의 증거배제를 주장할 수 있는 사람에 제한이 있는가? 즉 본 건에서 甲도 乙에 대한 피신을 위수증을 이유로 자신의 유죄증거로도 사용할 수 없다고 주장할 수 있는가?

2) 학설과 판례

〈무제한설〉은 권리를 침해당한 사람이 아닌 제3자도 위법행위의 효과로서의 증거배제를 주장할 수 있다고 한다. 이에 반해 〈제한설〉은 권리를 침해당한 사람이 자신의 유죄인정의 증거로 사용될 때 증거배제를 주장할 수 있다는 것으로 미국 판례의 입장이다.

> 우리 판례[532]는 위법한 압수·수색을 당한 당해인이 아닌 제3자라도 주장할 수 있다
> 는 입장이다.

---

531) 대판 2013. 03. 28. 선고 2010도3359
532) 대판 2011. 06. 30. 선고 2009도6717

3) 소결

판례의 입장에 따르면, 乙에 대한 피의자신문조서는 甲에 대해서 증거로 사용할 수 없다고 주장적격이 있다. 따라서 甲에 대한 유죄의 증거로도 사용할 수 없다는 변호사의 주장이 타당하다.

Ⅳ. 공소장 축소사실 인정 여부

1. 주장내용과 근거

변호인은 법원의 공소장 변경 요구는 형성적인 효력이 없고, 공소장 변경 없이 강간치상죄를 강간죄로 인정하는 것은 피고인 측의 방어권에 중대한 침해가 될 것이므로 강간치상죄에 대해 무죄를 선고하여야 한다고 주장한다.

2. 주장의 당부

1) 공소장 변경 요구의 효력

공소장 변경 요구의 효력에 대해 〈명령적효력설〉도 있으나 공소장 변경의 권한은 검사에게 있다는 점에서 〈권고적 효력설〉이 타당하다.

2) 축소사실의 인정은 의무적인가?

판례는, 공소가 제기된 범죄사실과 대비하여 볼 때 실제로 인정되는 범죄사실의 사안이 중대하여 공소장이 변경되지 않았다는 이유로 이를 처벌하지 않는다면 형사소송의 목적에 비추어 현저히 정의와 형평에 반하는 경우에는 의무성을 인정하고 있다. 강제추행치상죄를 강제추행죄[533]로, 마약류 투약죄의 기수죄를 미수죄[534]로 유죄판결의 의무성을 인정하고 있다.

3) 소결

판례에 의하면, 상해의 점을 인정하기 어렵다면 법원은 형평성과 정의 관점에서 강간죄로 유죄 선고하여야 한다. 따라서 강간치상죄에 대해 무죄를 선고하여야 한다는 변호사의 주장은 이유 없다.

---

533) 대판 1999. 04. 15. 선고 96도1922
534) 대판 1999. 11. 09. 선고 99도3674

I. 문제제기

피고인 甲은 자신의 처인 피해자 丙에 대해서 강간하였다고 자백하고 있다. 그러나 피고인 甲은 무리하게 강간한 것은 사실이지만 칼을 들이댄 것은 아니라고 하고, 피해자의 진술 또한 수사기관에서의 진술자체가 바뀌고 있다. 이 경우 법원은 강간죄를 유죄선고할 수 있는가?

II. 피고인의 자백과 법원의 실체적 진실주의

형사소송은 민사소송과 달리 당사자의 처분권주의가 인정되지 않는다. 비록 피고인이 강간하였다고 자백을 하더라도 실체적 진실에 반하거나 자인하는 사실이 강간죄의 폭행에 이르렀다고 판단하기 어렵다면 유죄를 선고하여서는 안 된다.

사안에서와 같이 피고인 甲의 진술만으로는 항거불능의 폭행에 의한 간음행위라고 판단할 자료가 부족하고, 피해자 丙의 진술 또한 '칼을 들이댄 것은 허위'라고 자인하고 있고 달리 항거불능의 폭행이 있었다고 할 수 없다면 무죄를 선고하여야 한다.

문제 5. 영상녹화물의 증거능력과 동석인의 진술

I. 문제제기

경찰단계에서 성폭력 피해자를 조사하는 경우 피해자 A의 의사에 반하지 않는 한 의무적으로 영상녹화하여야 한다(성폭력범죄특례법 제30조 제1항). 이 경우 영상녹화물에 수록된 피해자의 진술과 피해자가 작성한 진술서, 동석한 어머니의 진술에 대해 각 증거능력을 인정하는 요건은 무엇인가?

II. 피해자 A의 진술과 진술서의 증거능력

1. 피해자 A의 진술

피해자 A의 진술은 피고인이 동의하지 않는 한 형사소송법 제313조의 진술서에 따라 본인 또는 동석인의 성립의 진정에 의해 인정할 수 있다. 본 건에서 동석인인 어머니의 진술에 의해 성립의 진정이 인정된다면 유죄의 증거로 사용할 수 있다.

2. 진술서의 증거능력

진술서 또한 단순히 영상녹화한 것은 인간의 진술이 개입할 여지가 없으므로 재 전문증거가 아니고 형사소송법 제313조의 요건을 갖추면 증거능력이 인정된다.

> 피해자가 피해상황을 진술하면서 보충적으로 작성한 메모도 함께 촬영되어 있는 경 우 이는 영상물에 수록된 피해자 진술의 일부와 다름없다.[535]

따라서 조사과정에 동석하였던 신뢰관계 있는 자의 진술에 의하여 성립의 진정 함이 인정된 때에는 피해자의 진술서 또한 증거로 할 수 있다. 그 진술이 특히 신빙 할 수 있는 상태 하에서 행하여졌음이 증명되어야 하는 것은 물론이다.

III. 피해자 A의 어머니의 진술

1. 문제제기

어머니의 진술이 영상녹화된 경우 어머니의 경험사실을 진술한 것과 피해자의 진술을 전달하는 진술인 경우로 나누어 볼 수 있다.

2. 어머니의 경험진술

어머니가 피해자의 상태를 보고 피해 진술을 하는 것이라면 참고인에 대한 진술 조서와 같이 볼 수 있다. 그렇다면 형사소송법 제312조 제4항의 요건을 갖추면 증 거능력을 인정할 수 있다.

다만 성폭력 피해자의 진술이 아닌 제3자의 진술을 영상녹화한 경우 일반적으로 증거능력을 인정하지 않고 있는 판례의 입장에 의하면 부정할 수도 있다.

---

535) 대판 2009. 12. 24. 선고 2009도11575

3. 어머니의 진술이 피해자의 진술을 전달하는 경우

이에 대해서는 전문진술을 조서에 기재한 것으로 재전문조서에 해당한다. 이에 대해 증거능력을 인정할 것인지는 학설상 다툼이 있다.

> 판례[536]는 「단순 전문 진술(제316조)이나 전문 진술이 기재된 조서는 형사소송법 제312조 내지 제314조의 규정과 제316조 제2항의 요건을 충족하면 증거능력이 인정된다」고 하면서도 「재전문진술이나 재전문진술을 기재한 조서에 대해서는 명문의 규정이 없다는 이유로 증거로 사용할 수 없다」고 하여 기본적으로 〈부정설〉의 모습을 보이고 있다.

따라서 본 건과 같이 피해자의 단순한 진술을 전달하는 취지의 전문진술에 해당한다면 피고인이 동의하거나 형사소송법 제312조 제4항과 제316조 제2항의 요건을 갖춘다면 증거로 사용할 수 있다.

문제 6. 증거개시결정에 대한 불복방법

I. 문제제기

공소제기 후 검사수중에 있는 영상녹화물에 대해 변호인은 검사에게 증거개시를 신청할 수 있다. 이에 대해 검사가 거절하면 법원에 영상녹화물의 교부를 허용할 것을 명할 수 있도록 신청할 수 있다. 만약 법원이 이에 대해 허용하는 취지의 결정을 하면 이에 대해 검찰은 불복할 수 있는가?

II. 항고 여부

형사소송법 제402조는 "법원의 결정에 대하여 불복이 있으면 항고를 할 수 있다. 단, 이 법률에 특별한 규정이 있는 경우에는 예외로 한다."고 규정하고, 제403조 제1항은 "법원의 관할 또는 판결 전의 소송절차에 관한 결정에 대하여는 특히 즉시항

---

536) 대판 2000. 03. 10. 선고 2000도159; 동 2003. 12. 26. 선고 2003도5255; 동 2004. 03. 11. 선고 2003도171

고를 할 수 있는 경우 외에는 항고하지 못한다."고 규정하고 있다.

형사소송법 제266조의4에 따라 법원이 검사에게 수사서류 등의 열람·등사 또는 서면의 교부를 허용할 것을 명한 결정은 제403조에서 말하는 '판결 전의 소송절차에 관한 결정'에 해당한다.

> 영상녹화물의 열람·등사를 허용할 것을 명하는 취지의 결정에 대한 검사의 보통항고는 '판결 전의 소송절차에 관한 결정'에 대한 것으로서 형사소송법 제407조 제1항에 의하여 법률상의 방식에 위반한 항고이다.[537]

따라서 동 조에 의거 형사소송법에서 별도의 즉시항고에 관한 규정을 두고 있지 않는 한 제402조에 의한 항고의 방법으로 불복할 수는 없다고 보아야 한다.

Ⅲ. 법원의 판단

검사의 항고는 법률상 방식에 위반한 항고로서 법원은 기각하여야 한다.

---

537) 대판 2013. 01. 24. 자 2012모1393

참고자료 – 성폭력범죄의 객체, 행위태양, 절차상 특례

법률	조문 및 죄명	객체	행위태양	형소법 특례
형법	제297조(강간)	사람	폭행/협박+간음	
	제297조의2(유사강간)		폭행/협박+신체삽입	
	제298조(강제추행)		폭행/협박+추행	
	제299조(준강간, 준강제추행)		심신상실, 항거불능 이용+간음(추행)	
	제302조(미성년자 등에 의한 간음)	미성년자 또는 심신미약자	위계/위력+간음(추행)	
	제303조(업무상위력 등에 대한 간음)	피보호 감독자	위계/위력+간음	
		법률상 피구금자	간음	
	제305조(미성년자에 대한 간음, 추행)	13세 미만자	간음(추행)	
	제288조(약취, 유인)		성매매와 성적 착취목적+약취,유인	
	제289조(인신매매)		추행, 간음목적+매매	
성폭법	제3조(특수강도강간 등)	사람	-주거침입/특수절도+강간 -특수강도+강간 (강제추행, 준강간, 준강제추행)	제18조 고소특례 제20조 형법상 감경에 대한 특례 제21조 공소시효 제22조 특강법특례준용 제27조 피해자 변호사 선임특례 제30조 영상물촬영보존 (19세 미만 피해자 등) 제34조 신뢰관계자 동석 제36조 진술조력인의 수사참여 제41조 증거보전의 특례 제3장 신상정보등록 등
	제4조(특수강간 등)		흉기휴대/합동+강간 (강제추행, 준강간, 준강제추행)	
	제5조	친족관계인 사람	강간(강제추행, 준강간, 준강제추행)	
	제6조	신체, 정신장애자	①강간 ②③(유사강간, 강제추행, 준강간, 준강제추행) ④항거불능, 항거곤란한 상태에 있음을 이용하여[538]+간음(추행) ⑤⑥위계, 위력+간음(추행) ⑦피보호감독장애자 가중	
	제7조	13세 미만자	강간(유사강간, 강제추행, 준강간, 준강제추행) 위계/위력+간음(추행)	
	제10조(업무상 위력 등에 의한 추행)	피보호 감독자	위계/위력+추행	
		법률상 피구금자	추행	
	제11조(공중 밀집 장소에서의 추행)	사람	추행	
	제12조(성적 목적을 위한 공공장소 침입행위)		침입, 퇴거불응	
	제13조(통신매체를 이용한 음란행위)[539]			
	제14조(카메라 등을 이용한 촬영)			

아 청 법	제7조	아동 · 청소년 (19세 미만자[540])	강간(유사강간, 강제추행, 준강간, 준강제추행)
			위계, 위력+간음(추행)
	제8조	- 주체: 19세 이상의 사람 - 객체: 아동 · 청소년 (13세 이상의 장애자)	간음, 추행
	제11조	아동 · 청소년	이용 음란물 제작[541] 배포 등
	제12조		매매, 국외이송, 국내이송
	제13조		①성을 사는 행위
			②성을 사기 위해 유인, 성을 팔도록 권유행위[542]
	제14조(강요행위 등)		폭행,협박+성을 파는 상대방 선불금, 채무이용 등, 피보호감독자 등
	제15조(알선영업행위 등)		성을 사는 장소를 업으로 제공 등
	제16조(피해자강요 등)		폭행, 협박+피해자합의강요

제19조 형법상 감경규정에 대한 특례
- 음주, 약물로 인한 심신장애 상태

제20조 공소시효에 관한 특례
① 성년에 달한 날로부터 진행
② 과학적 증거 10년 연장
③ 13세미만, 신체적, 정신적 장애있는자에 대한 공소시효배제
④ 강간등살인 등, 제10조 제1항, 성폭력 제9조 제1항에는 공소시효 배제

※ 강간상해, 살해 등은 3법률에 모두 규정

---

538) 장애인의 성적 자기결정권을 보호법익으로 하는 것이므로, 피해자가 지적장애등급을 받은 장애인이라고 하더라도 단순한 지적장애 외에 성적 자기결정권을 행사하지 못할 정도의 정신장애를 가지고 있다는 점이 증명되어야 하고, 피고인도 간음 당시 피해자에게 이러한 정도의 정신장애가 있음을 인식하여야 한다(대판 2013. 04. 11. 선고 2012도12714).

539) 통신매체를 이용하지 아니한 채 '직접' 상대방에게 말, 글, 물건 등을 도달하게 하는 행위까지 포함하는 것은 아니다(대판 2016. 03. 10. 선고 2015도17847).

540) 만 19세이지만 결국 단서조항에 의해 세는 나이로 20세 미만의 자가 된다.

541) 공모공동정범에 있어서 공모자 중의 1인이 다른 공모자가 실행행위에 이르기 전에 그 공모관계에서 이탈한 때에는 그 이후의 다른 공모자의 행위에 관하여는 공동정범으로서의 책임은 지지 않는다 할 것이나, 공모관계에서의 이탈은 공모자가 공모에 의하여 담당한 기능적 행위지배를 해소하는 것이 필요하므로 공모자가 공모에 주도적으로 참여하여 다른 공모자의 실행에 영향을 미친 때에는 범행을 저지하기 위하여 적극적으로 노력하는 등 실행에 미친 영향력을 제거하지 아니하는 한 공모자가 구속되었다는 등의 사유만으로 공모관계에서 이탈하였다고 할 수 없다(대판 2008. 04. 10. 선고 2008도1274 판결 등 참조). 원심판결 이유를 위 법리와 기록에 비추어 살펴보면, 원심이 그 채택 증거들을 종합하여 피고인이 공소외 1과 공모하여 2009. 05. 12. 피해자 공소외 2(여, 16세)에게 낙태수술비를 벌도록 해 주겠다고 말하여 성매수 행위의 상대방이 되게 하였고, 홍보용 명함을 제작하기 위하여 공소외 1로 하여금 위 피해자의 나체사진을 찍도록 하면서 자세를 가르쳐 주기도 한 사실, 피고인은 위 피해자가 중도에 도망갈 것을 염려하여 위 피해자로 하여금 3개월간 공소외 1의 관리를 받으면서 성매매를 하게 했으며 약속을 지키지 않을 경우에는 민형사상 책임을 진다는 내용의 각서를 작성하도록 한 사실, 피고인이 별건으로 2009. 05. 13. 체포되어 수원구치소에 수감되었다가 2009. 05. 28. 석방되었는데, 그 수감기간 동안 피해자 공소외 2는 공소외 1의 관리 아래 2009. 05. 14.부터 2009. 05. 20.까지 사이에 12회에 걸쳐 불특정 다수 남성의 성매수 행위의 상대방이 되었고 그 대가로 받은 금원은 피해자 공소외 2, 공소외 1, 피고인의 처인 공소외 3 등이 나누어 사용한 사실 등을 인정한 사안(대판 2010. 09. 09. 선고 2010도6924)

542) 아동, 청소년이 성매매의사를 가지고 성매수행위를 물색하고 있었다고 하더라도 속바지를 벗고 오라고 지시하는 일련의 행위는 권유한 행위에 해당한다(대판 2011. 11. 10. 선고 2011도3934).

형사법 사례연구(개정판)

초판 1쇄 인쇄 2016년 8월 25일
초판 1쇄 발행 2016년 8월 31일

지은이 노명선
펴낸이 정규상
펴낸곳 성균관대학교 출판부
출판부장 안대회
편　집 신철호 · 현상철 · 구남희
외주디자인 아베끄
마케팅 박정수 · 김지현
관　리 황용근 · 박인봉

등록 1975년 5월 21일 제1975-9호
주소 03063 서울특별시 종로구 성균관로 25-2
대표전화 02)760-1252~4
팩시밀리 02)762-7452
홈페이지 press.skku.edu

ⓒ 2016, 노명선

ISBN　979-11-5550-173-3　93360